JN084637

オンライン国際交流と協働学習

International Virtual Exchange and Collaborative Learning

Fostering Cultural Diversity and Inclusion

村田晶子［編著］

多文化共生のために

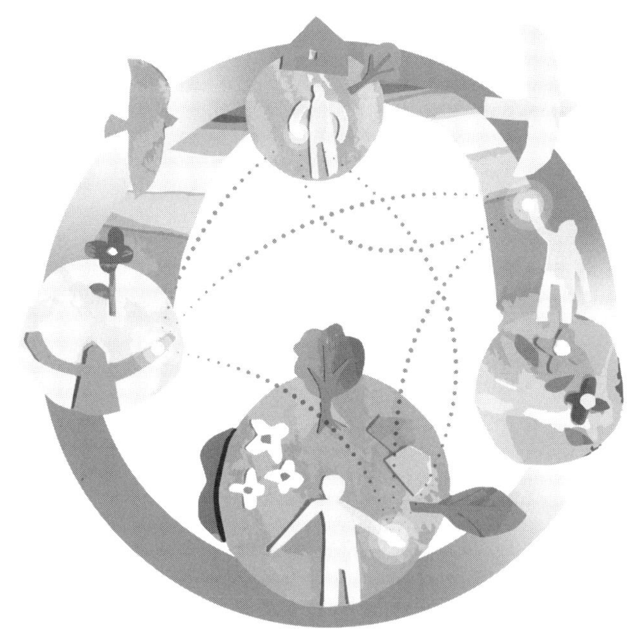

くろしお出版

International Virtual Exchange and Collaborative Learning:
Fostering Cultural Diversity and Inclusion

First published 2022

Kurosio Publishers
4-3, Nibancho, Chiyoda-ku, Tokyo 102-0084, Japan

ISBN 978-4-87424-892-8
Printed in Japan

まえがき

海外の人々との交流というと、これまでは海外留学や国内での対面による国際交流が前提とされてきました。しかし、コロナ禍でのオンライン教育の急速な広がりにより、バーチャルな空間で多様な言語文化的な背景をもつ人々とつながり、学び合う協働学習が大きく注目されるようになりました。こうしたオンラインの国際協働学習は、21 世紀に求められる、異なる集団のメンバーと協働する力、道具（言語やテクノロジー等）を相互作用的に用いてつながる力、そして自律的に行動する力を高め、変化の激しい時代に、多様な人々と協働して社会を創っていくための姿勢や行動力を養っていく貴重な機会となります。

本書では、言語コミュニケーション教育（日本語教育、英語教育、韓国語教育）、多文化間教育、国際教育、留学生教育、国内学生の留学支援、教員養成課程の学生の教育、協働翻訳教育などの様々な分野の教育研究者が、多角的な視点から学生間のオンラインの国際協働学習を分析し、教育デザイン、学習プロセス、学びの意義を分析しています。ぜひ教育、学習にご活用いただければ幸いです。

2022 年 2 月

編者・著者一同

目 次

Part II 日本と海外大学をつなぐ多様な COIL

Part III　国内のバーチャル共修と学習支援

Part IV　ゆるやかなオンラインの学びの共同体

本書は15章から構成され、幅広いオンラインの協働学習のテーマを分析しており、参加者の所属機関もアメリカ、ヨーロッパ、東アジア、東南アジアなど多岐に渡る。日本と海外機関の協働に関しては第2章〜第11章、国内の多様な人々のオンラインの協働は第12章と第13章、世界をつなぐオンラインの共同体作りに関しては第14章、第15章を参照してほしい。

各章の概要

<table>
<tr><th>章</th><th>協働</th><th>中心テーマ</th><th>地域／参加者</th></tr>
<tr><td>2</td><td rowspan="10">日本と海外大学の協働（COIL型）</td><td>教育デザインと協働プロセス</td><td>日本・アメリカ・イタリア・ベトナム</td></tr>
<tr><td>3</td><td>協働の学習支援（Scaffolding）</td><td>日本・アメリカ</td></tr>
<tr><td>4</td><td>越境学習と省察活動</td><td>日本・イタリア</td></tr>
<tr><td>5</td><td>複言語とマルチモーダルなリソースの活用の事態</td><td>日本・ベトナム</td></tr>
<tr><td>6</td><td>複言語の協働デザイン</td><td>日本・韓国</td></tr>
<tr><td>7</td><td>複言語の協働デザイン</td><td>日本・アメリカ</td></tr>
<tr><td>8</td><td>対面の国際共修とオンライン協働の関係</td><td>日本・アメリカ、カナダ</td></tr>
<tr><td>9</td><td>コロナ禍の留学希望者の支援</td><td>日本・オーストラリア</td></tr>
<tr><td>10</td><td>自己相対化能力の育成</td><td>日本・アメリカ</td></tr>
<tr><td>11</td><td>複言語の協働（日英翻訳）</td><td>日本・アメリカ</td></tr>
<tr><td>12</td><td rowspan="2">国内のオンライン協働</td><td>コロナ禍のソーシャルサポート</td><td>国内：学部生と多様な留学生</td></tr>
<tr><td>13</td><td>教員養成課程の学生の協働を通じた学び</td><td>国内：学部生と地域の日本語学習者</td></tr>
<tr><td>14</td><td rowspan="2">世界をつなぐ協働</td><td>日系ディアスポラの青年のつながりのデザイン</td><td>南米の日本語継承語話者</td></tr>
<tr><td>15</td><td>世界とつながる協働</td><td>インド・世界の日本語話者</td></tr>
</table>

Part I

協働学習のデザインと意義

第1章

オンラインの国際協働学習の意義

村田晶子、佐藤慎司

1. はじめに

ICTテクノロジーの発展により、世界の人口の半数以上の人々がインターネットでつながり、様々な国際連携が行なわれる時代において、学生達が国境を越えてオンラインで協働する力を身に付けていくことは、他者と相互作用しながら未来を作っていくために欠かせないスキルとなっている。地理的に離れた人々がオンラインでつながり、協働し、学び合うことを目的とした教育的な活動は、バーチャル・エクスチェンジ（Virtual Exchange、以下、VE）、または、コイル（Collaborative Online International Learning、以下、COIL）の名称で呼ばれる[1]。本書ではこれらの用語を以下のように用いる。

①オンラインの協働学習の総称：VE
②複数の大学間のオンライン国際協働学習：VEまたはCOIL[2]

オンラインの協働学習は1990年代から始められ、外国語教育、異文化コミュニケーション教育を中心として発展し、専門教育における国際比較、学際的な協働プログラム、ビジネス研修、NGOのプログラムなど多様な教育

[1] オンラインの国際協働学習はVE、COILなどの他に、Telecollaboration、E-Tandemなど様々な名称で呼ばれ、O'Dowd(2018)はその総称としてVEを用いている。

[2] 大学間のオンライン国際協働学習は「COIL」と呼ばれることも多いため。

分野で活用されてきた（O'Dowd, 2018）。日本においても 2018 年から文部科学省の大学の世界展開力強化事業によって大学間のオンラインの協働学習が進められ、その認知度が高まりつつある。とりわけ、2020 年に顕在化したコロナ禍において、物理的な国際移動が困難な状況が続くなかで、様々な教育機関が海外の大学と連携して、協働学習を実施するようになった。

本書は、こうしたパンデミックの時期に行なわれたオンラインの協働学習の実践を分析し、対面の接触が制限された時期に、国境を越えて教育関係者が連携し、学生の協働プログラムのデザインをどのように行なったのか、そして、学生達はそこから何を学んだのか、課題はどのようなことであったのかといった点を明らかにすることを目的とする。コロナ禍で行なわれた実践を一過性のものとせず、得られた知見を体形的にまとめ、発信することは、今後の国際教育、多文化理解教育、言語コミュニケーション教育、テクノロジーを用いた協働教育、国際理解教育など、様々な関連分野での教育研究を発展させていくうえで役立つものと考える。

また、コロナ禍の協働を分析することは、非常時の（パンデミックや災害など、重大な危機に面した際の）オンラインでの協働や相互支援の意義を理解するうえでも貴重な情報を提供する。コロナ禍で対面授業が停止され、他者との対面でのつながりが希薄になりがちであった時期に、孤立感、閉塞感、不安感を抱える学生も少なくなかった。海外留学や国際インターンシップの参加を予定していた学生達は先行きが見通せないなかで戸惑いと不安を募らせていた。こうした時期にオンラインの協働を通じて多様な人々とつながり、話し合うことの意味とはどのようなものであったのかを、様々な視点から記述、分析し、発信していくことは、学生のソーシャルサポートを考えるうえでも重要な意味をもっている。本書が、変化の激しい時代に生きる教員や学生のための、協働学習や相互支援の教育的なリソースとしても活用してもらえたら幸甚である。

2.　本書のスコープ

本書では幅広いオンラインの協働学習の実践を紹介する。まず Part I と Part II では、国境を越えて複数の大学のコースが連携して行なった学生の協働プログラムを分析し、その意義を明らかにする。続く Part III では、海外から日本に目を移し、日本国内で行なわれた多様な背景をもつ学生間の協働、学生と地域の人々の間の協働を分析し、どのようなオンラインの学び合いが行なわれたのかを明らかにする。さらに Part IV では、世界の日本語話者をゆるやかにつないだ、教育関係者によるオンラインの共同体作りの実践を紹介する（南米の日系ディアスポラ、インドと世界をつなぐ取り組み）。本書はこれらの三つのタイプの協働に光を当て、オンラインの国際協働学習の意義を多角的に分析し、その可能性や今後に向けた課題を明らかにする（図１）。

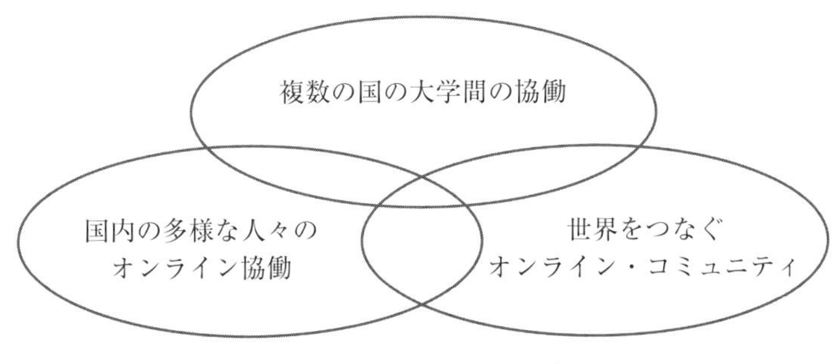

図１　本書のスコープ

3.　VE の背景にある学習観

VE は、学習者がオンラインで言語文化的に多様な他者とつながり、学び合う活動であり、広い意味で見れば「体験学習」の一つに位置付けられる。体験学習は、アメリカの教育哲学者 John Dewey（1938/1997）などによって教室での講義形式の知識学習のアンチテーゼとして提唱されたもので、学生達が教室を越えて人々とつながり、日常生活や社会活動に能動的に取り組み、他者と相互作用しながら学ぶことを重視する教育的なアプローチは、今日の学校教育における体験学習プログラム、留学、インターンシップなど多様な分野で活用されている。

Dewey の体験学習の教育哲学に、理論的な基盤を与えたのが、心理学、人類学などにおける多様な他者との相互構築的な学びの研究である。Vygotsky（1978）は心理学の視点から子どもの言語や思考の発達を調査するなかで、子どもは他者から教えられたことを受動的に学ぶのではなく、学びは支援者や周囲の人々との能動的な関わりや相互作用によって起きるものであり、他者（支援者、ピア）との協働が学習には不可欠であることを明らかにし、今日の学習者中心の協働学習の研究（Johnson, Johnson & Smith, 1991; 池田・舘岡, 2007 等）に多大な影響を与えている。

また、教育人類学の分野からも従来の学校教育における知識学習に対する問いかけが行なわれてきた。状況学習論の代表的な研究として知られるLave & Wenger（1991）は、伝統的な職能集団における徒弟の参加を調査するなかで、学びが抽象的なルールの学習だけを指すものではなく、社会集団に参加していくプロセス、社会実践そのものであると指摘する。Lave らの研究は、集団に新しく参加する者が他者との関係性の中で期待される仕事の進め方やふるまい方を理解するとともに、自らの参加の度合いを深め、他者と相互作用することで、自分自身のアイデンティティを変容させていく「プロセス」を明らかにすることの重要性を浮き彫りにしている。

社会参加や他者との相互作用を重視した体験学習プログラムは、コロナ前には現地に行き、対面で他者と協働することを前提としていたが、コロナ禍により、人との接触を必要とするあらゆる場面がオンライン化され、様々な形のオンラインでの体験、協働が進められるなかで、オンラインスペースでの他者との協働の重要性が広く認識されるようになってきており、バーチャルな空間でどのように他者との体験ができるのか、教育関係者によって様々な実践がなされている。しかし、教育関係者による体験学習プログラムの実践報告では、教育デザインや参加者のコメントから構成されることが多い一方で、参加者がどのように関わり合ったのか、具体的な相互作用のデータを踏まえたプロセスの分析がほとんど行なわれてこなかった。Lave ら教育人類学者による質的な研究成果は、参加者の変容を捉えるうえで、参加者の協働プロセスを分析することが非常に重要であることを示しており、国際協働学習の分析にこうしたプロセス重視の分析の枠組みを取り入れることが必要とされている（村田, 2017, 2018, 2020）。

また、体験学習において参加者が経験を一過性のものとして風化させないためには、経験を振り返り、気づきや学び、そして課題を可視化していくための「振り返りのサイクル」が重要となる。Dewey（1938/1997）の体験学習の枠組みを踏まえて提唱された Kolb (1984) の振り返りのサイクルでは、経験→省察→概念化→新しい場面での応用という流れが示され、体験学習において広く活用されており、本書の様々な章で協働学習の振り返りのデザインと学生達の振り返りのプロセスが分析されているので参照してほしい。

本章では、以下、オンラインの国際協働学習の意義を理解するうえで重要なテーマを取り上げ、本書の各章がどのようにそうしたテーマを論じているのかを紹介する（4. リアルな留学との関係性、5. 国内の共生を目指した教育、6. 複言語とマルチモーダルなリソースの活用、7. 活動のデザイン、8. 活動のテーマ（CCBI と SDGs）、9. 協働学習中のトラブルと越境学習、10. 具体的な教育プログラムの運営）。

4.　リアルな留学との関係性

国境を越えたオンラインの協働学習は、リアルな国際移動を伴う留学との対比で語られることが多い。リアルな留学は、経済的な負担が大きいため、実際には裕福な家庭環境の学生が参加する傾向にあり、大多数の学生は十分な国際教育の機会がないまま社会に出ることになる。留学経験は、キャリア上のメリット、収入の増加につながる傾向にあり（European Commission, 2019)、留学がエリート層のための社会的再生産の機会になっているにすぎないという批判も出されている（Gérard & Sanna, 2017)。

こうした教育格差の視点から見れば、オンラインでの交流や協働学習は、物理的な留学と比べて経済的な負担が少なく、包摂的な国際教育の場、社会的な差異から解き放たれた「サードプレイス」での教育の意義をもっていると言える。Kramsch (1993) は、言語教育における母語話者規範、つまり、母語話者に近づくことを目標とし、そうでない状態を欠陥と見なす考え方を批判し、学習者が目標言語や目標文化への同化を目指すのではなく、他者と協働する「サードプレイス」で自分らしいアイデンティティを構築することの重要性に光を当てており、教育関係者は、知識の伝達を越えて、社会的協働を前面に据えた教育環境をデザインすることが重要であることも示唆している。VE は自国でもなく、相手の国でもない、中間のスペースで学生達がつながり、協働することを学ぶ場として大きな可能性をもっていると言えるだろう。

本書の第8章、第9章では、こうした留学や「内なる国際化」と連動した国際教育としてのVEの意義や留意点が明らかにされている。第8章（末松章）では、コロナ禍により対面の国際共修が実施できないなかで、海外の三つの大学の教員と連携して行なったVEを分析し、協働を通じた教員間、学生間の学び合いを明らかにし、VEがニューノーマルな時代においても役立つ国際教育の一つの選択肢になるのではないかと述べている。また第9章（秋庭章）では、コロナ禍で国内にいる留学希望の学生をどう支えていくのかという視点から、オーストラリアの大学と協働してVEを行ない、国内大学の学生達が海外大学の学生と対話することにより、海外留学のモチベーションをより明確にしたり、コミュニケーション力や多文化理解の重要性をより意識するようになるなど、成長が見られたことを報告している。

加えて、海外の学生にとってもオンラインの協働学習は大きな意味をもっていることを様々な章が指摘している。例えば、第3章（プレフューメ・村田章）では、北米の大学で日本語科目を履修する学生の中で実際に日本に留学する学生は1割程度と少なく、大半の学生が日本の学生と交流する機会がほとんどない状況において、VEは日本の学生とつながり、様々なテーマで学び合い、人間的に成長する機会となっていることを指摘する。また、第5章（村田・ミー章）では、ベトナムの大学の日本語学習者の多くが現地の日系企業で働くことを視野に入れており、コロナ禍で留学やインターンシップの先行き不透明な状況において、VEが日本の学生とつながり、言語コミュニケーション、協働力を高めるうえで貴重な機会であることを指摘している。

5. 国内の共生を目指した教育

VEは国内における多様な人々の学び合いとも深く関わっている。教育環境の国際化が叫ばれるなかで、多くの教育機関がキャンパスの国際化として、国際教育科目群（英語科目や英語による専門科目等）の充実を図るとともに、国内学生と留学生の交流の機会を作っており、協働学習プログラム（国際共修）の充実、そして、国際交流ラウンジ、言語交換カフェなどの対面交流の場の整備も進められた。しかし、コロナ禍によって授業や交流ラウンジでの対面による国際交流の機会が激減し、来日はしていても、人とつながることが難しい環境の中で孤独感を募らせる留学生も少なくなかった。本書の第12章と第13章ではこうしたコロナ禍の状況に対応して行なわれた国内の学生間のオンラインでの協働の実態を分析しており、非常時におけるオンラインでの協働交流の意義を明らかにするとともに、平時にも生かせる学生間のサポートのあり方を示している。

第12章（村田章）では、コロナ禍において来日した留学生のソーシャルサポートという視点からVEの役割を分析し、来日したものの、日本での生活基盤がまだない状況で孤立しがちな留学生達に対して、国内学生がオンラインでつながり、ホテルでの隔離期間中に生活情報の提供をしたり、コロナ禍でのメンタルサポート、進学、就職活動のアドバイスを行なったことなどを挙げ、対面での接触が困難な時代の学生交流と相互支援の形としてのVEの意義を明らかにしている。また第13章（島崎らの章）では、コロナ禍で地域の日本語教室が全て休止となるなかで、大学の教員養成課程の学生達が地域で日本語を学ぶ外国人とオンラインでつながることで、お互いのことやお互いの生活について学び合ったり、実際の教育現場に触れる機会となったことを明らかにしている。

日本は多くの在留外国人や外国にルーツをもつ人々が暮らし、様々な言語文化が行き交い、混じり合い、相互作用する多言語社会であるが、大学で学ぶ日本生まれ日本育ちの学生達の多くがそうした状況を十分に意識化できているとは言い難く、多言語環境でのコミュニケーションの実体験を積み重ねていくことが求められている。こうした学生達がVEを通じて、多様な言語文化的な背景をもつ人々と関わり、学び合うことは、今後の社会を多様な人々が協力して創っていくための糧として重要であろう。澤邉のコラムでは、日本語教育を志す学生にとってのVEの参加の心得をまとめており、自己開示、対話、やさしい日本語、連絡の取り方など、具体的な交流のポイントが述べられており、参考にしてほしい。

6.　複言語とマルチモーダルなリソースの活用

VEは外国語学習との親和性が高く、言語学習者が目標言語を第一言語として話す人々とオンラインでつながり、協働学習をすることにより、発話量が増加したり、参加者の言語学習の動機付けが高まるといった効果が期待される。

しかし、オンラインでの多様な参加者の協働の意義は、狭義の言語学習にとどまらない。テクノロジーの進展が著しく、多様な人々と国境を越えてつながり合う時代において、言語教育の目標を「知る」「分かる」「できる」という点に置くだけでは教育は成立しなくなってきており、言語教育関係者の教育目標として、学生の人とつながる力、他者との相互作用において、参加者が柔軟に意味を調整し、協働していく力、他者とともに社会に参加していく力を育てることが求められている（當作, 2019）。こうした柔軟で横断的な協働力として大切なのが、複言語複文化能力、マルチモーダルなリソースの活用、「やさしい言葉」（相手に分かりやすい言葉）を使う能力であり、教育関係者がそうしたリソースの活用がどのように実際に行なわれているのかを記述、分析し、発信していくことが非常に重要となる。

話者がもてる全ての言語資源を柔軟に活用して、創造的にコミュニケーションをする力の重要性は、CEFR の複言語複文化能力[3]、バイリンガル教育の translanguaging[4]（Garcia & Wei, 2014; 熊谷・佐藤, 2021）などにおいて取り上げられており、ネイティブ・スピーカーの能力や規範的なバイリンガルの能力を前提とするのではなく、社会的な分断を乗り越えて多様な人々がつながるために、ホーリスティックな複言語使用の能力の重要性が指摘され、多様なレパートリーから必要なものをもちよる能力に焦点を当てている。こうした視点は尾辻（2016）の述べるようなメトロリンガリズム、つまり、ボトムアップの社会参加や市民性のあり方ともつながる。

多様なレパートリーを用いたインタラクションには、言語だけでなく、非言語の多様なモードのリソースも含まれ（ジェスチャー、写真、動画、

[3] CEFR とは欧州評議会によって提唱されている言語能力指標を指す。複言語複文化能力の例として、一つの言語から別の言語への切り替え、一つの言語で表現し、他の言語で理解する、複数の言語の知識を用いてテクストを理解する、共通言語のない人々の間の仲介、もてる言語リソースをもちよる、他の言語を用いて、オルタナティブな表現を試す、言語のラディカルな単純化、非言語の活用が挙げられている。

[4] Translanguaging は第一言語、第二言語といった言語の境界線を強調するのではなく、あらゆる言語リソースを活用した相互作用の重要性に着目する（Garcia & Wei, 2014）。

ニューメディア等）、社会のデジタル化が進むなか従来のテクスト中心のリテラシー教育だけでなく、マルチなモードを用いたリテラシーの教育の重要性が指摘されている（Kress & van Leeuwen, 1996; Street, 2001; Gee, 2017）。

また、情報発信をしたり、対話をする際に、相手の状況に応じて「やさしい言葉」、つまり、相手のニーズに応じた分かりやすい言葉を使う配慮をすることも多様な人々の社会参加を支援するうえで重要となる。「やさしい日本語」は、外国人児童の初期日本語教育の公的保障、地域の共通語としての役割、そして、地域に暮らす人々が限られた時間の中でも学べる地域型日本語教育としての役割が期待されており（庵, 2014）、高齢者、障がい者への情報発信の手段としても活用できるのではないかと指摘されている。こうしたことから、VE において学生達がやさしい言葉の必要性を感じ、使い方を学ぶことは、多様な他者に配慮し、ともに社会を創っていく姿勢を養うことにもつながる。

本書では、第 5 章、7 章、11 章、12 章で、VE における複言語、マルチモーダルなリソース、「やさしい日本語」の活用とその意義を分析している。第 5 章（村田・ミー章）では、日本とベトナムの大学の VE を分析し、複言語、「やさしい日本語」に加えて、英語、ベトナム語の使用とマルチモーダルなリソースが実際にどのように活用されたのかを、協働プロセスのデータ分析を通じて明らかにしている。また、第 7 章（神吉らの章）では、日米の大学間の COIL を translanguaging の視点から分析し、学生達自身が言語を選び取って、複言語（日本語、英語等）で協働する活動のデザインを紹介し、学生に複言語の使用を奨励することが率直な意見交換を促進するために役立ったのではないかと述べている。第 11 章（近松章）では、日米の大学生による文学作品の日英翻訳の協働において、学生達が二つの言語を行き交いながら翻訳作業を行なうことによってどのようなことを学んだのか、また課題はどのようなものであったのかを明らかにし、翻訳を用いた協働実践を行なううえで参考になる情報を提供している。加えて、第 12 章（村田章）では、コロナ禍におけるオンラインでの国内学生による留学生のソーシャルサポートを分析するなかで、国内学生が留学生のニーズに応じて「やさしい日本語」、複言語、マルチモーダルなリソースを用いて具体的にどのような協働をしているのか、そのプロセスを明らかにし、非常時のオンラインでのソーシャルサポートとしての複言語、マルチモーダルなリソースの活用実態とその意義を明らかにしている。

7. 活動のデザイン

VE の協働は、複数の国の学生間の国際交流や外国語学習、コミュニケーション教育の一環として行なわれることが多く、多様な人々との「友好的な関係」を構築することを前提とした表面的な情報交換に終わっているという批判も少なくない（Helm, 2013; Kramsch, 2014; O'Dowd & Lewis, 2016; O'Dowd, 2019)。協働活動において多様な学生間の交流を促進するだけでなく、学生達がテーマを深く掘り下げて議論したり、テーマを批判的に吟味するような活動を取り入れること、また、参加者が当事者意識をもって課題に取り組むといった教育的な仕組みが必要とされる。

VE のデザインはそれぞれのプログラムの目標と連動しており、一つの正解があるわけではないが、オンラインで初対面の相手と話す際に緊張することが多いため、アイスブレイクから始まり、活動の難易度を徐々に上げていく SUNY の COIL モデル[5]が参考になる（図 2)。図ではまず①アイスブレイク、チーム・ビルディングを行ない、メンバーが話しやすい環境を作り、次に②特定のテーマでの国際比較やディスカッション、そして③プロジェクト型の活動に進み、次第に協働の負荷を高めていく。③のプロジェクト型の活動は、締め切り期限までに成果物（成果発表、レポート、動画等）を作成することが求められるため、他の活動よりも負荷が高い。プロジェクトのテーマ選び、情報収集、比較検討、アイディアの取捨選択や取りまとめ、成果物作成に向けた役割分担、情報の統合、プレゼンテーションのリハーサルなど、様々な局面でメンバーの能動的な参加と協働が必要とされ、作業を締め切りまでに終わらせるためのスケジュール管理も求められる。従って、プロジェクト型のグループ活動を経験することは、テーマの理解だけでなく、多様なグループのメンバーとの連携力と協働力を高めることにつながる。そして、④の最終発表では各グループが成果を発信し、活動を振り返ること

---

[5] SUNY COIL Center（n.d.）"WHAT IS COIL?" https://online.suny.edu/introtocoil/suny-coil-what-is/, 〈2021 年 9 月 25 日アクセス〉.

で、学びを可視化する。

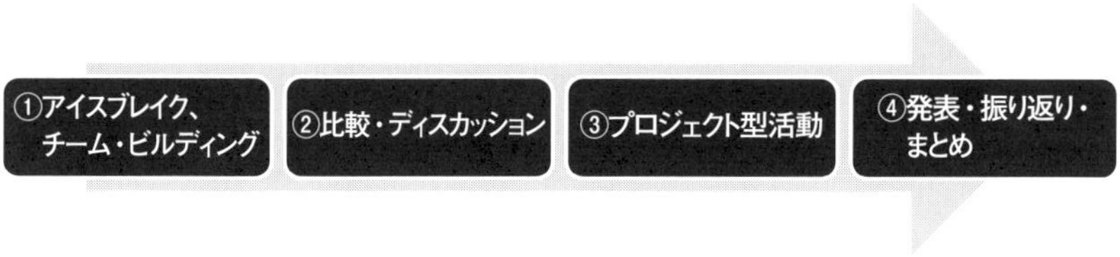

①アイスブレイク、チーム・ビルディング → ②比較・ディスカッション → ③プロジェクト型活動 → ④発表・振り返り・まとめ

図2　協働活動の流れの例
（SUNYのCOILモデルを筆者編集）

本書では様々なVEの活動のデザインが紹介されている。例えば、第2章～第5章では、アイスブレイク、チーム・ビルディングから始まり、身近なテーマ（お互いの部屋や家、キャンパスを紹介する活動）、お互いの人生を深く知る活動（ライフストーリー・インタビュー）、そして、最終段階のSDGsのプロジェクト型活動への展開のデザイン、学生の協働のデータの分析がなされるとともに、プロジェクト型活動における学生の対立、葛藤、そして学生の変容が明らかにされている。また、第6章（中川・亀井章）においても、アイスブレイク（Facebookを用いた自己紹介等）からプロジェクト型の活動への展開、そして、プロジェクト型の活動における様々な成果物が挙げられるとともに、プロジェクト型の活動に葛藤を感じていた学生のインタビューの分析を通じて、他者とともに何かを創り上げていく過程で生じる衝突や葛藤を通じた学びが明らかにされている。さらに、第13章（島崎らの章）では、学習環境デザインの枠組みを用いて、教師が、教員養成課程の学生と地域の日本語学習者のつながりや協働をどのようにデザインしたのかを分析し、物理的環境（〈モノ〉、〈バ〉）と、社会的環境（〈ヒト〉のつながり、活動）を組み合わせて、参加者に主体性をもたせた学習環境をデザインすること、そして参加者が活動を省察し、学びを可視化する仕組みを作ることの重要性に光を当てている。

8.　活動のテーマ―CCBIとSDGs―

外国語教育におけるテーマや内容を考えるにあたって、内容重視の言語教育（Content-Based Instruction: CBI）に関する議論が参考になる。CBIは、言語の授業と言語以外の教科の授業を統合するというものであるが、言語と内容を区別し知識を付与すると捉えるのではなく、言語とそれが使われる内容や文脈を切り離さずに捉え、教育活動を行なっていくと考える。そのため、CBIでは言語教育と他分野のつながり、言語教育と教育全般とのつながり、言語教育と社会とのつながりを重視している。そのような流れの中で、CBIでも、特に、物事を論理的に分析する技能、知識などの習得を目指すことにとどまらず、自分の置かれた現状や社会的・慣習的な前提を問い直し、その維持や変革に能動的に関わっていこうとする批判的な意識・視点・姿勢・態度の養成に重点を置く内容重視の批判的言語教育（Critical Content-Based Instruction: CCBI）に注目が集まっている（佐藤・高見・神吉・熊谷, 2015）。これは、前節で取り上げたVEが多様な人々との「友好的な関係」を構築することを前提とした表面的な情報交換に終わっているという問題点の解決策ともなる。事実、O'Dowd（2016）は、批判的アプローチを推奨し、多様な「他者」の観点を理解できるよう、また、コンフリクト、不平等、不公平といった言葉で特徴付けられる世の中を二分化しているような社会問題を取り上げる必要があると述べている。

そのような社会問題は、近年国連で採択されたSDGs（Sustainable Development Goals（持続可能な開発目標））のテーマとも関連があり、このテーマに基づいたディスカッションやプロジェクト型の活動が教育現場で広く取り入れられている。

【SDGsの17のテーマ】
【環境】水の安全、気候変動、海洋資源、陸上資源、エネルギー
【社会】貧困、飢餓、健康と福祉、教育、ジェンダー、まちづくり
平和と公正、社会連携と包摂
【経済】雇用と経済、産業と技術革新、格差、消費と生産

本章の様々な章の分析においても、グループで上記のSDGsのテーマの中から学生達が興味のあるものを選び取り、それぞれの地域における課題を話し合い、当事者として自分達にできることを提案するといった活動を行なっ

ている（SDGsを取り入れている章は第 2 章～第 5 章、第 7 章）。第 2 章（村田らの章）では、身近なテーマからSDGsのプロジェクトへと展開する協働プログラムを行ない、学生にプログラムの最後にアンケート調査を行なったところ、学生が最も学んだと感じた点として「社会課題意識の向上」が挙げられていることから、こうしたテーマを取り入れることの効果がうかがえる。しかし、SDGsのプロジェクト型の活動は身近なテーマに比べて、抽象度が高く、言語的にも内容的にも難しい。目標言語での協働の場合、活動の初期段階ではグループでのディスカッションで意思疎通に困難を感じる場合も少なくない。このため、SDGsのプロジェクト型の活動では、単発の話し合いではなく、ある程度の継続的な話し合いの時間が必要となるであろうし、教員の支援（事前準備、問いかけ、アドバイス、ファシリテーション等）が重要であろう。また、学生間の相互支援のプロセスを可視化し、それを教育的リソースとして生かしていくことも大切であろう。加えて、世の中を二分化しているような議論の多い社会問題について意見交換などをする際には、相手との信頼関係が構築されていないとなかなか本音で話しにくいのも事実であり、信頼関係を作っていくための教育デザインの工夫が求められる。教育デザインと学生の協働プロセス、越境学習で学生が感じたジレンマ、教員の支援、学生間の相互支援、最終成果物などに関しては、第 2 章～第 5 章を参照してほしい。

9.　協働学習中のトラブルと越境学習

VEは様々な地域の学生がつながり、協働することを推進する教育活動であり、VEの目標として、「お互いの違いをリソースとして学び合う」「お互いの違いを乗り越えて学び合う」といった表現がよく使われるが、お互いの違いとは具体的に何を指すのだろうか。

O'Dowd & Ritter (2006) は、複数の国のクラスが連携したVEにおいて、社会・組織的な違い（学年歴、テクノロジー、学習言語の社会・経済的な価値等）、科目の違い（目標、使用言語等）、グループ・個人レベルの違い、インタラクション上の違いなど、様々なレベルでの違いにより、協働が機能しなくなることを分析している。こうした違いは、必ずしも固定的なものではなく、流動的で複合的に作用するものであろうし、活動の具体的な局面である違いだけが浮き彫りになることもあるだろう（例えば、身近なテーマでの交流やディスカッションよりも、メンバー同士の協力がより求められるプロジェクト型の協働において、対立や葛藤が現れやすいなど）。

学生が協働において葛藤を感じたときに、相手を一方的に責めるのではなく、そもそも自分が何を前提として葛藤やストレスを感じているのか、自分自身の環境や価値観の見つめ直しを行ない、自己の経験や知識を新しい活動の中で再構成し、協働を模索していくことが重要となる。そうした異質な集団間でのジレンマを通じた学びとして、参考になるものが Engeström（1987/2014）の提唱する拡張的学習（expansive learning）の考え方である。

Engeström（1987/2014, 2001）は、Vygotsky、Leontiev の活動理論を踏まえ、異なる集団との協働に参加することで、自己の知識や経験を再構成し、拡張していくプロセスをモデル化している。拡張的学習の中心は、既存の実践や知識の問い直しを行なう省察活動と対話にあり、異なる活動システムに参加することによって、既存のシステムの前提と距離を置き、歴史的な背景を分析し、新しい解決法を探し、検証し、実行していくといった省察の仕組みが重要となる（Engeström & Sannino, 2010: 8）。香川・青山（2015）は、こうした組織や集団の枠組みを越えた活動への参加を「越境」と呼び、様々な組織や集団に所属する人々が、自らの活動の枠を越えて、対話し、協働することは、第三の知を生み出し、所属する活動集団のブレイクスルーにつながりうるものであると指摘する。

VE において地理的に離れた学生達がオンラインでつながり、協働する際にもこうした葛藤や矛盾を契機とした、参加者間の新しい形のつながりが模索される。本書の様々な章において、協働学習中の参加者の葛藤やジレンマが分析されており、Part I と Part II では、複数の機関の学生間の協働において参加者が葛藤を抱えることを契機として、相手との相互作用のあり方を見つめ直し、行動を調整したり、今後に向けた目標を設定する実態が明らかにされている（第 4 章〜第 6 章）。また、Part III ではより大きな視点から、参加者間の協働が分析されており、第 14 章（松田章）では、南米の日系ディアスポラの青少年達のオンライン・コミュニティの実践を分析するなかで、オンライン空間での参加者の対話が、ことばと文化の境界を問い直したり、新しい考えを生み出すことにつながっていること、そして参加者の意識変容、ハイブリッド・アイデンティティ、ディアスポラネットワークの構築、日本語の脱中心化など多様な変化につながっていることを明らかにしている。そして最終章の第15章（アルン章）では、世界の日本語話者をつなぐオンライン・コミュニティ「世界と私」のデザインを紹介し、日本語学習者、日本語母語話者といった区別を越えて、多様な地域の多様な日本語で話す人々がオンライン空間でつながり、ある意味で対等な立場で交流することの意義を明らかにしている。

10. 具体的な教育プログラムの運営

複数の機関が協力して学生の協働プログラムを策定する場合、教員は以下の表1のような点について事前に話し合っておくことが必要となる（Part I と Part II 参照）。

表1　関係教員間で事前に相談が必要な項目

	主な調整項目	詳細
1	学習環境の調整	テクノロジー（ツール、通信アクセス環境）
2		協働プログラムの実施期間・活動時間の調整
3	協働プログラムの策定	共通目標の設定
4		協働内容（プロジェクトのテーマと方法）の設定
5		参加人数・グループ分けの方法
6		使用言語（共通言語、複数の言語使用等）
7		成果物（発表、レポート、動画、web記事等の作成）
8		評価の有無と方法（課外活動の場合もある）
9	協働プログラムの運営	開始時：合同オリエンテーション（アイスブレイクを含む）
10		実施期間全般：参加者の支援体制（チュートリアル、週報のフィードバック、トラブル対応等）
11		最終段階：最終発表会の運営、成果物の共有、対外的発信、評価
12	授業改善	アンケート、インタビュー、交流動画分析、成果物分析等

ここでは協働プログラムを運営する際に特に重要となるオリエンテーション、教員の支援、評価について述べる（表1の9～11）。

オリエンテーション

協働を開始する際、複数の機関の学生を対象とした合同オリエンテーションを行ない、協働の目的やスケジュールを確認し、アイスブレイク、チーム・ビルディングを行なう。本書のPart IとPart IIの章では、オリエンテーションの実施方法、留意点、学生の協働実践が様々な形で紹介されているので参考にしてほしい（第2章、3章、5章、7章、9～11章参照）。

教員の支援

VEは学習者中心の活動であるため、期間中の協働は学生に任せられていることが多く、教員は学生の協働活動に直接関与するよりも、後方から支援する場合が多い。単純に学生に協働する枠組みを提供し、テーマやプロジェクトを指定するだけでなく、学生の活動を支えるための事前指導や活動中の支援は、深い学びを生み出すための教育的な仕組みとして非常に重要である。Wood, Bruner & Ross（1976）は、Vygotskyの最近接発達領域（Zone of proximal development: ZPD）の理論を踏まえて、教育支援者は学習者が自主的に学べる領域と学習者が1人では学びにくい領域を意識して、二つの領域をつなぐような支援、Scaffolding（足場かけ）を行なうことの重要性を取り上げている。また、O'Dowd, Sauro & Spector-Cohen（2019）はVEにおける学生の学びを支援する方法として、①活動前の準備（ストラテジーの意識化）、②活動中の教員のファシリテーション（教員が協働活動を主導）、③活動後の学生の振り返りを促すことを挙げている。

こうした様々な段階で教員は学生の気づきを促したり、振り返りを深めるような問いかけを行なうことが重要となる。例えば、学生が活動を振り返る際に、「いつ、どこで、誰が、どのようなことを行なったのか」といった問いかけを行なうことで、特定の文脈への注意を促し、ステレオタイプ的な解釈に陥らないように導いたり、「なぜ」でできごとの背景にある理由を探ったり、今後の行動調整のための「次にどうしたいのか」といった問いかけを行なうことが挙げられる（村田, 2018）。

本書では教員の様々な協働学習の支援が紹介されており、例えば第 3 章（プレフューメ・村田章）では、アメリカの大学の日本語のクラスの教員が、教室活動として、オンラインの協働の課題活動について事前に学生に説明し、学生とテーマに関するブレインストーミングを行なって学生のアイディアを広げたり、活動する際に役立つ日本語表現を提示しておくといった Scaffolding の実践を記述、分析している。また、第 10 章（石原・関本章）では、教員が学生のディスカッションのトピック選び、インタビューの準備を支援するとともに、学生達が日本文化、アメリカ文化をステレオタイプ的な視点で捉えることに対して注意を喚起し、より多面的な視点から学生が考え、文化が内包する多様性に注意を払えるようになることを目指したフィードバック、アドバイスが行なわれている。

評価

VE が課外活動としてではなく、科目内で行なわれる場合、成績評価が必要とされる。学生の協働学習の評価として、最終成果発表や最終レポートに比重が置かれることが多いが、学びのプロセスでの成果物と最終的な成果物の両方をバランスよく評価することが大切であろう。学習プロセスを評価するためには、プログラム中に学生が作成した日誌、週報、タスクシート、活動中のディスカッションの動画など様々な質的な記録を提出してもらい、それらのデータを多角的に評価することが望ましい。また、最終成果物に関しても、最終発表だけでなく、多様な形式の成果物（レポート、動画作成、web マガジンなど）を課すことで、学生の発信力を高めることができるだろう。さらに、活動の目的に応じて評価に関わる人は誰がふさわしいのか、広い視点から考える必要もあるだろう。例えば、教員や学生だけでなく、協力校の学生やコミュニティの人々などを評価活動に巻き込むことは、学生の活動のモチベーションにつながることも多い。

学生の学習到達度を評価するための基準としてルーブリックが広く活用されている（表 2）。第 8 章（末松章）では教員によるルーブリックの具体例が詳しく述べられているので参照してほしい。また、教員による評価基準の作成に加えて、学習者が評価基準や評価項目の策定に関わったり、学生自身やグループメンバーもルーブリックを作成して、自己評価やピア評価に用いることは、学生達が自分自身にとってのVEの目標や意義を可視化することにつながる（表3）。

表2 チームワークを評価するルーブリックの例（松下（2012）を参照して筆者作成）

	4点	3点	2点	1点
チームの話し合いに貢献	自分の意見を述べるだけでなく、メンバーから出された意見や提案に耳を傾け、長所を明確にし、グループワークを進めるうえで貢献する。	グループの作業を進めるための新たな意見や提案をする。	情報や意見を聞き手に分かりやすく共有する。	情報や意見を共有する。
話し合いの場以外での個人的貢献	課題を全て締め切りまでに完成させ、その成果はプロジェクトを前進させるものである。また、チームのメンバーが課題を完成できるように助ける。	決められた課題を全て締め切りまでに完成させる。そして、その成果はプロジェクトを前進させるものである。	決められた課題を全て締め切りまでに完成させる。	

表3 学生自身が立てた目標とルーブリックの例

3（理想）	2（満足）	1（不満足）
メンバー全員の話を聞き、自分の意見を述べて、ディスカッションができる。話し合いをうまくまとめられ、質の高い最終発表ができる。	メンバーの話を聞き、自分の意見を述べて、ディスカッションをすることができる。すべての課題を出すことができる。	メンバーの話は聞くが、自分の意見が言えない／相手の話をきちんと聞かない。

また、体験学習では、経験と振り返りだけでなく、経験したことを他者と共有し、お互いを認め合うことが、参加をポジティブな経験として捉え、今後につなげていくために重要となる[6]。成果発表会だけでなく、成果物をオン

6 サービスラーニングの振り返りで用いられている「PARCモデル」（Preparation, Action, Reflection and Celebration）では、準備、実施、振り返りに加えて、認め合いが重視されている。

ラインで共有して、メンバーが後で見たり、他者と共有できるようにしておくことも、活動の記憶を風化させず、今後に生かすために有用であろう。

11. VE の先にあるもの―経験を社会でどう生かすか―

オンラインの協働学習の活動の目的は多様であり、本書の各章では次のような項目が挙げられている。

【本書の各章で挙げられている VE の目的の例（抜粋）】

多文化理解、言語コミュニケーション能力の向上、日本語力の向上、協働スキルの向上、人間関係の構築、共生社会を築くための学習、社会的テーマでのコミュニケーション、社会課題意識の向上、問題解決力の向上、地域貢献、異文化コミュニケーション力、多角的視点、相互理解、観察力、分析力、自己省察力、翻訳を通じた複言語での協働、コロナ禍のソーシャルサポートとつながり、教員養成課程の学生と地域の日本語を学ぶ人々をつなぐ、日系ディアスポラのつながりを作る、世界の日本語話者をつなぐ…

こうした目標には、今後の生活、勉学、仕事に役立つ項目が多く含まれているが、学生達に協働学習プログラムの修了後に、プログラムの経験が今後どのように生かせるのか聞いてみると、明確に答えられない場合も少なくない。学生達が VE の経験が活動後にどのように活用できるのかを理解するために、労働世界で必要とされている能力（汎用スキル）と結び付けて考えさせる機会を設けるとよいだろう。

労働世界で求められる汎用スキルを教育にいかに組み込んでいくのかに関して、世界中で様々な議論がなされているが[7]、ここでは OECD によって提唱され、汎用的な能力の指標として広く参照されているキー・コンピテン

[7] 労働世界で求められる汎用スキルの指標として、OECD のキー・コンピテンシー、アメリカの IT 企業発の 21 世紀型スキル、EU の生涯学習のためのキー・コンピテンシーなどが挙げられ、日本においても経済産業省が提唱する社会人基礎力など、様々な定義がなされている。

シー（主要能力）を例に考える。キー・コンピテンシーでは、グローバル化とテクノロジーの発展が進む、変化の激しい社会で活動するための能力として、1）異質な集団で協働する力、2）道具を相互作用的に用いる力（言語やテクノロジー等）、3）自律的に行動する力の三つが挙げられており、これらを総合的に活用するための個人の省察力も重視されている（Rychen & Salganik, 2003: 184、図3の（A）の部分）。

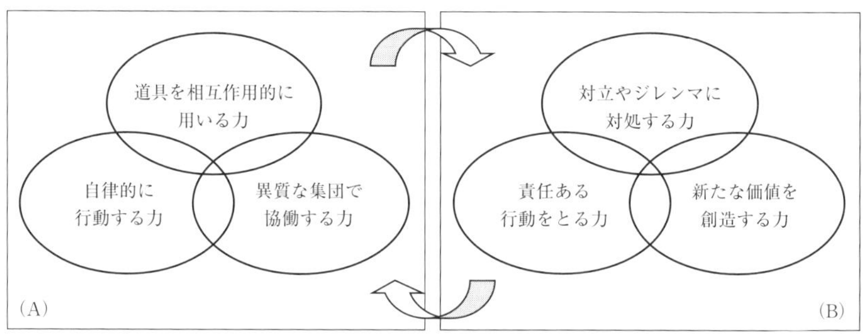

図３　キー・コンピテンシーの変化（白井（2020: 152）を筆者編集）

左図（A）が示している三つのキー・コンピテンシーは、労働世界で機能するための個人の能力開発を前提としているが、右図（B）はOECDが2030年に向けてキー・コンピテンシーの概念を再検討し、追加したもので、より広義の目標（持続可能な社会、個人と社会の双方のウェルビーイング）を実現するためのキー・コンピテンシーとして、①個人が自らの教育や経験を通じて、社会の中で責任ある行動をとる力、②対立やジレンマに対処する力、③新たな価値を創造する力を掲げている。（A）と（B）の図の相互の矢印が示しているように、個人の能力開発と、広義の社会課題を意識した能力開発は、相互に作用し、どちらも並行して育成していくことが重要であろう。

学生にとって左図のような具体的な目標はVEの経験と結び付けて理解しやすい一方、右図のような広義の目標は概念としては理解できても自分の経験と結び付けにくく、消化不良のまま終わる場合も多い。VEの振り返りで双方の能力の関連付けを行なう時間を教員が作っていくことも必要であろう。

労働世界が求める能力のリストは、社会の状況や変化に合わせて更新されていくものであり、一つの正解があるわけではない。参加者がコンピテンシーとして取り上げられている項目と VE の経験との関係について話し合うとともに、コンピテンシーのリストではカバーされていない、VE を通じた学びを考えていくことで、それぞれの参加者が自己の人生と社会に生かせるような形でオンラインの協働の意味を考え、経験を多様な場で再構成し、実践していくことが望ましい。教育関係者による振り返りをデザインする際、こうした点をプログラムに組み込んでいくことが大切であろう。

参考文献

庵功雄 (2014)「『やさしい日本語』研究の現状と今後の課題」『一橋日本語教育研究』2, 1–12.

池田玲子・舘岡洋子 (2007)『ピア・ラーニング入門』ひつじ書房.

尾辻恵美 (2016)「レパートリー、ことばの教育と市民性形成―ことばの共生をめざす市民性形成教育とは―」細川英雄・尾辻恵美・マルチェッラ・マリオッティ (編)『市民性形成とことばの教育―母語・第二言語・外国語を超えて―』くろしお出版, 20–41.

香川秀太・青山征彦(編) (2015)『越境する対話と学び―異質な人・組織・コミュニティをつなぐ―』新曜社.

熊谷由理・佐藤慎司 (2021)「公正な社会づくりをめざしたトランスランゲージング理論とその実践」尾辻恵美・熊谷由理・佐藤慎司(編)『ともに生きるために―ウェルフェア・リングイスティクスと生態学の視点からみることばの教育―』春風社, 67–103.

佐藤慎司・高見智子・神吉宇一・熊谷由理(編) (2015)『未来を創ることばの教育をめざして―内容重視の批判的言語教育(Critical Content-Based Instruction)の理論と実践―』ココ出版.

白石俊 (2020)『OECD Education 2030 プロジェクトが描く教育の未来―エージェンシー、資質・能力とカリキュラム―』ミネルヴァ書房.

當作靖彦 (2019)「ネットワーク時代の言語教育・言語学習」當作靖彦(監), 李存鎬(編)『ICT × 日本語教育―情報通信技術を利用した日本語教育の理論と実践―』ひつじ書房.

松下佳代 (2012)「パフォーマンス評価による学習の質の評価―学習評価の構図の分析にもとづいて―」『京都大学高等教育研究』18, 75–114.

村田晶子 (2017)「異文化協働プログラムの両義性と境界線―境界線を乗り越えるための教育デザインの実践分析―」『異文化間教育』46, 30–46.

村田晶子(編著) (2018)『大学における多文化体験学習への挑戦―国内と海外を結ぶ体験的学びの可視化を支援する―』ナカニシヤ出版.

村田晶子（2020）『外国人労働者の循環労働と文化の仲介―「ブリッジ人材」と多文化共生―』明石書店.

Dewey, J.（1938/1997）*Experience and Education*, New York: Kappa Delta Pi.

Engeström, Y.（1987/2014）*Learning by Expanding: An Activity-Theoretical Approach to Developmental Research*（2nd ed.）, New York: Cambridge University Press.

Engeström, Y.（2001）"Expansive Learning at Work: Toward an Activity Theoretical Reconceptualization." *Journal of Education and Work*, Vol.14, No.1, 133–156.

Engeström, Y. & Sannino, A.（2010）"Studies of Expansive Learning: Foundations, Findings and Future Challenges." *Educational Research Review*, Vol.5, No.1, 1–24.

European Commission（2019）*Erasmus+Higher Education Impact Study: Final Report*, http://publications.europa.eu/publication/manifestation_identifier/PUB_NC0219323ENN, 〈2021 年 9 月 26 日アクセス〉.

Garcia, O. & Wei, L.（2014）*Translanguaging: Language, Bilingualism and Education*, London: Palgrave Pivot.

Gee, J. P.（2017）*Teaching, Learning, Literacy in Our High-Risk High-Tech World: A Framework for Becoming Human*, New York: Teachers College Press.

Gérard, M. & Sanna, A.（2017）"Students' Mobility at a Glance: Efficiency and Fairness When Brain Drain and Brain Gain Are at Stake." *Journal of International Mobility*, Vol.1, No.5, 43–74.

Helm, F.（2013）"A Dialogic Model for Telecollaboration." *Bellaterra Journal of Teaching & Learning Language & Literature*, Vol.6, No.2, 28–48.

Johnson, D. W., Johnson, R. T. & Smith, K. A.（1991）*Active Learning: Cooperation in the College Classroom*, Edina, MN: Interaction Book Company.

Kolb, D. A.（1984）*Experiential Learning: Experience as the Source of Learning and Development*, Englewood Cliffs, NJ: Prentice-Hall.

Kramsch, C.（1993）*Context and Culture in Language Teaching*, Oxford: Oxford University Press.

Kramsch, C.（2014）"Teaching Foreign Languages in an Era of Globalization: Introduction." *The Modern Language Journal*, Vol.98, No.1, 296–311.

Kress, G. & van Leeuwen, T.（1996）*Reading Images: The Grammar of Visual Design*, London: Routledge.

Lave, J. & Wenger, E.（1991）*Situated Learning: Legitimate Peripheral Participation*, New York: Cambridge University Press.

O'Dowd, R.（2016）"Emerging Trends and New Directions in Telecollaborative Learning." *Calico Journal*, Vol.33, No.3, 291–310.

O'Dowd, R.（2018）"From Telecollaboration to Virtual Exchange: State-of-the-Art and the Role of UNICollaboration in Moving Forward." *Journal of Virtual Exchange*, Vol.1, 1–23.

O'Dowd, R.（2019）"A Transnational Model of Virtual Exchange for Global Citizenship

Education." *Language Teaching*, Vol.53, No.4, 477–490.

O'Dowd, R. & Lewis, T.（eds.）(2016）*Online Intercultural Exchange: Policy, Pedagogy, Practice*, New York: Routledge.

O'Dowd, R. & Ritter, M.（2006）"Understanding and Working with 'Failed Communication' in Telecollaborative Exchanges." *CALICO Journal*, Vol.23, No.3, 623–642.

O'Dowd, R., Sauro, S. & Spector-Cohen, E.（2019）"The Role of Pedagogical Mentoring in Virtual Exchange." *TESOL Quarterly*, Vol.54, No.1, 146–172.

Rychen, D. S. & Salganik, L. H.（eds.）(2003）*Key Competencies for a Successful Life and a Well-Functioning Society*, Cambridge, MA: Hogrefe & Huber Publishers.

Street, B.（2001）*Literacy and Development: Ethnographic Perspectives*, London: Routledge.

SUNY COIL Center（n.d.）"WHAT IS COIL?" https://online.suny.edu/introtocoil/suny-coil-what-is/, 〈2021 年 9 月 25 日アクセス〉.

Vygotsky, L. S.（1978）*Mind in Society: The Development of Higher Psychological Processes*, M. Cole, V. John-Steiner, S. Scribner & E. Souberman（eds.）, Cambridge, MA: Harvard University Press.

Wood, D., Bruner, J. S. & Ross, G.（1976）"The Role of Tutoring in Problem Solving." *Journal of Child Psychology and Psychiatry*, Vol.17, No.2, 89–100.

第2章

協働の深さの模索

身近なテーマからSDGsのプロジェクトへ

村田晶子、プレフューメ裕子、
マルチェッラ・マリオッティ、ダオ・ティ・ガー・ミー

1. はじめに

地理的に離れた複数の教育機関に所属する学生達のオンラインでの国際協働学習は、COIL（Collaborative Online International Learning）と呼ばれる。COILではプログラムを実施する教育関係者が連携し、それぞれの教育環境や科目の特性のすり合わせを行ない、双方の学生が参加することができるようなプログラムの設計を行なうことが重要となる。

次頁の図1は国境を越えた複数の教育機関の協働において、教員間、学生間の二つの協働が行なわれることを示しており、例えば日本の大学の異文化コミュニケーションのクラス（コースA）とアメリカの大学の日本語クラス（コースB）が協働する場合、まず教員間で相談し、組織の環境、科目の目的、使用言語、協働テーマと形態、成績評価や単位認定など、様々な要素のすり合わせを行ない、双方の参加者にとって互恵的な活動となるようにデザインを工夫することが重要となる。

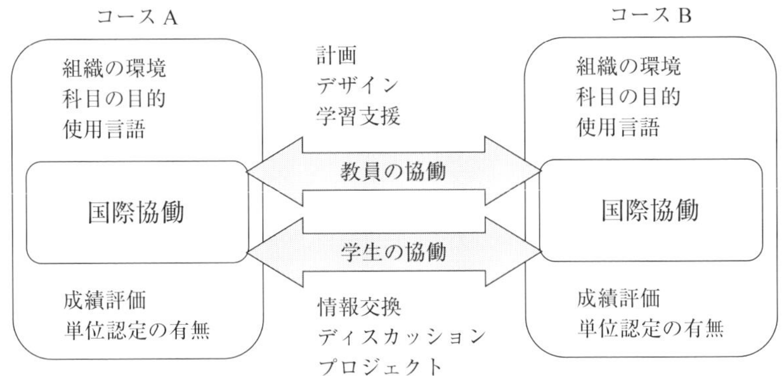

図１　複数の教育機関による協働のイメージ
（SUNY COIL Center[1] と O'Dowd & Ritter（2006）の図をもとに作成）

しかし、日本と海外の大学の COIL の歴史はまだ浅く、プログラムレベルでの実践概要の報告がなされているものの、教育デザインが国境を越えてどのように協働で策定され、難易度や深さの調整はどのように行なわれたのかといった教員間の教育実践に関する研究は十分には蓄積されていない。第１章で述べたように、オンラインの協働プログラムの多くが交流に重点を置くため、当たり障りのないテーマについての表面的なディスカッションに終わってしまっているという指摘もなされている（Kramsch, 2009, 2014; Helm, 2015; O'Dowd & Lewis, 2016; O'Dowd, 2019）。よって、今後の教育的な発展のために、教員間でどのように協働を深めるための模索が行なわれたのか、そこから見えてくる課題とはどのようなものなのか、こうした点を明らかにしていくことが求められている。

加えて、これまでの日本と海外の大学の COIL の実践報告では学生の事後アンケートやインタビューは行なわれているものの、学生間の協働のプロセスに関するデータが十分に蓄積されていない。従って、今後の国際協働学習を発展させるために、教員間の教育デザインの構築プロセス、そして学生の協働プロセスの両面を捉えた分析が求められている。

1　https://coil.suny.edu/〈2021 年 9 月 25 日アクセス〉

こうしたことを踏まえ、本章では、2020年に日本の大学と海外の大学（アメリカ、イタリア、ベトナムの3校）が行なったCOILにおける次の三点を明らかにする。

① **デザイン**　　：国境を越えて教員がどのように協働でプログラムのデザインを行ない、アイディアを融合させたのか。
② **協働プロセス**：学生達はオンラインでどのように協働したのか。
③ **振り返り**　　：学生達はCOILをどのように感じ、何を学び、何が困難であったのか。

最後の考察では、以上の三点の分析から浮かび上がってきた協働の意義を明らかにするとともに、協働の深さに関する課題を検討する。本章で分析したデータは教員間のメールの通信記録、Zoomでのやりとりの覚書、共通のスケジュール表、学生の交流の録画データ、学生の週報、チュータリングの記録、最終成果発表会と成果物のデータ、学生のアンケート結果などである。本章の執筆にあたって日本側の担当教員（村田）がドラフトを作成し、海外側の担当教員（プレフューメ、マリオッティ、ミー）と相談のうえ、最終的な原稿を作成した。

2.　教員による協働プログラムのデザインの模索

日本の大学と、海外の3大学とのCOILを行なった背景には、コロナ禍での対面の国際交流や留学が停止していることがあった。日本の大学の教員も、海外の大学の教員達も、国際移動ができない時期においても学生達がつながり、学び合う機会が必要であると考え、共同でプログラムを企画・運営することになった。協働プログラムを始めるにあたり、日本の教員（多文化教育担当教員）が以前から交流のあった海外の教員（日本語プログラム担当教員）にコンタクトし[2]、プログラムの企画を教員間で検討した。例えばベト

[2] 三つの大学のうちアメリカの教員とは2019年からCOILを行なっていたが、これまではLINE、Zoomを活用したペア活動が中心で、グループでのプロジェクト型の活動とはなっていなかった。

ナムとの協働の開始時点では、教員間で次のようなやりとりを行なった。

交渉開始の状況（日本とベトナムの教員のメール例）

日本側の教員のメール

> 実は（日本の）H 大学の私の教えているクラスで海外の学生との交流の課題を出すことにしており、もし可能であれば、御校の学生さんと協働学習ができればと思っております。
> 参加条件は以下のとおりです。
> ① 日本語がある程度話せること（N4 以上）
> ② 毎週 1 回、1 時間程度話すことができる
> ③ 学生同士で話しあって、最終成果物を作る
> （成果物はご相談して決められればと思います。ニューズレターの記事、動画など。）

ベトナム側の教員の返信

> コロナ禍でこちらもオンライン授業を行わざるを得ないなど、仕事や生活面ではいろいろと不安を感じております。これまでコロナ感染拡大対策として交流活動やイベントを中止としていましたが、これからは with コロナの中で新たな生活、活動を始める必要があると思います。
> ということで御校の学生様とオンライン交流活動を行うのを大歓迎です。
> これから学生を 10 名程度募集をします。
> 宜しくお願い致します。

活動の計画とデザインをするにあたり、日本の教員が海外の 3 大学の教員に個別にコンタクトし、基本的な活動プランを提案し、教員間でアイディアを出し合って調整を行ない、最終的に決定した。教員間で調整した内容は①参加者の人数と各グループの構成、②時差と実施期間、③協働の目標設定、④協働の言語、⑤テクノロジー、⑥活動内容、⑦教員による協働学習中の支援、Scaffolding である。

① 参加者の人数と各グループの構成

三つのプログラムにおいて、それぞれ日本側 10 名、海外側 10 名程度を想定した（各プログラム 20 名程度で、合計 60 名を予定）。そして、学生達

が少人数のグループで活動することで、活動に主体的に取り組めるように４名で１グループとした。各グループのメンバー構成は日本側２名、海外側２名とすることを基本とした。実際の参加者数はほぼ予定通りで、全部で 61 名が参加した（表１）。

表１　参加者内訳

プログラム（時差）	日本側参加者数	海外側参加者数	合計参加者数
日米プログラム（時差 15 時間）	10	10	20
日伊プログラム（時差　8 時間）	9	12	21
日越プログラム（時差　2 時間）	10	10	20
	29	32	61

② 時差と実施期間

アメリカ、ヨーロッパとの協働は時差が大きいため、教員間で話し合い、オリエンテーションの時間をアメリカは日本時間の午前中に、イタリアは日本時間の夕方６時にそれぞれ設定した（ベトナムは時差が２時間と大きくないため、どちらも午前中に実施）。また大学間の学期の長さや定期試験との兼ね合いを調整し、三つのプログラムで全て実施期間を 10 月初旬から 12 月初旬の８週間程度とした。学生間のグループ活動の頻度は週１回で１時間程度とし、ミーティングの日時は各グループでオリエンテーション時に調整してもらうことにした。

③ 協働の目標設定

日本側の学生も、海外の大学の日本語プログラムの学生も共通して目指すことができる目標を設定するために教員間で話し合った。共通の目標として、1) 多文化理解（他者理解・自己理解を含む)、2) 言語コミュニケーション能力の向上、3) 協働スキルの向上、4) 社会課題意識の向上を設定した。また、参加者にも独自の目標を立ててもらった。

④ 協働の言語の調整

海外側の学生は全て日本語科目の履修者で、日本語を用いた交流が参加の動機となっていたため、教員間で相談し、基本的には日本語で交流を行なうこととした。ただし、言語は日本語に固定するものではなく、状況に応じて柔軟に複言語、マルチモーダルなリソースを用いるように指導した（複言語とマルチモーダルなリソースを活用した協働は第5章参照）。日本側の多文化教育科目の学生は、科目内で事前に「やさしい日本語」の意義と言語の調整方法の基礎を学んで協働に臨んだ。

⑤ テクノロジーの調整

どの大学の学生もコロナ禍での教育のオンライン化に伴い、Zoom の使用経験があったため、全体ミーティング、学生間ミーティングは全て Zoom を使用することとした。学生間で Zoom の録画が可能な場合は録画し、活動後に動画のリンクをメンバー間で共有し、それぞれが協働の振り返りに活用するように指示した。学生達はグループごとに SNS のグループも立ち上げ、Zoom と SNS の二つのチャンネルでコミュニケーションを取った。

⑥ 活動内容の調整

オンラインの協働学習のデザインは比較的実践しやすい交流型の活動だけでなく、メンバーの協働が必要とされるプロジェクト型の活動へと発展させていくことが望ましい（SUNY の COIL モデル、O'Dowd & Lewis, 2016）。そこで、本章のプログラムにおいても次の①～④の流れで協働をデザインし、身近なテーマでの情報交換から始め、段階的に協働の難易度を上げ、最後の数週間にプロジェクト型の活動を行なう流れを作った。

8 週間程度

①オリエンテーション・身近なテーマ → ②ライフストーリー・インタビュー → ③プロジェクト型の活動（SDGs） → ④最終成果発表会・成果物公開

図 2　協働の流れ[3]

[3] ④の成果物には教員に提出したレポートの他に、YouTube で一般公開した動画も含まれる。

図 2 で示したように、まず①オリエンテーションでアイスブレイク、身近なテーマでのディスカッションを行ない（お互いの部屋やキャンパスの実況紹介）、次に②お互いの生い立ちや人生について聞き合うライフストーリー・インタビューを通じて、お互いについてより深く知る機会を作る。そして、③プロジェクト型の活動では、SDGs のテーマから一つ選び、お互いの国の状況を比較・ディスカッションし、学生達がこの問題の当事者として何ができるのか考え、事業を提案する[4]。そして最後に④提案内容を最終成果発表会で参加者とプログラム関係者に発信し、全員でディスカッションするとともに、発表内容を二言語での動画として発信し、最終レポートを提出するという流れである。

協働活動のデザインにおいてそれぞれの教員がアイディアを出し合った。まず日本側の教員がスケジュールと協働内容の原案を作り、①から④の流れを海外の教員に提示し、海外側の意見を聞いて調整した。日本側がプロジェクト型の活動のテーマに SDGs を選び、提案した理由は、すでに日本の教育現場で SDGs を用いた教育が広く推進されていたことと、様々な国が共通して直面している社会課題を扱っていることから汎用性が高く、国際比較や今後に向けた提案をすることで、学生達が当事者として何ができるのか、多様な学生達とともに考える機会になると思われたことが挙げられる。

また、日本側の教員の提案に対し、海外の大学の教員からは様々なアイディアが加えられた。アメリカの教員からはソーシャル・イノベーションプロジェクト（社会課題を解決するための事業提案プロジェクト）を SDGs のディスカッションとリンクするアイディアが出され、学生達が理想を語るだけでなく、事業としての具体的なプロポーザルを作成するための教材を教員が共同で開発した。また、イタリアの教員からは、話し合いの結果を最終成果発表会で報告するだけでなく、毎週、学生達が話し合った社会問題をインスタグラムで発信するというアイディアが出され、実施することになった（p.39 の資料 1 参照）。加えて、ベトナムの教員からは、SDGs のテーマが言語的に難しいのではないかという意見が出され、日越プログラムでは身近なテーマでの話し合いの時間を増やし、SDGs のプロジェクトの期間を短くした。日本

[4] 日米プログラムでは、これに加えてアメリカの教員が携わっている東日本大震災の被災者の声を翻訳するプロジェクトを行なった（詳細は第 3 章）。

の大学と三つの海外の大学との協働は、それぞれ個別に行なったが、海外大学の教員からのアイディアを全てのプログラムに可能な限り取り入れたことにより、教員間のアイディアが融合したプログラムとなった（図3）。

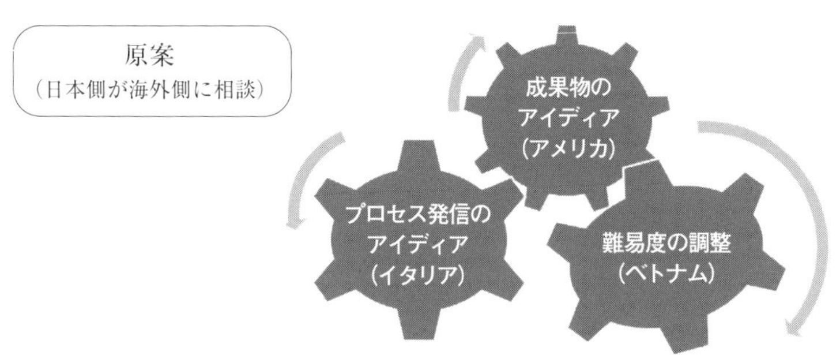

図３　教員間のアイディアの融合

⑦ 教員による協働学習中の支援、Scaffolding

教員は学生の協働学習中は、週報のチェックと定期的なチュートリアルを行ない、学生の振り返りに対して、考えをさらに深めるための問いやフィードバックを行なった。ただし、ベトナムの学生は授業の一環ではなく、自主参加（課外活動）であったため、週報、チュートリアルは行なわれなかった（海外の教員による日本語学習者のためのScaffoldingは第3章、学生の省察活動を通じた変容に関しては第4章参照）。

3.　学生達の協働プロセスの分析

教員による以上のようなプログラムの枠組みの中で、学生達は実際にどのように協働したのだろうか。日本と海外の大学によるCOILの分析の多くが、教員によるプログラムの実施概要の報告となっており、実施手順の提示と学生の事後のアンケート調査はなされているものの、実際の学生の協働のプロセスを記述したものは非常に少ない。学生によって実際にはどのような協働の実践がなされたかを記述し、分析することは、協働の意義や課題を知るうえで役立つ。そこで、以下の項では、学生間の協働（インタラクション）を活動形態別に見ていく。

3.1 オリエンテーションでのルール作りと役割分担の実際

初回の合同オリエンテーションで学生達はグループでのルール作りと役割分担を行なった。学生達の作ったルールとして最も多かったものは「時間を守る」(28%)、「積極的な話し合いと相手の尊重」(26%)、「連絡をこまめに取り合う」(15%) などであった。その他に、「分からないことがあれば相手に聞く」、「活動前に準備する」、「楽しむ」などが挙げられた（各 10%)。

また、それぞれのグループでリーダーと書記を決めた。話し合いの共通言語が多くの場合、日本語であったことから、最初は日本側の学生がリーダーになるグループが多かったが、オリエンテーション中に教員が双方の大学のメンバーが貢献するように促したところ、海外のメンバーも積極的に役割を担うようになった（最終的に日本のメンバーと海外のメンバーが共同でリーダーを担当するケースが全体の三分の一)。

また、右の SNS の画面（図４）のように、学生間で SNS グループを立ち上げ、その日の話し合いのフォローアップを行なっていた。この例のように、ほとんどのグループがオンラインミーティング以外に SNS のグループで話し合いの事前準備やまとめの情報交換を行なっており、共時と非共時のツールを併用した協働が見られた。

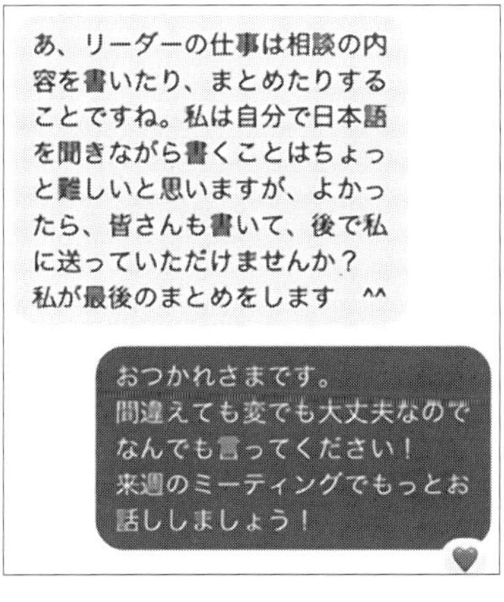

あ、リーダーの仕事は相談の内容を書いたり、まとめたりすることですね。私は自分で日本語を聞きながら書くことはちょっと難しいと思いますが、よかったら、皆さんも書いて、後で私に送っていただけませんか？
私が最後のまとめをします　^^
おつかれさまです。
間違えても変でも大丈夫なので
なんでも言ってください！
来週のミーティングでもっとお話ししましょう！

図４　学生間の SNS でのやりとり
（日越プログラムから）

3.2 身近なテーマでのインタラクション

プログラムの前半で身近なテーマでの活動として「バーチャル・ホームステイ」と「バーチャル・キャンパスツアー」を行なった。「バーチャル・ホームステイ」では、学生達がそれぞれの部屋をオンラインで中継したり、あらかじめ作成しておいた部屋や家の動画を用いて説明し、それぞれの日常生活、趣味、家族の話、居住環境、地域住民の子育て環境の違い（公共スペースでの遊び）などについてのディスカッションを行なっていた（詳細は第3章〜第5章参照）。

また、「バーチャル・キャンパスツアー」では、オンラインでお互いのキャンパスを中継、あるいは事前に作成した動画などで紹介し、コロナ禍の双方の国の大学キャンパスの状況を伝え合った。例えば、アメリカの学生のバーチャル・キャンパスツアーでは、キャンパスの写真を見せながら、「コロナが起きたので、人があまりいない」と閑散としたキャンパス内の様子を説明していた。そして、日本の学生のキャンパス案内においても、学生がマスクでキャンパスの中継を行ない、学内の広場にほとんど人がいない様子を映し出したり、大教室の閑散とした様子を見せながら、自分の大学の状況を紹介していた（画像1）。なかには学内の学生や関係者にインタビューを行ない、コロナ禍の学内の状況や学生、教職員の受け止め方を海外の学生にライブで伝えていたケースもあった。一方、交流の時期にコロナの感染が収まっていたベトナムの学生のキャンパスツアーでは、学内ののんびりした様子、学生と教員の交流が見られ、コロナ禍での学生生活の違いをお互いに感じ取り、話し合う機会となっていた。

画像1　バーチャル・キャンパスツアー
（日米プログラムから）

3.3 ライフストーリー・インタビューにおけるインタラクション

学生達はさらにお互いを深く知るために、「ライフストーリー・インタビュー」を行なった。ライフストーリー・インタビューとは、生い立ちから現在に至るまで、相手の生きてきた軌跡を時系列に聞き取ることで、相手を深く知ることを目的とした質的調査方法を指す（桜井, 2012）。

以下、学生達がインタビューをもとに作成した、相手のライフストーリーのまとめを示す。このまとめを作成した学生（日本側の F、アメリカ側の M）は、どちらも中国系のルーツをもつ学生で、F は日本で生まれ育ち、日本の大学に所属している学生で、M はアメリカで生まれ育ち、アメリカの大学に所属している。F と M はライフストーリー・インタビューを通じて、お互いの生い立ち、親との関係性、教育環境の違いを知ることになった。以下のライフストーリーの左側は、F が M の人生についてまとめたもので、右側は逆に M が F の人生についてまとめたものである。学生達は相手にインタビューを行ない、また相手からのインタビューを受けることで、相手についてのみならず、自分についての発見があったと述べており、他者だけでなく自己に対する気づきがあったことがうかがえる。

学生が作成したお互いのライフストーリーのまとめ（日米プログラムから）

日本の学生 F の書いた M のライフストーリー

M さんは●●大学に入学してからテキサスに住み、それまでの 18 年間はずっとカリフォルニアで育ったという話を出してくれたので、そこから本格的に彼の過去の人生経験について語る、ライフストーリー・インタビューが始まった。
M さんは、カリフォルニアで過ごした 18 年間は平和で真面目かつ堅実な生活であったという。小中学生のころは、ディズニーランドにたまに遊びに行ってたくさんのジェットコースターに乗って遊んだり、宿題や課題をなかなか始めたがらなかったり、年相応のやんちゃさをもちつつも、学校や家では親や先生の話をちゃんと聞き、勉強もちゃんとこなすような真面目さは昔から変わらないという。（以下省略）

アメリカの学生 M の書いた F のライフストーリー

F さんは、2000 年に日本の千葉県で生まれました。今年は●歳で、大学の●●学部の二年生です。F さんは中国人で、中国の国籍も持てるけど、生まれも育ちも日本です。F さんは、日本語、中国語、そして英語、3 カ国語を話します。日本語はもちろん、日本で育ったから、完璧に話せます。中国語は、両親が F さんに小学校から高校学校まで（日本にある）中国のインターナショナルスクールに行かせられました。毎年も祖父母を尋ねるために、上海に行きます。そこで、上海のディズニーランドも行って、両親と遊びます。両親は中国から来て、日本にずっと住んでて、働きます。（中略）両親も中国が話せるけど、家で日本語をしゃべります。（以下省略）

（ライフストーリーの下線は筆者（村田）加筆）

3.4 SDGsの課題解決型プロジェクトにおけるインタラクション

協働のまとめとして、最後に2週間（日伊プログラムのみ4週間）のプロジェクト型の活動を行ない、最終発表と成果物の作成を行なった。それまでの身近なテーマでのお互いを深く知る活動と比較すると、SDGsの課題解決型プロジェクトは、テーマの抽象度が高く（貧困、福祉、ジェンダー、食品廃棄問題等）、抽象的な語彙（漢語系の語彙）が増え、難易度が上がったため、多くのグループが情報共有やディスカッションでの意思疎通に苦戦した（学生達の週報から）。このため、学生達はSDGsの話し合いの2回目からは情報共有の方法を見直し、自国の問題を分かりやすく相手に伝えるために情報を簡潔にまとめたり、言語、非言語、マルチモーダルなリソースの使い方を工夫した。例えば、漢字の語彙にルビをふる、やさしい日本語にする、キーワードの多言語翻訳を入れる、イラスト、写真、動画等で分かりやすく情報を伝える、協働のためのオンラインツール（Google Docs、Google Slides等）を使って双方向かつ共時に意見をまとめるなどの工夫が見られた。さらに、最終成果発表会の前には、多くのグループが準備のために2～3時間のミーティングを週に何度か行なった。グループ内のジレンマを通じた学びに関しては第4章、学生達の複言語とマルチモーダルなリソースを活用した協働に関しては第5章を参照してほしい。次の資料1、資料2は協働プロセスでの成果物の例である（協働中のインスタグラムの記事発信、最終成果物のPPT例）。

前述の通り、日伊プログラムでは最終成果物だけでなく、SDGsの毎週の話し合いの内容をインスタグラムで二言語（日本語と英語）で発信した。資料1の記事は、SDGsのジェンダーをめぐる問題について学生達が話し合った内容から作成されたものである。記事の発信は日伊の学生が毎週協力して行ない、日本の学生はイタリアの学生からインスタグラムでの記事の作成アプリの使い方を学び、デザイン性の高い記事の作り方を学んだ。インスタグラムの記事は、日伊の参加者の友人、知人、双方の大学のプログラム関係者に共有され、様々なコメントがつけられ、学生グループの活動を越えて周囲の人も巻き込んだディスカッションのリソースとなった。

資料１　毎週のインスタグラム記事例（日伊プログラムから）

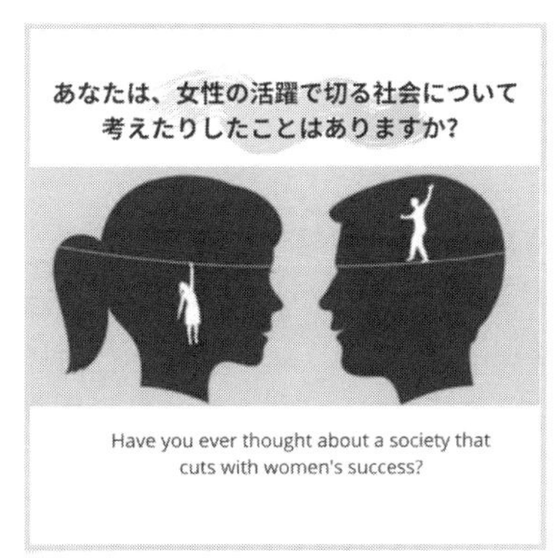

最終成果発表会では、学生達がグループごとにSDGsから選んだテーマを踏まえて、自分達にできる活動を提案し、発表した。次の資料２は、学生達の作成した社会課題解決のための企画書の概要と最終発表のスライド例である。学生達のSDGsの提案活動には長所と短所があり、社会課題意識を高めるという意味で有用である一方、地球規模の課題を自分事として考え、当事者として何ができるのかという具体的な提案を行なうことは学生にとっては簡単なことではなかった（学生達の週報の振り返り記録に基づく）。このため、成果発表会では提案をするだけでなく、その実現性、継続性の評価を学生に行なってもらい、また、Q&Aのセッションで教員、参加者全員で提案内容を議論し、提案の実現性や課題を検討した。

資料2　最終成果発表会の企画書の概要とスライド例（日米プログラムから）

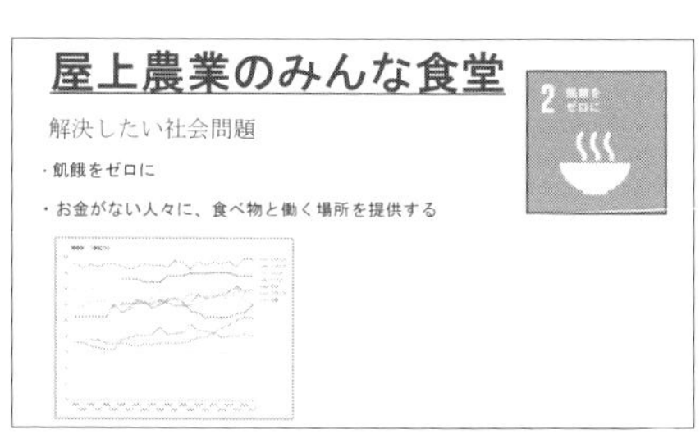

〈学生が作成した企画書の概要〉

- **SDGs テーマ**：飢餓をゼロに
- **背景**　　：日本の子ども食堂と子どもの貧困問題
- **提案内容**：貧困者のための食堂と屋上農園を作り、ボランティアが料理や農業を行う。お金がない人も働けるようにする。食物の作り方を伝える。
- **実現性、継続性の検討**：政府や自治体の支援の有無、ボランティアの確保、貧困家庭のニーズに対応しているか。

4.　学生達の振り返りと気づき

三つのプログラムの学生達にプログラムに関してアンケート調査を行ない、「協働スキル」「社会課題意識の向上」「言語コミュニケーション」「他国の状況の理解」「他者理解」「自己理解」の六つの項目[5]に関して、4段階で評価してもらった（「非常に勉強になった」「勉強になった」「あまり勉強にならなかった」「全く勉強にならなかった」から選択）。

アンケートの結果からは、全ての項目において、「非常に勉強になった」、「勉強になった」のどちらかの回答をした学生の割合が9割以上で、アンケートには好意的に答える社会的な傾向があることを踏まえても、学生達が今回の協働活動を全体として肯定的に捉えていることが分かった。特に学びの実感が大きかった項目として、「協働スキル」は「非常に勉強になった」が73%、「社会課題意識の向上」は71%となっており、多様な人々との協働、SDGsのプロジェクトに対する評価が高かった。また、海外の学生のコメントでは、日本語学習に関するものが非常に多く、言語学習への関心が高いことがうかがえる。アンケートの自由記述の結果は表2の通りである。

[5] 第2節③協働の目標設定で提示した四つの協働の目標と文言を六つに細分化したもの。

表２　アンケートの自由記述

項目	学生の学んだこと（主な自由記述のコメントの要約）
1. 協働スキル	・チームワーク ・リーダーシップ ・役割分担の方法 ・聞く姿勢、譲り合い、相手の尊重 ・スケジューリング（進捗状況や締め切り管理） ・ルールを守る ・言語や文化が異なる人と協働する配慮 ・協働のために相手を知り、自分を知ること
2. 社会課題意識の向上	・SDGs を今まで考えたことがなかったのでいいきっかけになった ・地球規模の問題を当事者として考える意識をもつようになった ・地球規模の社会課題の解決策を考えることに意義を感じた ・両国が抱えている社会問題の違いが勉強になった ・自分の国の問題だけでなく他国、そして世界に目が向くようになった
3. 言語コミュニケーション	**【日本側の学生】** ・やさしい日本語の使い方（単語の使い方、スピード、身振り等） ・相手の理解の確認をする ・自分が分からないことを聞く ・積極的に話しかける ・情報を簡潔に伝える ・非言語の使い方（写真、映像等） ・英語、外国語学習の重要性 **【海外の学生の日本語学習に関するコメント】** ・協働で日本語を使うことは大変だったが学びがあった ・日本語力が向上し、自信がついた ・日本語で自分の意見を伝えること ・社会問題は難しくはあったが日本語で話せたよろこびと達成感があった ・相手との会話やテキストメッセージの交換で自然な日本語を学んだ
4. 他国の状況の理解・他者理解・自己理解	・ライフストーリー・インタビューを通じた相手の国や相手の理解 ・日常の話からの他者理解 ・他者理解が思った以上に難しいこと ・協働のために他者理解と自己理解が必要 ・他者理解のために言語が必要

5. 考察

コロナ禍で留学や対面での国際交流が停止するなか、オンラインの協働プログラムを実施する教育機関が増え、プログラムの実施概要が発信されているものの、実際に複数の教育機関の教育関係者がどのようにプログラムをデザインし、また学生間でどのように協働がなされたのか、協働のプロセスを記述し、分析した研究は少ない。そこで本章では、①教員による協働プログラムのデザインの模索、②学生達の協働プロセス、③学生達の振り返りと気づきを分析し、教員間の協働、学生間の協働の意義を明らかにするとともに、課題についても検討した。

①の教員間の協働の分析では、複数の大学の教員が連携して協働プログラムの形態やテーマについてアイディアを出し合うことによって、協働プログラムの成果物、発信プロセス、難易度の調整を行なうなど、協働の実際のプロセスを示し、国境を越えた教員間の協働の意義を明らかにした。また、②の学生達の協働プロセスの分析を通じて、学生達が実際にどのように協働し、学び合ったのかを具体的なデータを踏まえて明らかにした（グループのルール作り、役割分担、バーチャル・ホームステイやキャンパスツアー、ライフストーリー・インタビューを通じた学び合い、SDGsのプロジェクトにおける成果物作成等）。さらに、③では学生達がそうした経験を通じてどのような気づきを得たのかを分析し、学生が特に協働スキルと、社会課題意識が高まったと感じたことを示した。教員間、学生間の協働のプロセスを可視化したことは、協働のデザインや質を考えるうえで役に立つ教育的なリソースになるのではないかと考える。

最後に、教員が策定した協働デザインの「深さ」について考察を加えたい。第一に、身近なテーマに関する活動についてであるが、前述した通り、オンラインの協働は、参加者間の友好的な交流を重視する傾向があるため、活動が表面的な情報交換で終わってしまう可能性もあり、協働プログラムのデザインにおいては、身近なテーマだけでなく、プロジェクト型の活動を取り入れることが推奨されている。本章の協働においても、身近なテーマでの活動から始めて、プロジェクト型の活動に移行する形を取った。しかし、本章の協働データから見ると、身近なテーマでの活動は本当に表面的な情報交換で終わってしまうのかといえば、そうではなかった。例えば、自分の部屋や家の紹介では、学生達は表面的な情報交換だけでなく、住環境の比較、地域の人々との付き合い方、子育ての環境の問題を取り上げてディスカッションを行なっており、キャンパス紹介では、コロナ禍での学生生活の問題点について、奥行きをもったディスカッションが観察された。ライフストーリー・インタビューにおいても、学生がお互いの人生の取材を行ない、相手の書いた自分の人生のストーリーを読み合う活動は、表面的な情報交換を越えた他者や自己を発見するきっかけとなった、という学生のコメントが多く見られた。こうしたことを踏まえるならば、協働のデザインにおいて、テーマや活動形態の難易度を上げることはもちろん重要ではあるものの、身近なテーマを用いて、話し合いを深めるための教育デザインに関しても、今後さらに検討していくことが望ましいだろう。

第二に、SDGsのプロジェクト型の活動に関してであるが、SDGsの活動は、テーマの言語的難易度が高く、また学生達が地球規模の課題を身近な問題として感じにくいという課題を3.4で指摘した。身近なテーマとSDGsの間に、言語レベルにおいても、内容の抽象度においても、ややギャップがあり、今後、身近なテーマのような交流型の活動からSDGsのようなプロジェクト型の活動へと流れをどのように設計するのか、また限られたプロジェクト期間の中で、様々な活動をどのように組み合わせていくのかに関して、さらに検討していくことが必要になるだろう（SDGsに関する課題と検討に関しては第3章〜第5章参照）。

第三に、本章で分析したような協働デザインの「深さ」を教員の視点から求めようとするとき、学生間の交流の中の「雑談」から生み出される楽しみが奪われてしまうのではないかという点についても触れたい。SDGsのプロジェクト型の活動を組み込んだことで、学生達は懸命に成果物の作成に取り組み、アンケート結果においても、協働スキルや社会課題意識の高まりに関して、多くの学生が高い評価をしていた。一方で、学生からは、もっと学生間の交流（おしゃべり）がしたかったという声も挙がった。活動の「浅さ」「深さ」という表現には、教員側の願いが込められているが、コロナ禍において学生が国境を越えて他者と「つながる」こと自体が非常に重要な意味をもっていたことも確かであろう（第12章参照）。

本章の協働のデザインと実践の分析では、協働の様々な意義が明らかにできたと考えるが、8 週間程度の限られた期間で、どのように学生の交流と協働タスクの深さの両方に目配せしながら、プログラムを運営していくのかという点は、今後の課題としてさらに検討していきたい。

謝辞：本章は科研費（19K00720）の助成を受けたものである。

参考文献

桜井厚（2012）『ライフストーリー論』弘文堂.

Helm, F.（2015）“The Practices and Challenges of Telecollaboration in Higher Education in Europe.” *Language Learning & Technology*, Vol.19, No.2, 197–217.

Kramsch, C.（2009）*The Multilingual Subject*, Oxford: Oxford University Press.

Kramsch, C.（2014）“Teaching Foreign Languages in an Era of Globalization: Introduction.” *The Modern Language Journal*, Vol.98, No.1, 296–311.

O’Dowd, R.（2019）“A Transnational Model of Virtual Exchange for Global Citizenship Education.” *Language Teaching*, Vol.53, No.4, 477–490.

O’Dowd, R. & Lewis, T.（eds.）（2016）*Online Intercultural Exchange: Policy, Pedagogy, Practice*, London: Routledge.

O’Dowd, R. & Ritter, M.（2006）“Understanding and Working with ‘Failed Communication’ in Telecollaborative Exchanges.” *CALICO Journal*, Vol.23, No.3, 623–642.

SUNY COIL Center（n.d.）“WHAT IS COIL?” https://online.suny.edu/introtocoil/suny-coil-what-is/, 〈2021 年 9 月 25 日アクセス〉.

第3章

日本語学習者のための Scaffolding

プレフューメ裕子、村田晶子

1. はじめに

本章は日米の学生間で行なったオンラインの協働プロジェクトにおける、教員の学習支援（Scaffolding）について分析する（実施概要は第2章参照）。海外の大学で日本語を学ぶ学習者にとって、オンラインで日本の学生と日本語を用いて協働活動を行なうことは、コミュニケーション能力を高める貴重な機会となるが、単純に学生達をつないで、グループで活動させ、彼らの自主的な取り組みに任せるだけではなく、支援が必要とされる領域を見極め、学習支援の仕組み（Scaffolding、足場かけ）を作っていくことが望ましい。

Vygotsky（1978）は学習者が自主的に学ぶことができるレベルと、大人や周囲の人々の支援を受けてできる問題解決のレベルの差を「最近接発達領域（Zone of Proximal Development: ZPD）」と呼んでおり、Wood, Bruner & Ross（1976）は Vygotsky の理論をもとに、学習支援者がチュータリングにおいて学習者のレベルに応じたものだけを与えるのではなく、学習者が学びにくい領域を見分け、支援し、最終的には自主的に学べるようにしていくことが重要であると指摘している。こうした支援者による Scaffolding は、バーチャル・エクスチェンジ（以下、VE）のような他者と関わる体験的な学習においても重要な意味をもっている。教員は、複数の組織に所属する学生達が協働する際の困難な点を理解し、学生達が自分達で問題を解決できるような

Scaffolding を行なっていくことが望ましい。O'Dowd, Sauro & Spector-Cohen（2019）は VE における教員の支援を、①活動前の協働のストラテジーの意識化、②活動中の教員のファシリテーション、③活動後の学生の振り返りという三つの段階で示している。

本章では、この中の①に焦点を当てて分析し、教員が VE の期間中にどのような支援を行なったのかを明らかにする。本章のドラフトは全体をプレフューメが執筆し、第 1 節を村田が加筆して完成させた。

2. プログラムの概要

2.1 協働実施のきっかけ

アメリカ南部のミッション系私立大学の日本語講師であるプレフューメは、大学のミッション[1]である地球規模で社会貢献を推進できる世界的なリーダー育成を視野に、2012 年より夏季短期留学プログラム[2]を企画・実施し、その一環として日本の学生との共修[3]の機会を設けてきた。しかし、近年の統計によると、アメリカの大学生の日本への留学率は 3 % にも満たず（NAFSA, n.d.; Open Doors, n.d.）、筆者が所属するアメリカの大学のグローバル・エンゲージメント・センターの報告でも、日本語学習者の日本への留学率は、新型コロナ感染症の流行以前でさえ 10% 前後と低かった。さらに、大学が位置するアメリカ南部の中堅都市には日系コミュニティもなく、日本語学習者の多くは今まで日本語ネイティブ・スピーカーとの共修の機会をほとんどもたずに日本語の単位取得を終えていた。こうしたことから筆者は何らかの理由で留学しない、できないアメリカの学生にも、言語・文化背景の異なる日本の大学生との共修体験をさせるべく、村田と協同でオンライ

1 "to educate men and women for worldwide leadership and service by integrating academic excellence and Christian commitment within a caring community."（Baylor University（n.d.）"Mission Statement." https://www.baylor.edu/about/index.php?id=88781, 〈2021 年 3 月 1 日アクセス〉）

2 2020 年と 2021 年は新型コロナ感染症の影響により実施を見合わせた。

3 現地での共修として、現地大学でのグループディスカッションや課題発表、震災の被災地での日米学生の協働などを行ない、言語の境界線を越えた translanguaging、人間性や異文化に対する学生達の視点の変容など、教育的な意義が確認された。

ンの協働学習の企画と実施に取り組んだ。

2.2 アメリカ側の日本語クラスの詳細

本章で紹介するオンラインの協働学習は第 2 章で概要を示したように、日米大学間の多文化教育と日本語科目が連携し、9 週間の協働活動を組み入れた事例である。アメリカ側の科目は B 大学で 2 年間日本語を履修した学生（日本語教科書『げんき I、II』終了）、または同レベル（全米外国語協会 ACTFL Proficiency Guidelines の Intermediate-Low から Mid 程度）以上の学生を対象としている。秋学期は 8 月下旬より 16 週間、毎週火・木曜日に 75 分ずつの授業を行ない、出席を含め受講態度、課題、オンラインクイズ、オンラインの協働学習の各評価において最低条件を満たした学生に 3 単位が認定される。協働学習の評価は授業科目の成績の 25% を占め、実施期間は日本側の大学の秋学期開講後の 10 月上旬から 9 週間とした。この年の参加学生数は、両大学 10 名ずつで、日本語クラスの学生の内訳は表 1 の通りである。

表 1　アメリカ側の学生の背景

参加人数	10 名（留学経験者 3 名、日本の大学院進学希望者 1 名）
日本語レベル	中級下 2 名、中級 3 名、中級上 5 名
学年	2 年生 2 名、3 年生 2 名、4 年生 6 名
性別	女子 2 名、男子 8 名
国籍・民族・人種	アフリカ／アメリカ 1 名、中国系アメリカ 1 名、プエルトリコ／アメリカ 1 名、アメリカ 2 名、中国 2 名、アメリカ／メキシコ 1 名、ベトナム系アメリカ 1 名、アフリカ系アメリカ 1 名
専攻	国際関係、生化学、生物学、数学、経営情報学、経営情報学、マーケティング、分子生物学、アジア研究、環境科学（10 名中 8 名は日本語副専攻）

アメリカの B 大学における日本語学習者の背景は、学年、国籍・民族・人種、専攻、日本語レベル、留学経験など様々であるが、近年の中級レベル受講者の推移には STEM（理工系）専攻の学生が増加傾向にある。学生の日本語学習の主な動機は、10 名中 9 名が小学時代に見た日本のテレビ漫画が

きっかけで、中・高時代に日本のアニメやビデオゲームに興味をもち、日本の言語・文化への関心が高まり、大学での日本語学習につながっている。10名中8名は日本語副専攻であったが、日本の大学院への進学希望者は環境科学専攻の1名、日本語を生かしたキャリアを希望していたのはマーケティング専攻の1名のみで、残り8名の動機は日本語学習が楽しいという内発的なものであり、オンラインの協働に参加する主な動機も日本語を用いて日本の学生と交流することであった。しかし、アメリカ側の教員が日本語の授業の一環としてオンラインの協働学習を導入した目的は、学生の日本語能力向上を図るだけではなく、日本語教育を通じて学生の人間形成を目指すことも含まれていた。教員が願う人間形成とは、言語学習だけでなく、第2章の協働の目標でも示した多文化理解力や社会課題意識などのグローバルな視野と能力をもつ人間を育成することであり、留学せずとも国境を越えて協働に取り組める VE（COIL 型アプローチ）は学びの機会として理想的なものであると考えた。

プログラムの概要は第2章に示されている通りで、最初の2週間は、アイスブレイク活動を通じ、お互いの身近な環境をバーチャルで共有し合い、最終的には、アイスブレイクを含め、ライフストーリー・インタビュー、翻訳プロジェクト、SDGs（持続可能な開発目標）に向けたソーシャル・イノベーション事業提案という四つのタイプの協働活動を行なった。グループ構成は日米2名ずつ4名1組とした。アメリカ側のグループ分けでは、国籍・民族・人種、性格の違い、日本語レベルなどが偏らないよう考慮した。

3. 日本語学習者のための Scaffolding

Scaffolding は生徒や学生が新しいスキルを身に付けたり、課題達成のために、教員が徐々に指導の幅を広げていくことであり、アメリカ側は毎週火曜の授業で学習言語である日本語の能力向上と協働が順調に進むように、オンライン交流のストラテジーや先行事例の提供、協働活動のためのブレインストーミングなどを行なった（各活動のための具体的な手当ては表2参照）。

表2　活動内容と日本語の手当て

週	協働活動	日本語の手当て
1週	オリエンテーション バーチャル・ホームステイ	PPT（章末資料1）、バーチャル・ホームステイ前年度の動画紹介、ブレインストーミング
2週	バーチャル・キャンパスツアー	PPT（章末資料2）、バーチャル・キャンパスツアーの仕方、教育比較の具体的なトピックのブレインストーミング
3週	ライフストーリー・インタビュー	PPT（章末資料3）、ライフストーリーの定義、具体例、質問項目の確認とブレインストーミング
4週	東日本大震災被災者動画翻訳プロジェクト	PPT（章末資料4）、東日本大震災の YouTube 動画紹介、被災状況などの予備知識確認、インストラクション用動画、翻訳用ハンドアウト説明
5週		
6週	SDGs プロジェクト：比較	日本語と英語両方のウェブリンクを提供、ハンドアウトの内容（日本語と英語）確認
7週	SDGs プロジェクト	日本語の進捗状況報告へのフィードバック
8週		
9週	最終成果発表会（合同）	事業企画書テンプレート、発表の流れと最終口頭発表で使える表現、前年度の最終発表パワーポイント

3.1 バーチャル・ホームステイ（アイスブレイク）の準備（1週目）

バーチャル・ホームステイでは、スマホなどのウェブカメラを持ち自宅やアパート内をリアルタイムで案内しながら、互いの趣味や興味を聞き合ったり、生活形式の違いなどを教え合ったりして交流する。過去のバーチャル・ホームステイでは、口頭での概要説明だけで支援が不十分だったこともあり、先入観や固定概念をもっていた学生が消極的になり、短時間でタスクを終えてしまい、バーチャル・ホームステイのねらいが達成できなかったグループがあった。そこで今回は、活動内容の説明を行なった後に、前年度のバーチャル・ホームステイの成功例の動画を見せ、対話形式でブレインストーミングを行なった。次のブレインストーミング例1と例2は、教員の問いかけと学生の対話（授業後に教員が記憶をたどって再現したもの）である。

〈ブレインストーミング例１〉

教員　：皆さんの家やアパートの何を見せてあげたいですか。
学生 A：えーと。ぼくのアパートはあまりおもしろくないと思います。
教員　：そうですか。どうしておもしろくないの。
学生 A：ただのアパートで何もないです。
（他の学生：数名うなずく）
教員　：そうですか。じゃあ皆さんがもっている日本の家のイメージはどんなもの？　何が見たい？
学生 B：小さい。ハイテック、トイレ。
学生 C：皆さんの部屋です。部屋の中に何がある。大きさも。
教員　：そう、そう。興味ありますよね。日本のトイレや学生の部屋の中。壁や机の上とか。皆さんが、興味あることは、日本の学生も興味があると思いませんか。

〈ブレインストーミング例２〉

教員　：次に、自分の家や部屋を紹介しながらどんな話ができるでしょうか。
学生 D：ここは私の部屋です。私は日本のマンガが好きだから、たくさんマンガを持っています。
教員　：いいですね。日本のパートナーもマンガが好きかもしれませんね。どうしたら、会話を続けられると思いますか。
学生 D：マンガが好きですか。どんなマンガが好きですか。
教員　：いいですね。マンガが好きなパートナーとなら話が盛り上がりますね。でもパートナーがマンガに興味がない場合はどんな質問ができますか。
学生 E：「盛り上がる」は何ですか。
教員　：ああ、「盛り上がる」ですね。誰か「話が盛り上がる」ってどういう意味か分かりますか。
学生 F：なんか、友達と話しているとき、たくさん話すみたいな感じですか。
教員　：なかなかいい答えですね。「盛り上がる」の「盛る」は、こうやって（ジェスチャーをしながら）何かを積むことです。「上がる」は何かの位置が（ジェスチャーをしながら）こうやって高く上がることです。だから「話が盛り上がる」というと、「話が楽しくどんどん進むこと」「lively conversation ができる」ということです。
学生 E：はい。分かりました。じゃあ、趣味は何ですか。

協働前にブレインストーミングをしてアイディアを共有し合うことで、学生達に自分が抱いていた疑問や不安はクラスメートも同様であるということに気づかせることを目指した（例1）。また、活動を通じて学習言語でのリハーサルと語彙習得ができるように配慮し、教員はオープンエンドの問いかけを通じて、学生の自発的なコミュニケーションを促した（例2）。

3.2 バーチャル・キャンパスツアー（アイスブレイク）と日米の教育比較の準備（2週目）

バーチャル・キャンパスツアーの事前準備ではバーチャル・ホームステイと同様に、まず先入観を排除し、相手の立場に立って考え、パートナーに楽しんでもらえるように指導した。授業でのブレインストーミングでは、大学の特徴や見どころについてのアイディアを出し合い、日米の教育比較に関するディスカッションに備えて、学生が提案したトピック項目を箇条書きしてもらったところ、学生からは入学試験、専攻、学費について（私立と公立）、奨学金、大学生の一日（勉強、授業、遊び、バイト）、COVID-19の対策、心の病気、大学生の悩みなどが挙げられた。教員は各トピックについて日本語でアメリカの大学の状況を学生と話し合い、パートナーへの質問の仕方、受け答えの練習、口頭による語彙の確認も行なった。

3.3 ライフストーリー・インタビューの準備（3週目）

日本の学生とお互いの人生についてインタビューをする活動の事前準備では、まずライフストーリーの説明を行なうとともに、質問項目についてのブレインストーミングを行ない、効果的なライフストーリー・インタビューの仕方を日本語と英語の両方で紹介した。インタビューでは互恵性を考え、日本の学生へのインタビューは、英語の練習になるように英語で行なうことを前提としたが、フォローアップができるように日本語でも練習した（図1）。実際のインタビューでは、録画データから英語を使用していたグループも日本語だけで行なったグループも確認された。

ライフストーリーインタビュー
(自分の人生の写真を集めておく)

Find out what kind of young individual your partner is.
Ask questions in English. You may follow up in Japanese.

英語	日本語
1. Where were you born? When were you born?	1. いつどこで生まれました
2. What kind of kid/student were you?	2. どんな子供・高校生でしたか
3. Why did you decide to go to your school?	3. なぜ今の大学にはいったんですか
4. How is your life at school?	4. 今の大学生活はどうですか。
5. What are you passionate about?	5. 今どんなことに興味を持っていますか。
6.	6.
7.	7.
8.	8.

図１　ライフストーリー・インタビューの質問項目

あえて英語での説明を導入した理由は、協働活動の内容が高度になるにつれ、日本語だけでは学生が完全に説明内容を把握できずに課題の成果物が不十分になる可能性があるからである。それは換言すると、Vygotsky（1978）のZPDの領域を把握し、より効果的なScaffoldingを行なうためであった。またインタビューの留意点として、「はい」「いいえ」で答えられる質問ではなく、語り手の考えや感じていることが引き出せるよう、幅広く具体的な質問を一つずつすること、一方的な質問形式ではなく対話を通じて語り手のストーリーが構築できるよう指導した。そしてライティングの参考のために、日本語での短いライフストーリー例をクラス全体で読み、分析を行なった。最後にアメリカの学生には、インタビューで聞き出した内容をもとに1,200字以内にまとめたストーリーを提出させた。

3.4　東日本大震災被災者動画翻訳プロジェクトの準備（4～5週目）

日本での夏の短期留学プログラムの一環として、2017年よりアメリカの学生が日本の学生と東日本大震災の被災地を訪れ、被災者のインタビューと英語の字幕つき動画を作成するという日米学生間の協働プロジェクトを実施していたが、2020年は新型コロナ感染症蔓延のため訪日がキャンセルになってしまった。代わりに南三陸町の震災伝承館で展示予定の被災者の体験談動画の英訳依頼を受け、今回の協働プロジェクトとして導入することになった。

プロジェクト前の準備には、最初に授業で YouTube 上の東日本大震災の津波の動画を学生に見せ、震災伝承館に貢献するという翻訳プロジェクトの主旨の認識を学生に促した。さらにインストラクション用の動画を作成し、以下の翻訳の留意点の説明も行なった。①直訳を避け、語り手が伝えようとしている意味を失わない。②動画の視聴者が必ずしも英語圏の国の人だけではないため、英語ネイティブではない人でも理解可能なやさしい英語に訳す。③字幕作成のための日本語と英語のトランスクリプトの比較表の記入を統一する。翻訳用ハンドアウト（配布資料）は、被災者の語りの動画のリンク、語りのトランスクリプト、日英翻訳文比較表のテンプレートと記入例を掲載し、Google Docs で共有した。

3.5　ピアによる Scaffolding

Scaffolding は必ずしも教員だけが行なうものではなく、スキルがあるピアがサポートする場合もある。本項では日本の大学生との翻訳プロジェクトで起こったピアの Scaffolding を分析・考察する。翻訳はやりがいがあると同時に、震災の予備知識もほとんどなく、日本語の話し言葉やネイティブ・スピーカーに慣れていない日本語学習者には難しく、特に日本語の曖昧な表現の英訳は学習歴が短い日本語学習者にとっては難儀である。そこで、オンラインの協働では翻訳を助けるために日本の学生が「やさしい日本語」でアメリカの学生の支援をした。このプロジェクトは日本側の学生にとっては「やさしい日本語」の訓練という目的もあり（第２章）、日本側の大学で「やさしい日本語」の講義や練習を行なったうえで翻訳の協働に参加している。「やさしい日本語」は多言語社会の日本で外国人にも理解しやすい日本語として近年推奨されているが、適度に課題をやさしくすることは Scaffolding の機能の一つであり、翻訳プロジェクトにおける「やさしい日本語」への書き換えも、アメリカ側の学生が英訳しやすくするためや能力を伸ばすための Scaffolding と考えることができる。一方で、「やさしい日本語」に直すことにより、肝心の情報が抜けてしまう場合もあり、特に被災者の体験談のような生の声を訳す際には、語り手の気持ちを正確に伝える考慮と、そのための教員の支援が必要である。図２と図３は、日本人の大学生が、英訳しやすいように、原文の下にやさしい日本語を記入した例である。

その階段のフロアの隅の方にいたのが見えたんですけれども、もう流されていきながらおじいちゃんとおばあちゃんを抱きながら「Mさーん」と私に手を振ると言うか、 *3人が階段の隅（端っこ）にいたのが見えた。女の子は流されながら、おじいちゃんとおばあちゃんを抱えて「Mさん」と私に手を振るみたいに、*	The three of them were in the corner of the stair hallway when water came rushing in. While the girl was being swept away the old man and the old lady were held onto each other. The old lady shouted, "M SAN!" and waved her hand at me.

図２　やさしい日本語と英訳例１
（斜体がやさしい日本語、波線は筆者加筆、下線は筆者変更）

図２の文には主語がなく、「〜たんですけれども」、「もう〜ながら〜ながら」、「〜と言うか」など、日本語学習者にとっては曖昧な表現が続いているが、日本人の学生が「３人」と加筆し、語尾も分かりやすく書き換えてくれた。読みにくそうな「隅」という漢字にも着目し「端っこ」という言葉も補足してくれた。

軽介助で上がれるような方々を優先して誘導して、結局４階まで浸かっちゃったわけですからね。 *少しの助けで４階に上がれる人を先に上の階に上げた。しかし、結局４階まで水が来てしまった。*	We prioritized to guide those who needed light assistance, but eventually even the fourth floor flooded.

図３　やさしい日本語と英訳例２（斜体がやさしい日本語、波線は筆者加筆）

図３の文では日本人の学生が「軽介助」という漢字の語彙を「少しの助け」に、「上がれるような方々を優先して」を「上がれる人を先に」に、「誘導して」を「上の階に上げた」に直してくれた。さらに、「浸かっちゃったわけですからね」で、「浸かる」は一般的に英語で "soak" と訳され、人がお風呂に浸かったり、物を液体に浸けたり、吸収されたりという意味に解釈されるが、日本人の学生が「４階まで水が来てしまった」に書き換えてくれ

た。文末の「ちゃったわけですからね」も、理由の意味をもつ「わけ」の直後に、「から」という理由が重なり、理解しにくい表現だったが、やさしい日本語のおかげで適切な翻訳が成り立った。

3.6 SDGs プロジェクトの準備（6 ～ 9 週目）

第 2 章で述べた通り、身近なテーマに比べて SDGs などを扱うプロジェクト型の活動は難易度が高くなり、非漢字圏の学生であるアメリカ側の学生の語彙力や漢字力不足が課題になると予想されたため、特に入念な Scaffolding を行なった。

グループで SDGs の中からテーマを一つ選び話し合い、社会課題を解決するための事業を提案し（social innovation proposal）、発表する準備として、まず最初に Google Drive 上に共有してある 2 大学の協働のハンドアウトを見せながらプロジェクトの解説を行なった。SDGs プロジェクトの Scaffolding で使用した資料（表３）は LMS に掲載し、これらの資料を基に口頭で授業を進めていった。

表３　SDGs プロジェクトの Scaffolding の資料

事前準備	英語の読み物[4]、Wikipedia、UN の SDGs サイト 日本語の SDGs サイト、日本語の読み物「食ビジネスのソーシャル・イノベーション」
進捗状況報告	語彙リスト（各自準備）
最終発表準備	事業企画書テンプレート、発表の流れと最終口頭発表で使える表現、前年度の最終発表パワーポイント、Canva（インフォグラフィックの例）[5]

Scaffolding は、計画した内容をシステマティックに行なうだけでなく、

[4] Stéphanie Thomson（2015）“What are the Sustainable Development Goals?” *World Economic Forum*, https://www.weforum.org/agenda/2015/09/what-are-the-sustainable-development-goals/,〈2021 年 2 月 4 日アクセス〉に加え、自分達のテーマに合うレポートを選んで読んだ。

[5] インフォグラフィックの無料テンプレートを提供しているウェブサイトはたくさんあるが、本プロジェクトでは「Canva」というサイトを利用した（https://www.canva.com/）。

学習者の反応やタスクの種類によって工夫する必要もある（van de Pol, Volman & Beishuizen, 2010）。このプロジェクトでもグループごとにトピックが違い、それに伴い使用する語彙も多様であったため、教員が一律の語彙リストを配布できない代わりに語彙リストの準備は各グループに託すことにした。SDGs の 2 週目と 3 週目には、日本側のパートナーとの Zoom ミーティングの準備および必要な語彙や表現の定着を図るため、授業で日本語による進捗状況の報告をし合い、教員がフィードバックを行なった。

3.7 最終成果物の作成と発表の指導

最終成果物の作成にあたり、配布した具体的資料は、①社会課題を解決するための事業企画書のテンプレート、②口頭発表の際に使える表現、参考のために③前年度に別の日本語のコースで行なったソーシャル・イノベーションプロジェクトの最終発表パワーポイント、④インフォグラフィックのウェブリンクである。事業企画書のテンプレートには次の内容が含まれ、日本側のパートナーとのミーティングに備えるため、前年度の発表のパワーポイントと対比させながら、どのような企画ができるか話し合った。1）SDGs のテーマ、2）両国の現状と課題分析、3）グループで考えた事業の提案：a. 解決したい社会課題、b. 事業の概要、c. 具体的方法（いつ／どこで／誰と／何を／どのように）、d. 実現性と継続性（お金が必要な場合は資金調達の方法も考える）。インフォグラフィック導入の理由は最小限の文字、イラスト、図などで複雑な情報を可視化できるので、のちに YouTube や SNS で発信する際に文字ばかりの画面よりインパクトがあると考えたからである。アメリカ側の学生は過去に他の授業のプロジェクトでもインフォグラフィックを利用した経験があり、今回は、授業で過去の様々な例を見ながら効果的な使い方について評価をし合った。動画の作成については、発表で使用したパワーポイントに音声を吹き込み、動画ファイルに変換をして保存するという簡単なステップを説明した。

活動後に見たグループミーティングの録画データからは、事業企画についての話し合いの中で、アメリカの学生が提案をしていたり、インフォグラフィックの意味が分からない日本の学生に別のアメリカの学生が説明を試みている場面が確認され、授業での事前指導が功を奏していたことが明らかになった。

4.　協働学習の意義―アメリカの学生の振り返りレポートから―

4.1　日本語学習への効果

バーチャルの協働・共修の振り返りレポートは、協働中に数回行なうことで学生の経時的な変化についての洞察を得ることができ、学生の協働の体験の一部としてもコース全体の評価にとっても不可欠である（Guth & Helm, 2017）。アメリカ側は９週間の協働中、日本語を評価対象とした 400 ～ 600 字程度の振り返りレポートを４回（英語も同時に提出）、英語の 500 ～ 600 ワードの Intercultural Competence Reflection を中間で１回、協働後に 1,200～ 1,500 ワードのバーチャルの協働学習の振り返りレポートを提出させた。日本語科目であるが、筆者（プレフューメ）が敢えて英語の振り返りを学生に提出させたのは、学生の日本語が中級レベルであることを考慮し、具体的でより深い自己省察の様相を確認するためであった。

振り返りレポートからは、日本語学習者であるアメリカ側の学生達の多くが最初に設定した個人目標「言語コミュニケーション能力の向上」（第２章）に関する記述が目立った。以下、最後の振り返りレポートからの抜粋である。

- より深い社会的なトピックなどの議論では、多少進歩はあったが、[語彙力] これは間違いなく自分の課題だった。
- 日本語での説明を明確にするのは難しかったけど、日本人のパートナーは私が言おうとしていることを整理して正しい表現を教えてくれた。
- 協働の終わりごろには、自分の会話力が向上して、日本のパートナーと話すときにあまり考えなくても話せるようになった。
- 特に最初は英語で説明したときもあったが、だんだん日本語から英語、英語から日本語にいちいち訳さなくても話せるようになったことに気がついた。

（翻訳・下線は筆者、[　] 内は筆者加筆、以下同様）

協働中の共通言語は主に日本語であったが、グループのZoomミーティング中でも必要であれば日英語併用を指導していた。ほとんどの学生は意図的に日本語で会話をしていたが、語彙力不足や慣れない日本語のネイティブ・スピーカーとの会話に苦労しながらも、自己の足りないスキルに気づいたり、日本の大学生から日本語の支援を受けたりしながら、言語コミュニケーション能力が向上し、それを認識することができたと考えられる。

4.2 教員の意図と日本語学習者の認識のギャップ

2.2でも述べたように、オンラインの協働を日本語の授業に導入した目的は、日本語教育を通じて人間としての成長を望んだからであったが、最終振り返りレポートには教員の期待に反し、言語コミュニケーション能力の向上以外の目標項目に関する記述が少なく、書かれていても表面的な内容が目立った。ここでは数少ない記述の中で筆者が注視した例を紹介する。

・文化交流をする目標は半分しか達成できなかった。この協働研究では主に教育文化や学生文化のような、ある意味で一部の文化の交流だった。（中略）私達のグループはタスクを完了するために作られていて、ほとんどの場合、課題の内容を中心にした話し合いが行われた。
・僕の最終的な目標は異文化の視点から世界を見てみることだった。（中略）この点についてはあまり進展がなかったように思うが、それはただ機会がなかったからだと思う。（中略）ただ、SDGsの目標の「安全なトイレと飲み水を世界中に」については、［きれいな水にアクセスがない］人々を軽視しない方法で問題を解決しようとした。

両者とも言語以外の異文化交流の機会があまりなかったと述べている。確かに、課題をこなすことに集中していると、深い意味での目標に気づきにくいかもしれない。その反面で、後者は開発途上国の人々に対する尊重を示唆する記述をしており、上から目線ではない社会貢献意識に目覚めた様子がうかがえる。しかし短期間で「人間としての成長」のような抽象的な目標を可視化することは容易ではなく、成長を評価するまでには至らなかったが、一つのきっかけとなることは十分に考えられる。

5.　コミュニケーションのブレークダウンと教員の支援

最終成果発表会まで全グループの協働は比較的スムーズに進んだが、最後に成果物に関するイメージが異なり、日本側の学生が二言語での動画作成を希望していたのに対して、アメリカ側の学生はそこまでしなくてもよいという見解で、双方が対立し、協働の意図とは相反した結末の事例をここで紹介する。この件では、アメリカの学生Ｎから教員に、最終成果物の動画編集者の役割について LINE で図４のようなやりとりがあったが、日本の大学生がやくざのように話し始めたので LINE から名前をブロックしたという報告があった。「やくざ」という言葉に危惧を抱いたが、Ｎが主張した「やくざ」のようなメッセージは一向に見当たらず、Ｎに状況説明を求め日本の学生との和解を勧めたが、最後まで歩み寄ることなく残念な結末になってしまった。協働中に生じた問題の解決策を見出すことを学びとして認識させることも教師の責任であり、多言語間のコミュニケーションにはこのように誤解や話の食い違いが生じるという今回の教訓を次回に生かせればと思う。例えば、O’Dowd, Sauro & Spector-Cohen (2019) が提唱する協働活動後の学生の振り返り支援のストラテジーを生かし、学生間のオンラインでのインタラクションを協働で起こりうる誤解や対立の例として紹介し、話し合いを行ない成功へと導けるような指導を行ないたい。

図４　誤解が生じた学生同士の
テキストメッセージ

6. おわりに

本章では、日米学生間のオンラインの協働学習における、アメリカの日本語学習者のための Scaffolding の実践を分析した。中級の日本語学習者にとって慣れないネイティブ・スピーカーとの 9 週間の協働はハードルが高く、教員やピアの支援は不可欠である。本章で取り上げた協働終了後の学生の振り返りレポートからは、協働を通じて生の日本語に触れ言語コミュニケーション能力が向上したという高い満足度が示されたが、それは日本人の学生との協働を通じた様々な学びがあったことだけを指すものではなく、協働の目標を達成するために、支援者である教員が学習意欲と能力向上につながるように綿密に計画し行なった Scaffolding に支えられていた。翻訳プロジェクトに関するアメリカの学生の振り返りからは日本の学生の支援に関する記述もあり、ピアによる支援もなされていたことが確認された。一方で、自然な会話ができるようになったが、SDGs などのトピックに必要な高度な語彙や表現の習得を望んだり、タスクに追われて互いに知り合う機会がなかったと記述した学生もおり、学生達がより一層の日本語知識向上と交流を望んでいることが確認され、その指導法は今後の課題になった。また、教員の意図である人間的成長への支援の方法も練り直す必要があることを再認識した。最後に成績のためだけの課題遂行や、些細な誤解から暗澹として終わってしまっては、オンラインの協働学習の意義を損なう結果となる。今回の実践をもとに今後も Scaffolding の改善を重ね多くの学生のために協働学習の機会を提供し続けたいと思う。

資料１　教員が作成したバーチャル・ホームステイ準備のスライド

10月7日水曜日
バーチャル・ホームステイ

1. 自分なら相手のアパートや家の何をみたいですか。

＊ 日本のお風呂と玄関
＊ 部屋の大きさ
＊

2. 自分の家や部屋を紹介しながら、どんな話ができるでしょうか。

＊ 趣味は何ですか。
＊
＊

冷蔵庫の中と寝室の様子

資料２　教員が作成したバーチャル・キャンパスツアー準備のスライド

10月13日(火)

・バーチャル・キャンパスツアーの動画・写真紹介
　大学の特徴、見どころ（５カ所以上）
　私が好きなところ（理由）

・おたがいの大学の教育比較

おたがいの大学の教育比較

1．入学試験について
2．専攻を決めるとき
3．学費について（私立と公立）
4．奨学金について
5．大学生の一日（勉強、授業、遊び、バイト）

5．COVIDコロナの対策
6．心の病気、大学生の悩み

7．

資料３　教員が作成したライフストーリー・インタビュー準備のスライド

ライフストリーインタビュー

The life history of a person is all the things that happen to them during their life.

*どんな質問をしたらいいでしょうか。

*相手の生い立ちについて
*どんな子どもだったか
*学校教育のこと
*家族のこと
*友達のこと

ライフストーリーインタビュー

- 「はい」・「いいえ」で答えられる質問ではなく、幅広い返答ができるような質問をする
- 一度に一つずつ質問をする
- いつ・どこで・誰が・何を・なぜ・どのようにして（5W1H）、で始まる質問をする
- 語り手の考えや感じていることを質問する
- 場所の名前、人名、日付、前後関係を具体的に質問する

資料４　教員が作成した翻訳プロジェクトの説明スライド

南三陸町震災伝承館被災体験談動画
翻訳プロジェクト
＜COIL４～５週目＞

南三陸町震災伝承館は道の駅にできる予定

被災者の体験談のスクリプト
　⇒各グループのグーグルドキュメントを見る

翻訳の留意点
- ネットやYouTubeで震災の状況を調べる
- 単に日本語から英語に直訳しない
- シンプルなグローバル英語を使う

参考文献

Guth, S. & Helm, F.（2017）*SUNY COIL Stevens Initiative Assessment FINAL REPORT*, https://doi.org/10.13140/RG.2.2.35940.27529.

O'Dowd, R., Sauro, S. & Spector-Cohen, E.（2019）"The Role of Pedagogical Mentoring in Virtual Exchange." *TESOL Quarterly*, Vol.54, No.1, 146–672, https://doi.org/10.1002/tesq.543.

NAFSA（n.d.）*Trends in U.S. Study Abroad*, https://www.nafsa.org/policy-and-advocacy/policy-resources/trends-us-study-abroad,〈2021 年 5 月 20 日アクセス〉.

Open Doors（n.d.）*2020 Fast Facts*, https://opendoorsdata.org/fast_facts/fast-facts-2020/,〈2021 年 2 月 13 日アクセス〉.

van de Pol, J., Volman, M. & Beishuizen, J.（2010）"Scaffolding in Teacher-Student Interaction: A Decade of Research." *Educational Psychology Review*, Vol.22, No.3, 271–196, https://doi.org/10.1007/s10648-010-9127-6,〈2021 年 5 月 25 日アクセス〉.

Vygotsky, L. S.（1978）*Mind in Society: The Development of Higher Psychological Processes*, M. Cole, V. John-Steiner, S. Scribner & E. Souberman（eds.）, Cambridge, MA: Harvard University Press.

Wood, D., Bruner, J. S. & Ross, G.（1976）"The Role of Tutoring in Problem Solving." *Journal of Child Psychology and Psychiatry*, Vol.17, No.2, 89–100.

第4章

越境学習のジレンマを通じた学び

村田晶子、マルチェッラ・マリオッティ

1. はじめに

本章ではオンラインの国際協働学習（COIL）における学生達の「越境学習」（異なる組織に所属するメンバー間のジレンマと対立を乗り越えた学び）のプロセスを分析する。

COILは、地理的な境界線を越えて、学生同士がオンラインでつながり合う協働であるため、物理的な留学と比べて経済的な負担が少なく、包摂的な国際教育として大きな可能性をもっている。しかし、COILの協働は、二つ、あるいは複数のコースの差異を調整しながら行なうものであり、社会・組織的な違い（学年歴、テクノロジー、学習言語の社会・経済的な価値等）、科目の違い（目標、使用言語等）、グループダイナミクス（例えば、グループワークへの取り組み方）、個人のモティベーション等、様々な要因により、協働が機能しなくなる場合もある（O'Dowd & Ritter, 2006）。こうした要因は常に問題となるわけではなく、協働プログラムのある特定の場面で課題として浮かび上がることが多い（例えば、国際交流を主目的としたゆるやかなおしゃべりは順調に進んだものの、プロジェクト型の活動に移行し、決められた期間内に成果物を作り出す活動において意見がぶつかり合い、協働に問題が発生するケースなど）。

しかし、COILにおけるせめぎ合いは協働の障がいとなるものではなく、むしろ協働学習中に生じた問題を振り返り、メンバー間で話し合い、それを乗り越える過程が重要な学びの機会となる（Belz, 2003）。第 1 章で取り上げた Engeström の拡張的学習の理論では（Engeström, 1987/2014, 2001; Engeström & Sannino, 2010）、参加者が集団間を移動・往還する際に感じる矛盾やジレンマを契機とした学びに光を当て、異なる集団と接するなかで感じた違和感をきっかけとして、自分がこれまで自明視してきた活動や社会構造の前提を可視化し、これまでの活動や学びを問い直すこと、そして、協働メンバーとともに新たな解決法を探し実行していくという、拡張的な学習プロセスの重要性を提示している。こうした組織や集団の枠組みを越えた協働と相互変容を香川・青山（2015）は「越境学習」と呼び、異業種による協働が新しい知をもたらし、長期的な組織改革にもつながる可能性を秘めていると指摘している。COIL においても、差異を感じたときに、それを乗り越える（越境する）ように努力するプロセスを通じて、自分自身の前提とする価値観に気づき、変容していくことが期待されるが、越境学習は、異なる背景をもつ人々が同じスペースに集まるだけで保証されるものではなく、自分自身のジレンマを可視化し、行動を調整するための教育的な仕組みが必要とされる。

他者との相互作用を通じた学び（経験学習）において、経験を一過性のものとせず、経験を振り返り、気づきや学び、そして課題を可視化していくための教育的な仕組みとして、Dewey（1938/1997）の体験学習の枠組みを踏まえて提唱された Kolb（1984）の振り返りのサイクルのモデル（経験→省察→概念化→別の状況での実践）が広く活用されており、Engeström（2001: 152）の拡張的学習における振り返りにおいても経験、省察、概念化、調整という基本的な流れは同じである（図 1 ）。

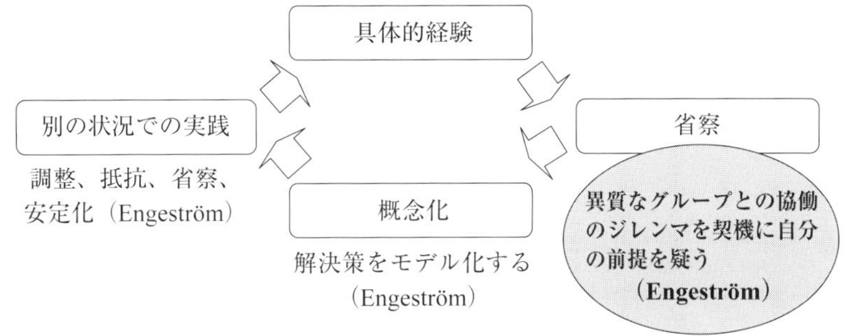

図 1　振り返りのサイクル
（Kolb と Engeström のサイクルを合わせて筆者が作成）

COIL をこうした異なる組織に所属する参加者間の越境学習の場と捉えたとき、学生が活動をどのように振り返り、そこからどのような気づきを得るのか、問題が生じた際に、次の活動においてどのように改善していくのか、活動と振り返りのサイクルを分析し、その意義を明らかにすることが必要とされる。

しかし、日本における COIL の研究はまだ歴史が浅く、学生達のプログラム後のアンケートや振り返り記述の分析は行なわれているものの、協働中の学生達の振り返りと変化を追った分析は十分には行なわれていない。本章ではこうしたことを踏まえ、日本とイタリアの大学の学生達が、COIL のグループ活動において、どのように境界線を乗り越えていったのかを学生間の Zoom でのインタラクションの録画データと週報の振り返り記述の分析を通じて明らかにする。本章は村田がドラフトを執筆し、マリオッティと相談して完成させた。

2.　協働プログラムの概要

日本とイタリアの大学の協働プログラムの詳細を表 1 、表 2 に示す[1]。日本側は学部生向けの多文化教育科目の学生 9 名、イタリア側は日本語学科の

1　プログラムデザインに関しては第 2 章参照。

インターンシップ・プログラムの学生 12 名が参加し、グループごとに 4 名、あるいは 5 名で活動した（日本側とイタリア側が半々程度の構成）。

表 1　協働プログラムの概要

	日本側	イタリア側
1. 機関名	H 大学	C 大学
2. 学生の所属学部	キャリアデザイン学部	日本語学科
3. 参加人数	9 名	12 名
4. 科目の概要	「多文化教育」科目、文化の多様性を理解し、多様な背景をもつ人との協働を学ぶ	日本語学科の「インターンシップ」の単位
5. 協働学習の目的	協働スキルの向上、多文化理解（他者理解と自己理解）、社会課題意識の向上など	仕事に使える協働力、交渉力、ツールの使い方などの能力向上、多文化理解、日本語力向上、柔軟性、ソフトとハードスキル向上
6. 単位認定の有無	認定する	認定する
7. 協働の実施期間	学期のうち 9 週間	
8. オンラインツール	主に Zoom（SNS も活用）	
9. 協働の形式	基本は 4 ～ 5 名のグループ（両校の学生がほぼ半々になるよう構成） 日本側 2 名 / イタリア側 2 名か 3 名　×5 グループ	
10. ミーティング頻度	週 1 回 1 時間程度	
11. 協働の使用言語	イタリア側の参加者が日本語学習者であったことから、基本的に日本語を用い、必要に応じて複言語で協働。	
12. 教員サポート	多文化教育の教員 1 名	日本語学科の教員 2 名

表２　協働プログラムの流れ

週	活動	協働	成果物
1 週	オリエンテーション（身近なテーマ）	毎週の Zoom と SNS での連絡	
2 週	ライフストーリー・インタビュー		インスタグラム[2]
3～4 週	ディスカッション（SDGs テーマ１）		〃
5～6 週	ディスカッション（SDGs テーマ２）		〃
7 週	最終発表準備（自分達にできることを提案する）		〃
8～9 週	最終成果発表会 最終成果物提出	Zoom 発表会	発表 動画／レポート

3.　分析―協働のプロセスにみる境界線越え・変容―

ここでは二つのグループにおける協働中の学生達の振り返り記録と協働プロセス（交流録画データ）を分析する。ケース 1 はプロジェクトが順調に進んだ例である。一方、ケース 2 は、協働のプロセスで問題が発生したグループである。二つのケースにおいて、グループのメンバー達（日本、イタリアの学生）の振り返りの記述を時系列に分析し、ケース 1 では協働を機能させるために学生達がどのような点に気を配り、調整行動を取ったのか、また、ケース 2 では問題が発生した際に学生達がどのように感じ、それを乗り越えたのかを明らかにする。

ケース 1　スムーズに進んだグループの調整行動

まず、グループにおける協働で、様々な境界線を乗り越えることができたグループの週報から見る。このグループは、日本側の学生が 2 名（N1、N2）、イタリア側の学生が 3 名（V1、V2、V3）で構成されている。ケース 1 の協働では、以下の流れで学生達の関係性が深まり、お互いのずれの修正も素早く行なっていた。

2　その週に話し合った社会問題をベースにメッセージを発信する（具体例は第 2 章の資料 1 参照）。

【学生達の変化】

① スタート時点：初回のミーティングで安心する

② 複言語の使用で距離を縮める

③ ライフストーリー・インタビューで相互理解と共感を深める
（聞く側、話す側の固定化をなくす）

④ SDGs の国際比較でお互いに刺激を受ける

⑤ ずれ、ストレスに気づき、調整する

① スタート時点：初回のミーティングで安心する（1 週目）

プロジェクトの最初の段階の学生の週報を見ると、日本側の学生は、やさしい日本語を使って対応できたと述べており、イタリア側の学生も最初は緊張のため日本語があまり話せず、日本側の話が理解しにくかったものの、自己紹介で相手と打ち解け、安心したことが述べられており、SDGs に関しても、お互いに興味のもてるテーマが見つかったことを喜んでいる。

学生達の初期の振り返り（下線は筆者（村田）、以下同様）

日本の学生のコメント例

・私たちが、やさしい日本語を使おうと努力し、わからないときは、わかりません、と言ってくれたので、私たちもさらにかみ砕いた言い方をするなど、適切な対処ができたと思います。（N1）

イタリアの学生のコメント例

・心配したため、あまり自然に日本語が話せなくて、出会いが分かりにくいでした。でも、自己紹介が終わったら、いよいよ安心しました。（V2）

・分からなかったことの時、日本人のチームメイトと相談できたので、釈然としました。それで、話し合いはうまく行ったのです。私とチームメイトは気力があるし、同じ SDG の問題に関心を持っているし、気持ちがよかったで。（V1）

② 複言語の使用で距離を縮める（2 週目）

学生達はインスタグラムを用いてメンバーの自己紹介動画を作成することにした。当初は全て日本語で行なう予定であったが、日本側の学生がイタリア語も入れたらどうかという提案を行ない、最終的に日本語とイタリア語で自己紹介動画を作ったことで、学生達の距離は縮まった。

交流録画データ１　学生達の自己紹介動画作成の相談

N1：え、日本語で？
N2：日本語とイタリア語？
N1：ああ
N2：両方
V2：日本語で大丈夫です。
N2：日本語でいいの？　そしたら、イタリア語でなくてもいいの？
N1：ううん。でも、イタリア語あっても面白くない？　あ、いらない？
N2：どうなの？
V3：できれば、イタリア語でもいいと思います。
N1：じゃあ、まず日本語で言って、次にイタリア語で言う？　で、英語で言う？（中略）
V2：でも、イタリア人は日本語で紹介して、日本人はイタリア語で紹介すればどうですか。
N1：いいかも。
N2：それでいこう。

学生達のこの週の振り返り―複言語の自己紹介動画作成への感想―

日本の学生のコメント例

・私たちはイタリア語での自己紹介の仕方を教えてもらいました。とても難しく、みんなが日本語をしっかり話せていることが本当にすごいと思いました。(N1)
・日本人はイタリア語、イタリア人は日本語をそれぞれ習い、自己紹介をした。和気藹々とした雰囲気で楽しく撮影することができた。(N2)

イタリアの学生のコメント例

・初めに私は皆が日本語で自己紹介をすると思いましたが、日本人のメンバーが「自己紹介はイタリア語で教えてもらえませんか」と聞きました。それを聞くと私たちが本当によかったので、喜んで教えてあげました！(中略) チームで協力ができるし、友達とように話せるし、本当に嬉しいです。来週の会議に楽しみにしています！(V3)

③ ライフストーリー・インタビューで相互理解と共感を深める（2 週目）

お互いの人生について取材するライフストーリー・インタビューの活動では、全メンバーでお互いの生い立ちや夢について話し合いを行なった。下のインタビューのスクリプトや振り返りからは、メンバーがインタビューを通じて距離を縮め、相互理解を深めていることがうかがえる。

交流録画データ2　学生間のライフストーリー・インタビュー

（日本のN1、イタリアのV2、V3が話し合っている）
N1：将来何がしたいか決まっていますか。
V3：はい、
N1：お、きまってる。なにになりたいの。
V3：できれば、日本の貿易会社で働きたいんです。
N1：うん、貿易会社ね。貿易会社で例えばどんなことがしたいですか。
V3：テクノロジー
N1：あ、技術（中略　V2とV3が自分の夢を話す）
V3：N1さんは？
N1：私は、アナウンサーを目指しているんですよ、アナウンサーわかる？
V2：すごい、ニューズキャスター？
N1：そうです。だけど、東京で、アナウンサーもやりたいけど、地元の北海道で、たくさんの情報を伝えたいな、と思っています。でも、難しいです。アナウンサー難しいし、人気なお仕事だから、今頑張っています。
V3：うんうん
N1：がんばろうね
V3：うん、頑張りましょう

学生達の以下の振り返りからは、グループ内の信頼関係と協力体制が構築されていったことが分かる。また、イタリアの学生のコメントで注目すべき点として、プロジェクトの週報に何度か「先生がいなくても学生達でディスカッションができた」といった記述が見られ、学生間の自律的な協働学習（教員が介入しない活動）を楽しんでいることもうかがえる。

学生達のこの週の振り返り

日本の学生のコメント例

・（会社で）通訳を目指す人や、おばあちゃんから教えてもらったパスタを作る習慣まで、深く知ることができたと思います。（N1）
・わからないときは、すみません、と言って聞いてくれるので、私たちも自分の言葉が伝わっているかどうかが分かりやすいので安心します。笑い話もしながら、仲良くなれたと思います。（N1）

イタリアの学生のコメント例

・誰かが言葉について困っていた時、チームメイトは助けていました。（V1）
・ズームの問題以外、先生がいなくてもディスカッションは順調に進んでいました。自分でグループを扱うことが学べるし、評価される心配がないし、先生もディスカッションに参加したほうがいいと思いません。（V2）

④ SDGs の国際比較でお互いに刺激を受ける（3～4 週目）

協働プログラムの中心として据えられたSDGsのプロジェクト型の活動においても、話し合いは順調に進み、ジェンダーをテーマとして、学生達はお互いの国の状況の比較を行ない（女性専用車両、デートの割り勘の割合など）、共通のテーマでのディスカッションが深まったことが以下の振り返りからうかがえる。

学生達のこの週の振り返り―意見交換へのコメント―

日本の学生のコメント例

・女性優遇（車両）の問題に話しました。この議題が一番盛り上がりました。（中略）イタリアの皆さんは、なんで？と驚いていました。これについては、いいか悪いかで意見が分かれました。（N1）

・デートでは男性が多くお金を出すべきかという議題で、多く出すべきという考えが強いけど、グループのみんなは、半分で出し合うべきという意見が多かったです。これについてもとても盛り上がって、いろんな意見が聞けて楽しかったです。（N1）

イタリアの学生のコメント例

・考えさせられた情報は日本にある女性専用車の一つでした。感想を聞かれたときにイタリアにもそんな電車があれば、怖がらないで夕方にも電車に乗るので、いいと思うと答えましたが、（日本とイタリアの男性の二人によると）男性差別の一形態だそうです。（V2）

・チームで協力ができて、深いディスカッションができて、自分の思ったことを伝えたり、相手の意見も聞いたりすることができて、とても嬉しいでした。（V1）

・皆が自分の意見を伝えてくれて、皆が私の意見を聞いてもらってよかったです。だから、私にとってこの会議はすごく面白かったです。（V3）

⑤ ずれ、ストレスに気づき、調整する（5～9 週目）

グループでは小さな行き違いも生じていたが、大きな問題になる前にずれを調整できていた。例えば、インスタグラムの活用方法である。日伊プログラムでは、SDGsで話し合った内容を各グループが毎週インスタグラムで発信することになっていたが、インスタグラムの具体的な活用方法に関して双方の国の学生の理解に食い違いがあることにメンバーが気づき、共通で何をすべきなのかを話し合って、双方の理解のすり合わせをした。以下の日本の学生 N1 の振り返りでは、ずれに対する気づきとともに、これから調整することが述べられている。

> 【7 週目】私達がイメージするインスタグラムと、イタリアの皆さんがイメージするものが違っていたり、自分の言ったことが伝わっていないこともあることが分かりました。わかりませんと言ってくださる皆さんなので、安心して日本語を話していましたが、伝わっていないこともあるのだと思いました。今後もそれを活かして頑張ろうと思います。（N1）

学生達は、週によっては 2 時間、3 時間と時間を取って話し合いを行ない、熱心に取り組んでいた。協働の負荷が高まるなかでストレスがたまらないように調整しながら、最後まで協働していたことが以下の日本の学生の振り返りから分かる。

> 【8 週目】パワーポイントを作りながら話し合うのは難しかったです。考えが浮かばないときは無言の沈黙になってしまうし、相当頭を使うのでとても疲れるので、何度も休憩をはさんだり、飲み物の話をしたりして、ストレスがお互いたまらないように話し合いました。考えがまとまったので良かったです。
> 【9 週目】ひたすら発表の練習、イタリアの皆さんが作ってきた発表文の添削をしました。とても時間をかけて考えてきた分、ほぼ完璧な文を書いてきてくれたので、少しだけ言い方を直しました。（事業提案の説明のところで）理解できるような文章を考え、プレゼンテーションに向けた発表を何度も練習しました。（中略）最後のミーティングはとても寂しかったですが、全員で協力して Instagram やプレゼンテーションを作ることができたので、とても良かったと思います。

以上のようにケース 1 では、プロジェクト中の協働作業は順調に進み、週報には途中でのすれ違いの記述も見られたが、問題が発生するとすぐにメンバーの話し合いによって調整がなされた。

ケース２ すれ違いが拡大したグループ

次にプロジェクトの途中でメンバー間で大きなすれ違いが生じたケースを分析する。このグループも５名構成で、日本側の学生が２名（N3、N4）、イタリア側の学生が３名（V4、V5、V6）であった。どちらの国のメンバーも熱心に取り組んだが、活動中に様々なすれ違いが見られた。以下、時系列にすれ違いとそれを乗り越えた過程を分析していく。

【学生達の変化】
① スタート時点で緊張を感じる
② ギャップを感じ始める
③ SDGs のディスカッションでジレンマが蓄積する
④ 自分自身の前提を修正する

① スタート時点で緊張を感じる（1 週目）

最初のオリエンテーションの時点では、メンバー全員が一緒にこれから頑張りたいという気持ちでは共通していたものの、以下の週報からはメンバー間の視点の違いもうかがえる。

学生達のこの週の振り返り

日本の学生のコメント例

【「やさしい日本語」を使う】

・向こうの方は流暢に日本語を話しますが、やはり漢字は難しい（中略）。（オリエンテーションでの）SDGs のテーマ決めの際は、特に日本語が難しくなり、お互いに伝え合うことの難易度が上がりました。この時に優しい日本語の知識が役立ちました。（N3）

イタリアの学生のコメント例

【まだ自信がないが頑張りたい】

・いろいろな日本語が話せる皆の前にこんなに難しいトピックについての私のスピーチをすることが不安で、私の番が来たら心配しながら話していて、ロボットのような声が出たと思います。実は、久しぶりに日本語で話して、あまり自信はありませんでしたが、これから、毎週、正しい日本語で話さなければならない機会があるので、もっと頑張りたいと思います。（V4）

【相手の積極性を見習いたい】

・(イタリアの) C大学の学生の積極性に圧倒されて終わってしまったような気がして、反省する部分が多かった。日本語で会話をしているにもかかわらず、自分の意見を伝えるという面ではC大学の学生が優れていたと思う。(N4)

【グループワークが得意ではない】

・グループでプロジェクトをすることがあまり得意ではないと思ったりして、たいてい自分の意見を共有せずに受動的にリーダーや他人などの指示を遂行してやってきました。(V5)

日本の学生の間でも視点の違いがあり、N3は日本側の学生の言語の調整力について述べているが、N4は、相手の積極的な発言に圧倒され、自分よりも相手のほうが内容的に優れていたと振り返っている。また、イタリア側の学生は緊張、不安、グループ・プロジェクトへの苦手意識などについて記述しており、ケース1の学生の振り返りに比べると、双方の学生の間にまだ緊張感があるように見受けられる。

このグループは初回の話し合いで、グループのルールを決めた際に「問題があれば遠慮せずにすぐに言う」という点を挙げていたが、協働の中で十分にお互いの気持ちを伝えることが難しく、次第にすれ違いが生じていった。

② ギャップを感じ始める(2週目)

ライフストーリー・インタビューでは、少しずつ双方の感じ方にずれが見え始めた。日本の学生は、フイフストーリー・インタビューを授業課題の一環として捉える意識が強く、N3はインタビュー・テクニック(傾聴態度)の工夫について述べており、N4は授業の一環としての義務感からインタビューを行なっていた自分の態度を反省していた。

一方、イタリア側の学生の受け止め方も一様ではなく、学生同士の会話練習ができたという満足感を得た学生(V4)もいたが、日本の学生からの質問に答えるだけでなく、自分も相手に質問をするなど、相手との対等で対話的な関係を期待していた学生もいた(V5)。こうしたことから、双方の国の学生の協働に対する受け止め方には個人差があるものの、ライフストーリー・インタビューを通じて何を目指すのかという点で、学生の期待が少し食い違っていた部分があったことがうかがえる。

協働がスムーズに進んだケース1では、ライフストーリー・インタビューが活発に行なわれた要素として、参加者が聞く側・答える側の固定化をなくした調整行動が見られたが、ケース2では調整行動が見られなかった。この要因として、「インタビュー」に対する捉え方の違いもあったのではないかと思われる（ケース1では学生が対話型のインタビューを志しているのに対して、ケース2では相手から情報を得ることに重きを置いている）。

学生達のこの週の振り返り

日本の学生のコメント例

【うなづきながら聞いた】

・難しい単語を使ってしまいそうになりましたが、すぐ優しい日本語に変換できたため、自身の成長を感じました。（中略）話を広げることのできなかった話題もありました。ただ、笑顔や柔らかい表情で、頷きながら話を聞くことで、いい雰囲気でインタビューを行えたと思います。これによって相手も自ら沢山語って下さいました。（N3）

【自分ごととして取り組んでいない】

・授業の一環としてインタビューの準備をしていた自分が恥ずかしく感じた。（中略）私は何事も受動的に取り組んでしまいがちだが、Aさん（イタリア側のメンバー）の言葉を通して、主導的に取り組むことでその課題は自分のためのものになるのだということを学んだ。（N4）

イタリアの学生のコメント例

【日本語の会話に自信がついた】

・久しぶりに同い年の人と丁寧語で話さなければならなかったので、何度も砕けた態度で話してしまいましたが、Bさん（日本側のメンバー）に心配しないように言われましたし、会話の内容全部わかって、大体満足して会話練習にだんだん自信を得るようになると思っています。先生がいなくてもディスカッションは順番に進んでいたと思います。（V4）

【自分もインタビューがしたい】

・日本語で話して楽しかったですが今度は日本の大学の学生にもインタビューを受けてもらいたいと思っています。（V5）

③ SDGsのディスカッションでジレンマが蓄積する（3～4週目）

さらにSDGsのトピック（健康と福祉）のディスカッションに入って、語彙のレベルが格段に上がり、お互いに意思の疎通に困難を感じていたことがメンバーの週報からうかがえた。また、以下のように、言語の問題だけでなく、日本の学生からは相手の話を日本の常識に照らし合わせて聞いてしまったために理解が困難になったので、自分の常識をまず疑うことが必要であるという振り返りが見られた。

> 日本の学生の振り返り
> （相手の話の中で）日本での麻薬に対する制度とイタリアでの麻薬に関する制度が大きく違っていた。しかし、日本での常識を念頭に置いてイタリアの学生の話を聞いてしまっていたため、最初は理解できないことが多かった。そして、いくつか質問をしながら話を進めていくなかで日本と比較しながら話を聞くのをやめてみると、彼らが伝えようとしている内容を理解することができた。（中略）次回からもお互いの国について話すときに、自分が考える常識を一度疑いながらディスカッションを進めようと思う。（N4）

SDGsのプロジェクトでは、特に最終成果物（レポート）に関して、グループメンバー間で大きな食い違いが発生した。日本の学生は、毎週作成したグループ活動内容（インスタグラムの短い記事）を統合して最終レポートとしてまとめ直し、提出することを想定していたが、イタリア側の学生は毎週のインスタグラムの発信自体に力を入れており、最終成果物には重きを置いていなかった。このため、インスタグラムの記事と最終成果物のどちらに価値を置くのかということに関して、双方の話し合いが平行線をたどった。

また、このグループにおけるすれ違いは、SDGsのディスカッションのあり方にも及んでいた。SDGsのテーマに関してお互いの国の情報を調べて、発表し合うだけになってしまっており、そこから深いディスカッションに進めない、というジレンマをメンバーがそれぞれ抱えていた。すれ違いから「相手が何をしたいのか分からない」、「相手が協力してくれない」など、様々な問題が挙げられ、学生達の間でジレンマが蓄積していった。

学生達のこの週の振り返り

日本の学生のコメント例

【お互いに発表するだけのすれ違い】

・各自の考えや意見を発表し合うことで様々な観点からの課題解決案を聞くことができた。しかし、ディスカッションというよりかは意見発表会のようになってしまっている気がする。それは、どこまで質問して良いのか、どこまで話を広げて良いのかがわからないことからお互いに遠慮しているためであると考える。（N4）

【相手が何をしたいのか分からない】

・各自のスピーチ以降は話がまとまらず、また互いの言っていることが日本語能力の問題ではなく、考えや課題、見えているゴールの違いから理解できませんでした。（N3）

イタリアの学生のコメント例

【日本側の提案は深くない】

・（イタリアのメンバーは）イタリアの情勢だけではなくて、世界中の情勢について考えてみましたから、世界的の解決策も考えてみました。（中略）日本の大学生は一般的に日本にある問題しか提出しなかったし、深くない話をしたので、来週のミーティングでもう一度その問題についてもっと詳しく話してもっと具体的な解決を見つけようと思っています。（V4）

【日本側は協力してくれない】

・（自己紹介の動画作成を）頼んでみても、いつか代案として時間を言わずにいつも「無理です」と言われて本当にがっかりしました。（中略）私のグループにある日本人はこのプロジェクトにあまり興味をもっていないという感じでしたので、がっかりしています。（V4）

④ 自分自身の前提を修正する（5～9週目）

グループでの話し合いが膠着状態に陥り、進められなくなったため日本側の学生の１人から教員に調整してほしいというメールが筆者（村田）に送付されてきた。このため、学生グループのZoomミーティングの最初の10分間のみ、教員が出席し、オリエンテーションのハンドアウトの内容と成果物の条件を一緒に確認したところ、メンバーの成果物のイメージが一致したとのことで、安心した表情を浮かべた。教員からは、オリエンテーションの内容を確認するのみで、グループの活動に関して特にコメントをしなかったが、成果物に関する方向性が定まったことで、学生達は冷静さを取り戻し、この週の週報では、それぞれの学生が協働がうまくいかなくなった原因を分析して記述していた。日本側の学生は反省として、分からないことをそのままにしていたという基本的な問題点に気づき、相手にもっと気持ちを伝えることの大切さを感じていた。イタリア側の学生はプロジェクトに熱心になるあまり、プロジェクトの本来の目的を見失っていたことを振り返っていた。

学生達のこの週の振り返り

日本の学生のコメント例

・イタリアの学生が「分からないことがあったらその時に言ってほしい」ということを言ってくれたのだが、「自由に意見を言う」「問題があれば遠慮せずにすぐ言う」という私たちのグループ内の約束事を忘れていたということに気づいた。そして、分からないことがあった時、どうしたら良いのか分からない時はそれを正直に言う勇気も必要だと言うことに気づいた。（中略）相手に伝えることで、同じ時間でも話せる内容の量や質、深さが変わるということを学んだ。（N4）

イタリアの学生のコメント例

・前回はグループで色々な問題がありましたのでまず協力向きな姿勢を回復するために日本側の学生に謝りました。熱狂してしまって、プロジェクトの目的の意識が失ってしまったようです。それから、前回は日本の二人が思っていたこと、困っていることいやなことなど教えてくれなかったので、これから協力のためにもそういうことを言ってくださるように頼みました。（中略）お互いの気持ちを伝えられて初めてグループが協力できると感じました。これからもこんなふうに事業を進むように疑問などを言うつもりです。（V5）

すれ違いが解消され、お互いの気持ちを伝え合った後、グループのディスカッションは非常にスムーズに進むようになった。最終発表の段階での学生達の振り返りからは、途中の衝突を経て、関係性が深まったことがうかがえる。

学生達の最終発表の段階の振り返り（8〜9週目）

日本の学生のコメント例

・先行きの不安さや、ディスカッションの状況の進展を互いに思い出して、懐かしい気持ちになりました。最後はとてもいいチームとして活動できていたため、開始当時のぎこちない感じやうまくいかず苦労したことが懐かしかったです。私だけでなくイタリアの人たちも不安に思っていたのだと初めて知りました。もう一回なのだと考えると寂しい気持ちになりました。（N3）

イタリアの学生のコメント例

・まず日本の二人が日本の状態について話しましたがだんだん私達イタリア大学生もディスカッションに入っていって面白かったです。（V5）

・今回は会話もうまく進んでおり、互いの意見も理解したり伝えるのを助けたりしましたので、この頃前より協力ができるような感じがします。（V4）

4.　考察

オンラインの国際協働学習の研究において、学生達のプログラム後のアンケートや振り返り記述の分析はしばしば行なわれているものの、協働中のプロセスを学生達が定期的に振り返り、どのように越境学習をするのか（ギャップやジレンマを感じた際に、それをどのように振り返り、乗り越えようとするのか）、そしてどのように変容していくのかという点について、具体的なプロセスの分析が十分には行なわれてこなかった。本章では、学生の週報と交流録画データを踏まえて、学生達が協働のプロセスにおいてどのような気づきを得たのか、また、問題が発生した際にどのように調整行動をしていったのかという点を明らかにした。

参加者間での調整行動として、ケース１では、日本語だけを使用するのでなく、話し合いによって日本語とイタリア語による自己紹介動画を作ったこと、また、ライフストーリー・インタビューにおける聞く側と答える側の固定化をなくしたこと、そして、目標（インスタグラムでの成果物）のずれに関して、早期に相談して解決したことなどが挙げられる。また、ケース２では、協働が機能しなくなり、ジレンマを抱えたものの、最終段階において学生達が問題を振り返り、お互いの目的のすり合わせを行なうことで、変化が見られた。

協働学習の省察においては、Engeström（1987/2014, 2001）の拡張的学習の理論で指摘されていたように、異なる集団と接するなかで感じた違和感をきっかけとして、自分がこれまで自明視してきた活動の前提を可視化し、問い直し、行動を調整していくことが重要となる。ケース 2 では、日本の学生が当初、SDGs のテーマで相手（イタリアの学生）の麻薬の話を理解できなかったが、それは言葉の問題ではなく、日本の常識に当てはめて聞いていた自分の問題であったことが振り返りの記述に書かれていた。学生達が違和感をもったことをきっかけとして、自分自身の前提を疑い、行動を変容させていく経験は、協働期間中の学びであるだけでなく、協働プログラム終了後の様々な活動への参加においても生かすことができるものだろう。多様な言語文化的な背景をもつ人々との協働において、柔軟に言語を用い、話を聞く人、答える人、教える人、教えられる人などの役割の固定化を越えて、柔軟な関係性を作っていくこと、また、不明な点を可視化し、すり合わせを行なうことが重要であり、そのために、教員も学生の振り返りや試行錯誤のプロセスを見守り、必要に応じて、問いかけをしたり、アドバイスをしていくことが大切であろう。

最後に、本章の学生の振り返りにおける教育的な課題について考察を加えたい。ケース 2 では学生からの要望で教員がグループの協働に短時間ではあるが参加し、問題となっている成果物について確認したが、教員が直接協働に関わるのではなく、学生達自身が解決するための方向付けとして他に何ができたのかは検討の余地がある。一つの方法として、週報において自分達の協働の記憶をたどって振り返るだけでなく、自分達の協働を録画して、実際のインタラクションを見ながら何が問題であったのか分析する方法も推奨されている（O’Dowd, Sauro & Spector-Cohen, 2020）。ケース 2 のような状況においても、こうした方法を取ることで、振り返りを深められるのではないかと考える。本章の協働プログラムにおいても学生の振り返り活動の一環として、オンラインの協働を学生に録画するように伝え、それぞれが録画データをチェックして、自分自身の参加について振り返るように指示したが、実際には録画を用いて振り返りを行なわない学生も少なくなかったことから、クラス全体で定期的な振り返りの時間を設けるなど、学生が行ないやすい方法を検討し、プログラムに組み込んでいくことが望ましいと感じた。

このことを踏まえて、次の年の筆者（村田）の協働プログラムでは、学生が自分達の協働を録画し、それを見て振り返りを書くように指導を徹底したところ、学生達の振り返りの記述がより詳しく、具体的なものになった。特に言葉の使い方、非言語のリソースの使い方について録画データを用いて、詳細に分析をするようになり、協働の中で違和感を感じたとき、協働のどの部分が問題だったのかを具体的に記述し、それを踏まえた具体的な改善案を出す学生が増えた。

多くの学生にとって、協働学習において自分が何を経験したのか、どのような学びであったのかを表現することは必ずしも簡単なことではない。「異文化理解」「コミュニケーション能力」などの抽象的な枠組みを越えて、具体的な協働体験を徹底的に掘り下げて考え、そこから自分やメンバーが何にぶつかり、何を乗り越えて、何をともに創ることができたのか、自己や他者の変容を表現できるようになることが、彼らが自分の成長を実感することにつながるのではないかと考える。こうしたことからも、学生間の交流録画データを用いた振り返りの教育的な仕組みに関しては今後さらに検討していきたいと考える。

参考文献

香川秀太・青山征彦（編）（2015）『越境する対話と学び―異質な人・組織・コミュニティをつなぐ―』新曜社.

Belz, J. A.（2003）"Linguistic Perspectives on the Development of Intercultural Competence in Telecollaboration." *Language Learning & Technology*, Vol.7, No.2, 68–99.

Dewey, J.（1938/1997）*Experience and Education*, New York: Kappa Delta Pi.

Engeström, Y.（1987/2014）*Learning by Expanding: An Activity-Theoretical Approach to Developmental Research*（2nd ed.）, New York: Cambridge University Press.

Engeström, Y.（2001）"Expansive Learning at Work: Toward an Activity Theoretical Reconceptualization." *Journal of Education and Work*, Vol.14, No.1, 133–156.

Engeström, Y. & Sannino, A.（2010）"Studies of Expansive Learning: Foundations, Findings and Future Challenges." *Educational Research Review*, Vol.5, No.1, 1–24.

Kolb, D. A.（1984）*Experiential Learning: Experience as the Source of Learning and Development*, Englewood Cliffs, NJ: Prentice-Hall.

O'Dowd, R. & Ritter, M.（2006）"Understanding and Working with 'Failed Communication' in Telecollaborative Exchanges." *CALICO Journal*, Vol.23, No.3, 623–642.

O'Dowd, R., Sauro, S. & Spector-Cohen, E.（2020）"The Role of Pedagogical Mentoring in Virtual Exchange," *TESOL Quarterly*, Vol.54, No.1, 146–172, https://doi.org/10.1002/tesq.543.

第 5 章

複言語・マルチモーダルなリソースを用いた「第三の空間」での協働

村田晶子、ダオ・ティ・ガー・ミー

1. はじめに

留学や海外赴任などで新しい国に移動する場合、移動先の国で活動するために、その国の文化や言語を習得し、適応することが求められる。これに対して、オンラインの国際協働学習は特定の国や地域への移動を前提としないバーチャルな空間での協働であり、複数の教育機関に所属する学生が集まり、どちらか一方のグループが他方から学ぶのではなく、お互いの強みを生かし、力を合わせて「第三の空間」において学び合う機会を提供する。

「第三の空間」(third space / third place) は、ポストコロニアル理論において植民者と被植民者の間の文化の表象分析に用いられた概念で、Bhabha (1994) は支配者と被支配者の非対称的な関係性は固定化されたものではなく、ダイナミックに変容するハイブリッドな「第三の空間」の創造的な可能性を指摘している。Kramsch (1993) は「第三の空間」の可能性をことばや文化の教育にも見出し、外国語教育や外国語学習の場を、母語規範や本質化された文化の教え込みの場として捉えるのではなく、様々な背景をもつ人々が対話するハイブリッドで創造的な対話空間として捉えていくべきであると指摘する。こうした「第三の空間」の視点は、地理的な境界線を越えてオンラインの中間地点で対話する COIL の意義を照射する概念としても重要な意味をもっている。

多文化環境において、人々がもてる様々なリソースを横断的に活用して協働する力を高めることの意義は、言語教育、異文化間教育において様々な角度から指摘されており、例えば、欧州評議会の言語指標CEFRでは、もてる言語リソースを複合的に活用する複言語複文化能力（Plurilingual and pluricultural competence）に光を当て、こうした能力を身に付けることが社会の分断を乗り越えるうえで重要であると提唱している（Council of Europe, 2018）。また、バイリンガル教育においても、母語話者規範、完璧なバイリンガルといった前提に立った教育へのアンチテーゼとして、複言語を扱う能力をホーリスティックに捉えたtranslanguaging（Garcia & Wei, 2014; 加納, 2016）の重要性が取り上げられている。こうした実践は、ボトムアップの市民参加の形態として、人々がその場その場の状況に合わせて多様な言語レパートリーを組み合わせながら創造的に社会参加する「メトロリンガリズム」（尾辻, 2016）の考え方にもつながる。

CEFRの複言語複文化能力には、第一言語の調整能力も含まれており、日本においても、「やさしい日本語」が外国人児童の初期日本語教育の公的保障、地域の共通語としての役割、そして、地域に暮らす人々が限られた時間の中でも学べる地域型日本語教育として提唱されている（庵, 2014）。日本語教育を専攻する学生に限らず、これから社会に出ていく若者達が多様な外国人の人権を尊重し、協働してともに社会を創っていくうえで、こうした「やさしい日本語」の調整能力を身に付けていくことは重要であろう。

さらに、非言語（表情、ジェスチャー等）、写真、映像、動画等のマルチモーダルなリソースの活用は、社会のデジタル化が進むなかで必須のスキルとなりつつあり、従来のテクスト中心のリテラシー教育だけでなく、マルチなモードを用いたリテラシーの教育の重要性は高まっている（Kress & van Leeuwen, 1996; Street, 2001; Gee, 2017）。その一方で、日本の大学教育において学生達の複言語での協働力、テクノロジーを統合的に用いるマルチモーダルなリテラシーは十分に評価されておらず、学生がそうした能力が正当なものであるという実感がもてないでいるという指摘もなされている（モーア, 2015）。多様な言語文化的な背景をもった人々が、複言語、マルチモーダルなリソースを活用して協働することは、「人々が与えられた環境の制約を受けながらももてる素材や道具をかき集め、それらを駆使して、自分なりのスペースを作り出していく、日常の小さな、しかし創造的な実践」（村田, 2009: 2）であり、多様な人々による社会参加と協働を理解していくうえでもこうした取り組みの分析に力を入れていくことが大切であろう。

国境を越えた複数のクラスが連携して行なう学習者主体の協働プロジェクトでは、テクノロジーを用いてつながり、プロジェクトを達成するために参加者が共通して理解できる言語やマルチモーダルなリソースを活用して協働学習を行なっていくことが期待されるが、具体的にどのような協働が行なわれているのか、参加学生達のコミュニケーション・プロセスの実態は十分に分析されているとは言えない状況にある。こうしたことを踏まえ、本章では日越間の大学生によるCOILの分析を通じて、参加者の複言語、マルチモーダルなリソースを用いたコミュニケーションを分析し、その意義を検討する。本章の原稿は村田がドラフトを執筆し、ミーが行なったベトナムの学生に対するインタビューの結果と融合させて、最終版を作成した。

2.　協働プログラムの概要

分析の対象としたのは、2020年の秋学期に日本とベトナムの大学の教員が協力して企画・実施したオンラインの協働プログラムである（表1）。プログラムの経緯は第2章で述べた通りで、双方の教員が、コロナ禍で自由に国際移動をすることができない時期に、学生達がオンラインでつながり、協働学習を行なうことには大きな意義があると考え、連携してプログラムを始めることにした[1]。プログラムの参加学生は日本側、ベトナム側各10名で、合計20名である。参加者は小グループ（日本側2名、ベトナム側2名の4名構成）に分かれて、毎週1回（全7回）のZoomでのグループミーティングを行なった。ミーティングの日時は各グループの学生間で調整して決めた。

---

[1] ベトナムの大学で日本語を学ぶ学生の多くが、将来は現地の日系企業で働くことを視野に入れている。このため日本語を習得することは彼らにとって重要な意味をもっており、留学やインターンシップを希望する学生も少なくない。

表1　協働プログラムの概要

	日本側	ベトナム側
1. 機関名	H 大学	G 大学
2. 科目	多文化教育	自主参加
3. 参加人数	10 名	10 名
4. 協働学習の目的	協働スキルの向上、多文化理解（他者理解と自己理解)、社会課題意識の向上など	日本語を用いた異文化理解、協働力の向上など
5. 単位認定の有無	2 単位認定	自主参加のため認定なし
6. 協働の実施期間	秋学期のうち 7 週間	
7. オンラインツール	Zoom（連絡手段として LINE など SNS も使用）	

7 週間のプログラムでは、前半に身近なテーマについて話し合い（生活環境や大学生活の紹介、ライフストーリー・インタビュー等)、後半にプロジェクト型の活動として、各グループで SDGs のテーマを一つ選び、双方の国での問題点を話し合った後、自分達にできることを最終成果発表会で発信した（最終成果物は、動画作成とレポート）。

日本側の学生は、プログラム活動中に毎週、振り返り記録（週報）を教員に提出し、また期間中に教員がチュートリアルを行ない、学生達と進捗状況や課題について話し合う機会を設けた。ベトナム側の学生は単位認定のない課外活動であったため、特に活動中の報告書の提出、チュートリアルなどはなかったが、活動終了後にベトナムの教員が学生の感想を聞き取った。本章で分析したデータは学生間の交流録画データ、日本側の学生の週報、ベトナム側の学生のインタビューデータ、終了時アンケートなどである。

3. COIL における複言語とマルチモーダルなリソースの活用

以下、学生達の協働活動の中で見られたものとして、写真・動画の活用（3.1)、日本語の調整（3.2)、複言語と共有ツールの活用（3.3)、SNS を活用した協働の促進（3.4)、最終成果物におけるアイディアの統合（3.5）について分析する。

3.1　お互いの生活空間の紹介における写真・動画の活用

学生間のグループ活動ではまずお互いの生活環境や大学生活について紹介し合う活動を行なった。「バーチャル・ホームステイ」では、お互いの部屋や家について紹介し、「バーチャル・キャンパスツアー」では、お互いの大学を中継して説明する活動を行なった。使用するテクノロジーや方法は特に指定しなかったが、多くの学生が携帯端末で自分の部屋や部屋の外を歩き回り、どのような生活を送っているのかを説明した。画像1は日本の学生が携帯を使って、自分の部屋を見せながら、生活について話している場面である。多くの学生が本棚の本を映しながら、自分の好きな本について話したり、冷蔵庫を開けて好きな食べ物を見せるなど、相手に自分の趣味や生活の様子が伝わるように様々な工夫をしていた。

画像１　自分の部屋の中継と紹介

画像２　自分の部屋の動画紹介

画像2はベトナムの学生が自分の部屋を撮影した動画の一部である。この学生は自分の部屋の中のお気に入りの場所についてオンラインで話しており、窓辺に座って、どのように自分が寂しいときやストレスがたまったときにギターを奏でるのかを動画で紹介している。学生は動画に日本語のナレーション、音楽、英語字幕など、様々なリソースを加えて、相手に自分の生活の様子を分かりやすく伝え、ディスカッションへと発展させている。

このように、学生達は自分の生活環境や大学のキャンパスの様子をライブ中継したり、写真、動画、スライド、Googleのストリートビューなど様々なリソースを用いて紹介し、質疑応答ではさらにお互いの住環境を画像検索などを用いて比較して、それぞれの住環境の違いに関して意見交換を行なっていた。

また、学生達の行なったライフストーリー・インタビューにおいてもマルチモーダルなリソースの活用が見られ、日本の学生の質問に対して、ベトナムの学生がZoomの画面共有を用いて、自分の故郷の街の様子や学校について、写真、動画、ストリートビューなどを示しながら説明をしていた。日本の学生の1人はインタビューの結果をまとめるなかで、ベトナムの学生が見せてくれた写真が相手の家族への想いを理解するうえで役立ったと振り返っている。

3.2 日本語の調整

このプログラムでは、ベトナム側の学生が日本語を学んでいたため、グループの共通言語として日本語が用いられていたが、ベトナム側の学生は日本語の初級レベルの語彙や文型は勉強したものの、漢字の読み方や漢語を用いた抽象的な語彙に困難を感じる学生が多かった。このため、日本側の学生は日本語レベルの調整を行ない（やさしい日本語）、漢字語彙に読みがなをふったり、難しそうな言葉を簡単な言葉で言い換えたり、英訳を入れたりしていた。例えば、次のスライド1は、バーチャル・キャンパスツアーにおいて日本側の学生が使用していたもので、学生はスライドにキャンパスの説明に必要な経済、社会、現代福祉などの学部名を載せるだけでなく、読みがなと英訳を入れている。

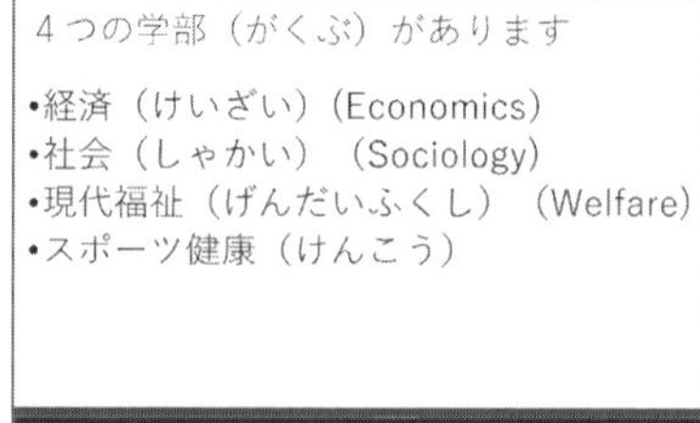

スライド1　やさしい日本語・英訳

スライド2　動画・イラスト・読みがな

また、スライド２は、バーチャル・ホームステイで自分のペットの説明をするために、日本側の学生があらかじめ用意したもので、学生はスライド内に犬の動画を埋め込んで、犬の動きを動画で見せながら、犬ができることを日本語で説明し、さらにイラストとひらがなでキーワードを示している。

加えて、後半のSDGsのプロジェクトにおいては、日本語の抽象的な語彙が増えたため、ベトナム側の学生が苦戦したことから、日本側の学生は以下の点を工夫した（以下、学生達の交流録画と週報の記述からまとめたもの）。

・文を短くきる
・情報を整理して伝える
・語彙や表現の言い換えをする
・スピードを調整する
・できる限り具体例を出す
・資料の難しい漢字に読みがなをつける
・キーワードに翻訳をつける（英語、ベトナム語）

学生間の協働における、言語表現の言い換え、キーワードの翻訳の例として、以下のスライド３とスライド４では、学生が気候変動による熱中症、洪水について説明する際に、言葉の説明、漢字の読みがな、英訳を入れており、説明の方法も言い換えをするなどして、相手に伝わるように努力していることが見てとれる。

▶ 気温（きおん）が　上がると…

熱中症（ねっちゅうしょう）に　なってしまう！
→体温（たいおん《＝body temperature》）が　上がることで
　身体（からだ）が　悪（わる）くなる　病気（びょうき）。

この　熱中症で　死んでしまう人が　増えている。

スライド３　熱中症の説明

学生の説明「気温が上がることで、日本の場合だと、熱中症っていう、病気になることが増える。で、熱中症っていうのは、体温、体の温度が上がると、ま、体調、身体が悪くなる、頭が痛いとか、っていうふうになる病気で、この熱中症っていう病気で死んでしまう人が日本では増えているそうです。」

日本の状況（じょうきょう）について②
激（はげ）しい 雨（あめ） が 増えている。
→洪水（こうずい） も 増える。

スライド４　洪水の説明

学生の説明「次が、激しい雨、すごいザーってふる雨が増えていて、そういう激しい雨が増えると、洪水、洪水っていうんだけど、洪水も増える。で、洪水っていうのは、なんかこう、雨がふりすぎたりして、こう、街に、こう、街が水でいっぱいになったりとか、家の中にも、水が入ってきたりとか、そういうの、洪水っていいます。」

3.3 複言語と共有ツールの活用

SDGsの話し合いでは、飢餓、貧困、ジェンダー格差等、抽象的なテーマに関して自分の国の直面している社会問題をまとめて相手に伝えること、相手の話を理解すること、お互いの意見を交換すること、そして解決策を考えることなど、テーマに関する知識、伝達力、相手の情報の理解力、分析力、論理的な表現力、思考力など複合的な力を必要とし、身近なテーマを話し合うよりも協働の難易度が高くなる。日本側の学生の週報からは、どのグループもSDGsのテーマになって難易度が急に高くなり、日本側、ベトナム側の双方の学生達が苦労している様子がうかがえた。

こうした問題を乗り越えるために、学生達は複言語、マルチモーダルなリソースを用いて協働を行なっていることが交流録画データからうかがえた。例えば以下の例である。この例は、グループでの6週目の活動で、各グループがSDGsのテーマから一つ選んで、自分達にできることを話し合い、次の週の最終成果発表会でその内容を発表する段階にある。このグループは、他のグループと同様に、活動がSDGsになってからお互いの話を理解することが難しくなり、次の週の発表会に向けた話し合いが十分に進んでいなかった。そのためこの回の話し合いでは、日本側もベトナム側も状況を改善すべく、準備してきていた。

以下のベトナムの学生の発言は、グループでの話し合いの最初の部分で、日本側の学生に対して「ちょっと英語でいいですか」と聞いてから、英語で自分の考えを述べ始める。この部分では①英語を使用した提案、②日本語での説明、③ Google Docs による協働が見られる。

> ①ちょっと、英語でいいですか。First, we thought we have to make general theoretical methods, solutions, but when we saw the table, we realize we have to make very like practical project to solve the problem, right? So, this morning we woke up very early, and we think about the solution, and ...（中略）Do you get what I mean? We want to introduce it in Japanese so that A-san（日本の学生）can understand. Can we talk and think about it now? OK? ②今、えー私とＢさんは、私たちが考えたプログラムについて話したいと思います。ちょっと待ってください。（③画面でGoogle Docsの日本語を表示）We only think about this program this morning, so we didn't make PowerPoint. Here is what we thought about. みなさん、みえますか。先週、私たちは（ここから Google Docs を見ながら日本語で説明する）
>
> （スクリプトの番号と下線は筆者加筆、以下同様）

このグループではベトナムの学生の説明の後、全員で共有の編集ツールを用いてお互いの提案のすり合わせをしていた。この例が示しているように、プログラムの最終段階ではどのグループも、日本語と英語、写真、映像、画像検索、共時の共有ツールなど、もてるリソースを組み合わせて話し合いを行なっており、身近なテーマでの話し合いに比べて、複合的なリソースを用いた協働のための取り組みがより顕著に見られた。

3.4 SNS を活用した協働の促進

学生は Zoom でのミーティング以外にメールや SNS を活用して、交流、情報提供、次回のミーティングの確認などを行なっており、それらのツールも協働作業を円滑に進めるために重要な要素となっていた。SNS やメールの場合、共時でやりとりを行なう必要がないため、ゆっくりと考えてメッセージを伝えることができ、ベトナムの学生からは間違いを恐れずに気持ちを書くことができるというコメントもあった。また、SNS で雑談をすることで相手との距離がかなり縮まったというコメントもあり、「週に１回 Zoom

で会うだけだと決めてしまうと義務感が出てしまいますが、普段の会話などをすることでより交流として楽しめました。」と述べた学生がいた。

例えば右の画像3では、日本の学生が自分のアルバイトについて触れると、ベトナムの学生が、自分もクラブ活動が終わったところだと返信しており、日常生活の情報を交換することで学生達がお互いの距離を縮めていることがうかがえる。

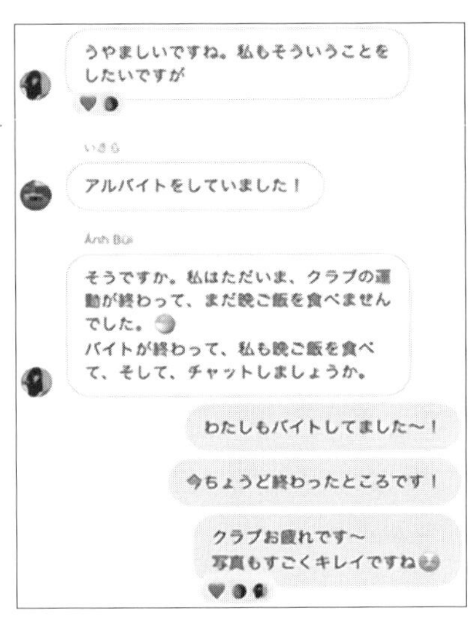

画像3　学生間のSNSの交流

また、学生達は次回のZoomでの協働活動までに準備しておくことをSNSで確認したり、ミーティングの前にパワーポイントで情報をまとめてメンバー全員に共有したり、話し合いの前に必要な語彙のリストを送るなどの工夫を行なっていた。例えば、画像4は日本の学生のSNSのメッセージで、次回のグループ発表の手順、担当者の分担、締め切り、パワーポイントのスタイルなどが箇条書きで挙げられており、メンバー間で誤解がないように確認していることが分かる。画像5は日本の学生が次回のSDGsの話し合いに必要なキーワードと読み方をあらかじめベトナムの学生に送っており、ベトナムの学生が事前に予習できるように配慮している。画像6は、日本の学生がZoomでのSDGsの話し合いがうまくいかなかったことをSNSで謝っており、これに対してベトナムの学生がそんなことはないと返信し、さらにベトナムの情報で質問があれば次回のZoomでの打ち合わせまでに準備しておくと述べている。

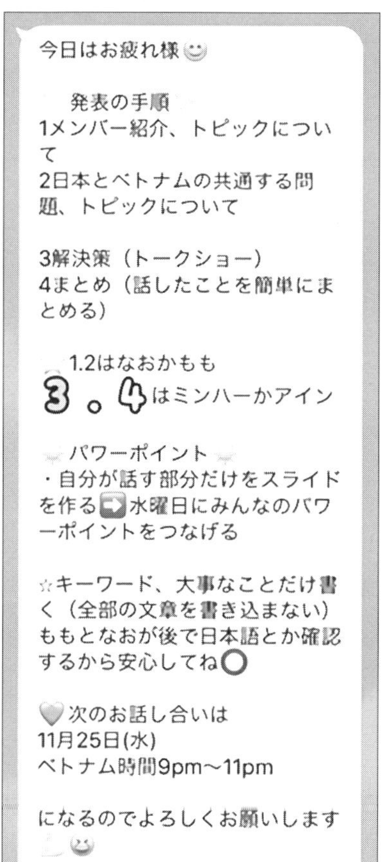

画像４　発表手順確認の連絡

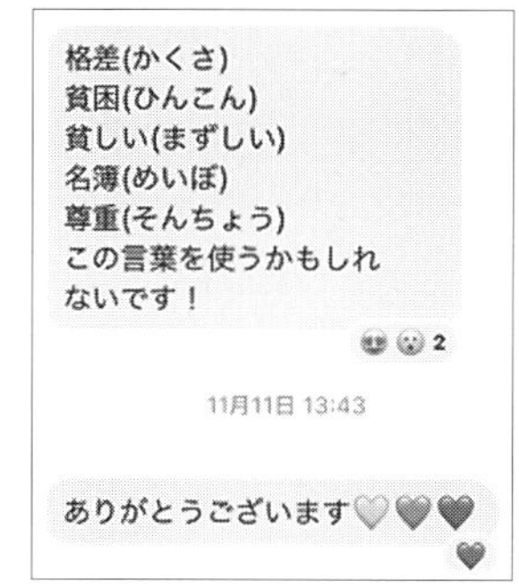

画像５　語彙の事前確認

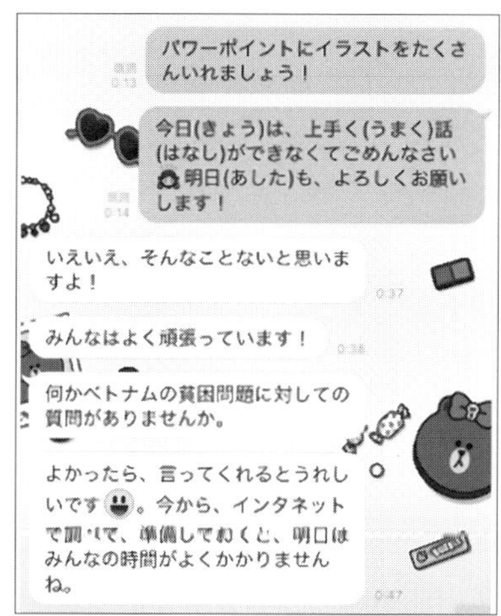

画像６　相互の内容の確認

日本側のメンバーの１人は、メールや SNS を使ったコミュニケーションを組み合わせてベトナムの学生と協働することの効果について以下のように述べている。

> 次回までにして欲しいことが伝わっているか心配だった際には、メールを送ることをした。その時も優しい日本語と漢字の読み方を書いて相手が理解しやすいメールにした。その働きかけによって、理解することが

できましたという返信もあったため有効なものだったと振り返ることができる。また、自分もベトナムの問題について理解できなかった点があった。その際には、LINE で質問をしてベトナムの貧困問題について積極的に理解に努めた。

3.5 最終成果物におけるアイディアの統合

最終成果発表会の準備ではメンバー全員が協働するために、パワーポイントではなく Google Slides を共有し、全員がアイディアを出すようにするなど、オンラインの共時編集ツールを用いた役割分担とアイディアの統合が見られた。発表スライドはシンプルで情報を絞ったものが多く、ベトナム側の学生が理解しやすいように、ベトナム語訳を入れているグループもあった。

また、最終成果物として、SDGs の提案を二言語（日本語とベトナム語の字幕入り）動画で発信したグループもあった。

日本の学生の週報からは最終発表では緊張しながらも、メンバーが話し合いを重ねた成果を出せたことが以下のように記されている。

> ベトナムの学生との最終発表では、緊張の中、皆が一生懸命日本語で話しており、本気で日本語を学んでいるという熱意を感じました。社会問題という難しいトピックでも、必死で話している姿を見てたくさん練習したことや質問対応もしっかりできていたことから意味なども理解できていることもわかり、私も姿勢という点で学ぶことが多くありました。（中略）SDGs に対する提案はどこも独自性があり、私一人では思いつかないような提案ばかりで日本人の学生からもベトナムの学生からも刺激を受け、視野を広げるいい機会になりました。

4. 参加者のプログラム後の評価

コロナ禍によって国際移動が停止し、日本の学生の海外留学、そして外国の学生の来日が難しいなかで行なった国境を越えたオンラインの協働学習は参加者にとってはどのような意味があったのだろうか。学生達にアンケート調査を行ない、①協働スキル、②社会課題意識の向上、③言語コミュニケーション、④他国の状況の理解、⑤他者理解、⑥自己理解の六つの項目に関して、「非常に勉強になった」「勉強になった」「あまり勉強にならなかった」「全く勉強にならなかった」の４段階で評価をしてもらったところ、以下の結果となった（表２）。どの項目においても、「非常に勉強になった」、あるいは「勉強になった」と回答をした学生の割合が９割以上となっており、今回の協働プロジェクトに関して学生が肯定的に捉えていることが分かった。

表２　参加者のアンケート結果（回答者数 20/20、回答率 100%）

	① 協働スキル		② 社会課題意識の向上		③ 言語コミュニケーション		④ 他国の状況の理解		⑤ 他者理解		⑥ 自己理解	
非常に勉強になった	14	70%	13	65%	16	80%	11	55%	10	50%	9	45%
勉強になった	5	25%	7	35%	3	15%	8	40%	9	45%	9	45%
あまり勉強にならなかった	0	0%	0	0%	1	5%	1	5%	0	0%	2	10%
全然勉強にならなかった	0	0%	0	0%	0	0%	0	0%	0	0%	0	0%
無回答	1	5%	0	0%	0	0%	0	0%	1	5%	0	0%

特に参加者が「非常に勉強になった」と答えた割合が高かった項目は、「言語コミュニケーション」で、全体の８割の学生が選んでいた。また、「協働スキル」に関しても７割の学生が「非常に勉強になった」を選んでいる。こうしたことから、オンラインでの協働プロジェクトによって多様なメンバーでのコミュニケーションや協働の方法を学んだと感じた学生が多かったことが分かる。

また、協働に関する自由記述において、ベトナム側の学生からは、日本側の学生によるやさしい日本語、英語、視覚的な説明の方法が役立ったというコメントが挙げられ、仲間としてメールやSNSでやりとりすることを通じて日常会話が上達したという記述もあった。日本側の学生からもやさしい日本語、英語、ベトナム語翻訳、理解の確認、情報の整理やリマインダーなど多様な工夫をしたことが学びにつながったというコメントが挙げられた。以下、コメントの具体例を挙げる。

ベトナムの学生のコメント

・チームの日本人が優しくて色々なことを教えてくれました。難しい漢字があればちゃんと説明してくれました。

・ときどき、日本人の友達の言葉がわからないとき、私は（日本の学生に）繰り返すように頼みました。（日本の学生は）英語でも説明してくれました。ミーティングの後、もう一度録画を見て、新しい言葉や表現をメモしました。

・日本人はよくアナグラムを使うようです。それから、私もそのように似せています。

日本の学生のコメント

・日本語での SDGs の問題を話す事は相手も日本語での理解がむずかしかったり私たちも相手がどこまで理解できているのかわからない部分があった。日本語をやさしい日本語で話し、時には英語で伝えたり、話した内容や準備することを（メールなどで）リマインドをして対応した。

・内容に専門性が増すにつれて、やさしい日本語などを使っても説明が難しくなる場面があった。作成したパワーポイントにベトナム語の訳を載せるなどして対応した。

・一言一言確認をしたり、リアクションを求めるように心がけました。議論を浅く進めていくことは、簡単ですが、お互いに抱いた疑問や興味を深く考え抜くことが協働だと思い、妥協しないように活動を進めました。

・自分が優しいと思っている単語が実は優しくなくベトナム人学生が理解できなかったこともあった。その時は、自分だけではなく、もう１人の日本人学生にも頼りながら説明したり、メールで再度説明したりした。その際も漢字には必ずフリガナをふり、単語ごとに空白をいれたりと、分かりやすくした。

同時に、学生達の振り返りからは課題も明らかになっている。プログラムの終了後にベトナム側の教員が行なったベトナムの学生へのインタビュー結果（ベトナム語で実施）では、身近なテーマでのディスカッションでは日本語で無理なく話し合うことができ、話が盛り上がったと感じたというコメントが多かった一方で[2]、SDGsのテーマは知識不足のため調べなければならないことが多く大変であったという声も多く出された。もちろんこうした難しさからコミュニケーションの難しさを乗り越えるために、英語、映像、Google翻訳などの様々なストラテジーを用いたことが交流録画データから観察されたが、SDGsの取り入れ方に関してはさらなる検討が必要であることが明らかになった。また、ベトナム側の学生の中にはSDGsの目的がよく理解できなかった学生がいたことから、SDGsの背景やプロジェクトの目的に関して、プログラムの開始段階（オリエンテーション等）でのより分かりやすい説明が必要であろう。

5.　考察

本章は、日本とベトナムの大学の学生達が行なったオンラインの協働において、学生達がどのように複言語、マルチモーダルなリソースを用いてつながり、学び合ったのか、また学生達がそこからどのような気づきを得たのかを明らかにした。

分析では、身近なテーマを用いた対話型活動やSDGsのプロジェクト型の活動における、やさしい日本語による言語の調整活動の実態、複言語（日本語、英語、ベトナム語）の使用、そして、マルチモーダルなリソースを用いたコミュニケーションの具体的なプロセスを明らかにした。学生達は、言語、非言語（写真、動画、オンライン地図、画像検索）、共時編集ツールなどを用いて、お互いに情報交換、ディスカッションを行なうとともに、SNSによっても情報共有を行ない、協働メンバーとして、そして友人としての関

[2] インタビューを通じてベトナムの学生の学びとして、日本語力の向上、コミュニケーションへの自信、若者言葉の運用力、日常会話の語彙力と表現力（メールやSNSでのやりとりを通じて）、ビデオ編集の方法、日本人の日常の様子の理解、相手の傾聴姿勢、協調性、計画性、役割分担、時間を守る姿勢など、様々なコメントが出された。また、自国の状況を説明するために、ベトナムの文化がより分かるようになったというコメントも出された。

係を築いていた。これらの分析結果は、学生達がバーチャルなコミュニケーションの「第三の空間」において、実際にどのような複言語やマルチモーダルなリソースを活用して協働を行なっており、そこで何を学んでいるのかを知るうえで役立つものであり、今後、オンラインの協働学習という教育形態をさらに発展させていくための教育的なリソースとして広く活用できるものと考える。

しかし、学生達の協働のデータからは、教育的な課題も浮き彫りになっている。第一に、日本側の学生達の「やさしい日本語」に関して、3.2で取り上げたような日本語の調整が見られ、難しい言葉を簡単に言い換えたり、説明を加えたり、スライドの漢字に読みがなをふったり、英訳を加えたりといった工夫が見られ、学生達が協働を通じて、こうした点を学んでいったことが分かったが、その一方で、「やさしさ」の質についてさらなる意識付けが必要であったのではないかと考える。例えば、学生達の説明では、「ザー」といったオノマトペが使われている（スライド4の学生の説明）。これは、日本語学習者にとって、オノマトペの習得が一般的に難しいことを考えるならば、さらに調整ができた点があることも示している。今回の活動では、学生達に交流録画データを見て振り返るように指示はしたものの、実際に言葉の調整方法について詳しいフィードバックを行なってはおらず、学生の言葉の使い方に関する意識をさらに高めるような教育的な仕組みを作ることも重要であろう。

第二の課題として、協働プロセスにおける学生達の複言語使用について考えたい。日本の学生達の言語調整では、やさしい日本語をベースに、英語やベトナム語でキーワードの翻訳を入れるといった調整行動が見られ、英語で一部ディスカッションを行なっていたグループもあった。しかし、ベトナム語で挨拶をするなど、相手の言語を用いた交流は、データを見る限りでは観察されなかった。プログラムの共通目標の中に含まれている「他者理解」「多文化理解」という視点から協働を見たとき、日本側の学生が、より柔軟に複数の言語を用いた交流を行なえるように、事前に意識付けを行なっておくことも必要だったのではないかと考える。例えば、協働の事前準備の段階で、日本側の学生にベトナム語での挨拶を学ぶように課題を出し、英語だけでなく、簡単なベトナム語を学んで、積極的に用いるように意識付けを行なうなど、学生が英語以外のことばを用いて、相手と関わっていこうとする意識を養っていくことも教育プログラムとして大切であろう。

第三に、活動の難易度に関する課題も挙げられる。今回の協働では、身近なテーマ（生活環境や大学生活等）と SDGs の社会的なテーマの両方の活動を取り入れたが、SDGs の活動において、言語的にも、内容的にも難易度が上がり、協働のハードルが上がったため、学生達が情報共有や意見のまとめにより工夫するようになった。難易度が上がったからこそ、参加者が様々なリソースをかき集めて、協働する力がついたと考えられる。しかし、身近なテーマについて話し合う活動から社会問題を話し合うプロジェクトの間には、言語的、内容的に難易度のギャップがあったこともベトナムの学生達のコメントからうかがえる（内容的な難しさに関しては、日本側にとっても同様であったのではないかと考える）。トランジションをよりスムーズにするために、協働学習を行なう前の双方の大学での準備活動を充実させ、学生達が SDGs の意義をよく理解したうえで、興味のあるテーマを選び、あらかじめ第一言語でディスカッションをする経験を積んでおくなどして、準備しておくことが望ましいであろう。また、ベトナムの日本語クラス、あるいは日本の大学の外国語のクラスにおいて、目標言語を用いて SDGs の読解やディスカッションを行なうといった機会を作ることができれば、学生の活動に対するレディネスを高め、トランジションをスムーズにしていくために有用であろう。

コロナ禍によって、生活、教育、仕事など、あらゆる領域でオンライン化が進み、オンライン上の協働は社会を生きていくための必須のスキルとなりつつある。COIL を通じて、学生達が、オンラインの「第三の空間」において、様々な背景をもつ学生と対話し、自分のもてるあらゆる言語、非言語のリソース、テクノロジーを用いてつながり、協働する経験をもつこと、テーマによってはストレスを感じながら、それを乗り越えて共通の目的に向かって成果物を創り上げていくコミュニケーション体験を重ねることは、学生達が、将来、多様な背景をもった人々と協働し、ともに社会を創っていくための糧となるものであろう。両大学の学生達の中には、協働の一番の収穫としてメンバーとつながり合えたこと、と述べている学生が少なくなかった。人とのつながりが難しい時期にこうした協働活動を行なうことの意義として、社会的なつながり、相手への思いやり、助け合いの気持ちを生み出したことも挙げられるだろう。オンラインという「第三の空間」における協働のもたらす学びを今後さらに探っていきたい。

謝辞：本章は科研費（19K00720）の助成を受けたものである。

参考文献

庵功雄（2014）「『やさしい日本語』研究の現状と今後の課題」『一橋日本語教育研究』2, 1–12.

尾辻恵美（2016）「レパートリー、ことばの教育と市民性形成—ことばの共生をめざす市民性形成教育とは—」細川英雄・尾辻恵美・マルチェッラ・マリオッティ（編）『市民性形成とことばの教育—母語・第二言語・外国語を超えて—』くろしお出版, 20–41.

加納なおみ（2016）「トランス・ランゲージングを考える—多言語使用の実態に根ざした教授法の確立のために—」『母語・継承語・バイリンガル教育（MHB）研究』12, 1–22.

モーア, ダニエル（2015）「複言語能力の養成—大学の国際化の挑戦と課題—」（大山万容（訳））西山教行・細川英雄・大木充（編）『異文化間教育とは何か—グローバル人材育成のために—』くろしお出版, 92–117.

村田晶子（2009）「複言語状況におけるブリコラージュが意味するもの—工学系の2つの共同体における事例から—」『WEB版リテラシーズ』6(2), 1–9, http://literacies.9640.jp/dat/litera6-2-1.pdf, 〈2021.09.01 アクセス〉.

Bhabha, H. K.（1994）*The Location of Culture*, London: Routledge.

Council of Europe（2018）*Common European Framework of Reference for Languages: Learning, Teaching, Assessment, Companion Volume with New Descriptors*, https://rm.coe.int/cefr-companion-volume-with-new-descriptors-2018/1680787989, 〈2021年3月30日アクセス〉.

Garcia, O. & Wei, L.（2014）*Translanguaging: Language, Bilingualism and Education*, London: Palgrave Pivot.

Gee, J. P.（2017）*Teaching, Learning, Literacy in Our High-Risk High-Tech World: A Framework for Becoming Human*, New York: Teachers College Press.

Kramsch, C.（1993）*Context and Culture in Language Teaching,* Oxford: Oxford University Press.

Kress, G. & van Leeuwen, T.（1996）*Reading Images: The Grammar of Visual Design*, London: Routledge.

Street, B.（2001）*Literacy and Development: Ethnographic Perspectives*, London: Routledge.

Part II

日本と海外大学をつなぐ多様な COIL

第6章

オンライン交流学習における「協働」のあり方の模索

ある日韓混合グループに生じた非協働性の問題に着目して

中川正臣、亀井みどり

1. はじめに

言語教育における日韓交流学習（以下、日韓交流学習）は、研究資料として確認できるものだけでも30年以上の歴史がある。これらの日韓交流学習は、多くの場合、学習者の言語能力の向上や他文化・自文化を認識する場として活用されてきた。しかし、日韓交流学習における交流相手は、言語能力の向上や他文化・自文化の理解をもたらすためだけに存在するのだろうか。

本来、コミュニケーションとは、他者との情報のやりとりのみならず、働きかけたり、助け合ったり、ともに創造していく等の社会的な営みであると言える。また、コミュニケーションは、自分が社会においていかなる存在であるかを示し、他者との関係の中で自らの位置付けを行なう場にもなる（カルトン, 2015: 20）。交流学習においても、コミュニケーションを進めるなかで言語に関するスキルや知識を習得したり、異文化理解を深めることができる。しかし、学習を通じて出会う他者、つまり交流相手や他の学習者をはじめとする交流学習に関わる人々は、自分の言語スキルの向上や知識の蓄積、あるいは異文化理解の促進だけのために存在するのではない。他者は自分とともに何かを創り上げていくうえで欠かせない存在であり、ともに共生社会を切り拓いていくパートナーでもある。

本章では、日韓の大学間で行なわれたオンライン交流プロジェクトを振り返り、実践の中でいかなる社会的な営みが生み出されたのかを省察するとともに、ある日韓混合グループで起きた協働の問題について論じる。

2. 社会的な営みとしての日韓交流学習とは

日韓交流学習は主に高校と大学の教育現場において行なわれてきた。1980年代、日本の高校と韓国の高校の姉妹校締結が活発化し、海外研修やその事前事後教育として交流学習が導入された（山下, 2000）。これらの日韓交流学習は、「人的交流を通じて国際交流の楽しさを感じること（国際文化フォーラム, 2000: 4）」や「交流に関連づけて他者を理解すること（国際文化フォーラム, 2003: 9）」を目指していることから、国際理解教育の側面をもっていたことがうかがえる。一方、2000年代からは徐々に言語と文化の学びに主眼を置いた実践が展開されている。

図1は、日本語教育と韓国語教育の間で行なわれた日韓交流学習の実践を「活動の協働性」と「学習内容・活動の共有性」という二つの軸[1]をもとに分類したものである（中川・岩井, 2020）[2]。【交流重視型】とは交流すること自体を主な目的とした交流学習であり、交流会の開催などがこれに含まれる。【場利用型】とは交流相手との交流そのものを重視しつつ成果物を制作するタイプの交流学習である。例えば交流相手にインタビュー調査を行なった後、その結果を交流相手のクラスに発表するなど、交流という「場」を利用した学習を指す。一方、【協働的交流型】と【成果物共有型】は交流相手とともに一つの成果物を創り上げる協働性の高い交流学習である。どちらも共通のゴールに向かって学習を進めていくものであるが、【協働的交流型】は教師間で綿密な打ち合わせを行ない、学習内容の選定や活動のデザインなどを一致させるため、交流学習によって一つのクラスが形成されると言え

[1] 「活動の協働性」は交流相手との協働性の程度を表し、「学習内容・活動の共有性」は、交流相手のクラスとの学習デザインの共有の程度を表したものである。

[2] 中川・岩井（2020）で示された実践はオフライン交流学習とオンライン交流学習、あるいは混合型の交流学習が含まれる。

る。一方、【成果物共有型】は交流相手のクラスとゴールや大まかな枠組み、手順について共有はするものの、必ずしも教師間で学習デザインを一致させる必要はなく、それぞれのクラスで学んだ後、課外の時間等を活用し、交流が行なわれる。

学習内容・活動の共有性が高い（学習内容や活動の共有）

活動の協働性が低い		活動の協働性が高い
	【交流重視型】 高橋（2007） 西岡（2009）	【協働的交流型】 該当なし
	中川（2017b） 早矢仕（2018） 阪堂（2004） 谷他（2016） 中川（2017a） 澤邉（2010b/c） 岩井・中川（2017） 中川（2016） 崔・澤邉（2018） 登川・岩井（2018） 【場利用型】	岩井・中川（2018） 【成果物共有型】

学習内容・活動の共有性が低い（全体の枠組みのみ共有）

図１　日本語教育と韓国語教育の間で行なわれた日韓交流学習の実践

（中川・岩井, 2020: 113）

図1からも分かるように日韓交流学習において最も多く見られる実践は【場利用型】の交流学習である。【場利用型】の交流学習における交流相手とは、情報を得るためのリソースであったり、言語や文化を学ぶためのパートナーとしての役割を担う。しかし、日韓交流学習におけるコミュニケーションを社会的な営みと捉えるのであれば、交流相手はリソースや学習のためのパートナーのみならず、ともに一つのゴールに向かって、何かを吟味した

り、創造したり、社会へ還元したりする存在にもなりうる。ともに一つのゴールに向かって学習するということは、そのプロセスで予期せぬ問題に直面したり、自分と交流相手の異なる考えによる葛藤が起きる可能性もあるが、互いの違いや問題を乗り越え、共生社会を築いていくことも学習と言える。筆者らはこの対話と協働を生み出す交流学習こそが【協働的交流型】の交流学習ではないかと考える。次節では、この【協働的交流型】に該当するオンラインによる日韓交流プロジェクトを取り上げ、実践の中で起きた社会的な営みに焦点を当て考察する。

3. 日韓交流プロジェクトの実践

3.1 プロジェクト実施の経緯

本プロジェクトは、新型コロナウィルス感染拡大の影響を受け留学派遣や海外研修が中止になるなか、2020 年 8 月下旬に筆者らが所属する大学と協定関係にある韓国 I 大学の事務職員からの提案により実現したものである。筆者らも企画段階から関わり Zoom 等で実施内容の調整を重ね、両大学の事務職員とともに計 5 名でプロジェクトの運営を担当することになった。

3.2 プロジェクトの概要

プロジェクトの名称は「海を越えて創る！ 私たちの日韓交流—JIU・INU PROJECT 2020 FALL—」とした。この名称は、運営担当の事務職員と教員が候補を複数挙げ話し合うなかで決まったもので、「2020 FALL」には、「この先も続けて交流をしていきたい」という希望が込められている。

実施に先立ち、9 月上旬にオンラインで事前説明会を開催し参加者を募集したところ、両大学とも様々な学部学科から参加申請があり、日韓交流への関心と期待の高さがうかがえた。最終的に、応募動機等を含む申請書類の提出を経て、日本側 25 名、韓国側 20 名が集まり、第 1 回を迎えることになった。プロジェクトの概要は、表 1 の通りである。

表１　プロジェクトの概要

	日本側	韓国側
名称	海を越えて創る！　私たちの日韓交流 ―JIU・INU PROJECT 2020 FALL―	
主催	J 大学国際教育センター	I 大学国際支援チーム
日程	2020 年 10 月～ 12 月（全 9 回） 17:00～18:30（各回 90 分）	
単位認定の有無	なし	なし（希望者に対する交換留学選抜優先、または、短期研修費用一部補助有）
使用ツール	Zoom、Facebook プライベートグループ（教職員は Teams 利用、学生はグループ活動時に適宜 LINE やカカオトークなども利用）	
参加者	25 名	20 名
学生の所属学部・学科（人数）	国際文化学科(9)、メディア情報学科(6)、観光学科(4)、経営情報学科(2)、国際交流学科(2)、看護学科(1)、理学療法学科(1)	日語日文学科(6)、日語教育科(4)、東北アジア国際通商学部(2)、インベディッドシステム工学科(2)、行政学科(1)、化学科(1)、エネルギー化学工学科(1)、電子工学科(1)、コンピュータ工学科(1)、産業経営工学科(1)
学習言語のレベル	ハングル能力検定試験 準 2 級～ 5 級	日本語能力試験 N1～N3
運営担当	事務職員 2 名（国際教育センター）、教員 2 名（韓国語）	事務職員 1 名（国際支援チーム）

本プロジェクトでは学習言語の使用を奨励し、教員と事務職員も率先して学習言語を用いた。一方で、学習者の理解に支障を来さないために、口頭説明と資料で両言語の均衡を保つよう配慮した。一例を挙げると、司会進行は日本側の教員が担当したため、活動の案内は以下の図 2 のように日本語のスライド資料を用い、韓国語で説明するという方法を取った。

図2　活動案内の様子

また、Zoomによる映像・音声のやりとりに加え、文字によるコミュニケーションと活動時間外のつながりを補うものとしてFacebookを用い、自己紹介の投稿やアイデア・資料の共有、活動報告などを行なう場として活用した。

それでは具体的に、いかなる実践をしたのか、活動内容のいくつかを取り上げ、振り返ってみたい。全9回の具体的な内容は表2の通りである。

表2　プロジェクトの流れ

日時	活動内容
事前準備	Facebookプライベートグループに、学習言語で自己紹介を投稿
【第1回】10月　8日	(Zoom集合）人間関係を構築する
【第2回】10月15日	(Zoom集合）さらに広い輪の中で人間関係を構築する
【第3回】10月29日	(Zoom集合）グループ内での人間関係構築と目的意識の言語化
【第4回】11月　5日	(各グループで時間を決め活動）成果物制作
【第5回】11月12日	
【第6回】11月16日	(Zoom集合）中間報告会
【第7回】11月26日	(各グループで時間を決め活動）成果物制作
【第8回】12月　3日	(Zoom集合）発表準備
【第9回】12月17日	(Zoom集合）成果物発表会、振り返り

第 1 回は、初対面である学習者の緊張を和らげ、少しでも一体感を感じられるようなアイスブレイキングから始めた。指定された色の物・自分にとって大切なものを持って集まり一斉に画面で見せ合うといった活動を通し、学習者の緊張していた表情も徐々に和らぐ様子が見られた。その後、Zoom のブレイクアウト機能を利用し、日韓混合のペア活動とグループ活動を行なった。ペア活動（15 分間）では、学習言語で参加動機などについて話す時間を取った後、より円滑に話せるようにペアと助け合って練習する時間を取った。続くグループ活動（15 分間）では、ペア練習の成果を発揮する場として、改めて学習言語で参加動機を話す時間を取った。これらの活動では、以下の図 3 のように、ペアを合体させたグループにすることで、段階を踏みながら無理なく人間関係を構築することを目指した。

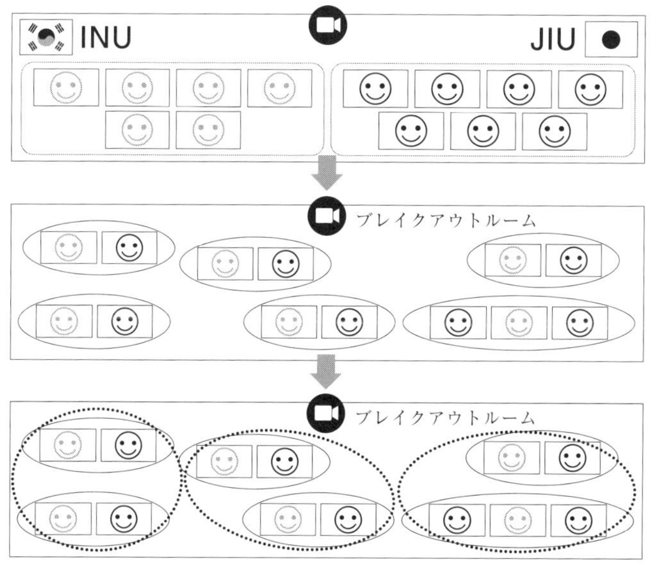

図３　Zoom ブレイクアウト機能を用いたペア・グループ活動のイメージ

活動終了後には、①Facebook でグループメンバーの自己紹介の投稿を読み、学習言語でコメントを送り合うこと、②次回の活動に向け「自分にとって大切な人・もの・こと・場所」の写真と説明を投稿する課題を出した。

「課題」として位置付けることにより、活動時間外にも学習言語でコミュニケーションを図る機会を設けることが目的であった。学習者らの取り組みを見ると、以下の図 4 のように、活発にコメントを送り合っており、日本の学習者同士・韓国の学習者同士が、自発的に学習言語でやりとりする様子も見られた。図 4 のうち太枠で囲った箇所は、日本の学習者同士が韓国語でやりとりしている例である。

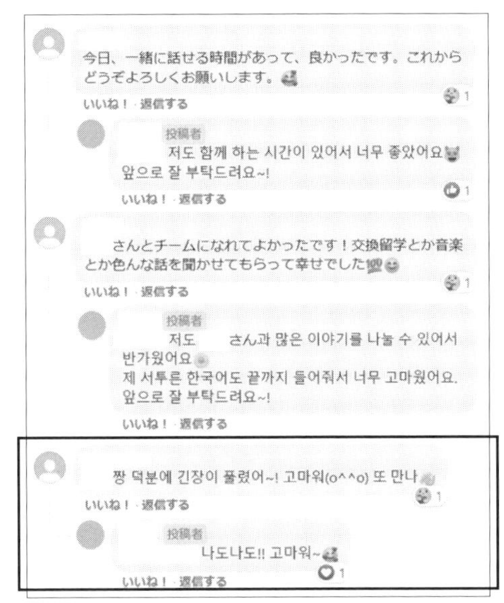

図４　学習言語によるコメントのやりとりの様子

このように、学習者同士のコミュニケーションが円滑に行なわれた理由として、自己紹介の活動からの自然な流れと有効なツールがあったことが挙げられる。Facebook では「いいね！」をはじめとするリアクションボタンや絵文字が使用できるようになっているが、非言語的要素もコメントしやすい雰囲気づくりに一助したと考えられる。

また、興味深いのは、学習者が自身の複言語能力を生かしてコミュニケーションを取っている様子が見られたことである。以下の図 5 では、大好きな歌手を話題にやりとりをするなかで、韓国の学習者が日本語で送ったコメントに対し、日本の学習者が「うわ～！懐かしいです」と日本語で書き、その日のグループ活動についての感想を韓国語で書いている。韓国語には、日本語の「懐かしい」に一致する単語がないため、韓国語で表現しにくかったということが理由の一つとして考えられるが、それ以上に、対話相手が日本語も理解できるという状況下で、自分の思いを相手に伝えるために最も有効な手段として、あえて日本語を選択したと思われる。このように、交流相手との関係性構築の過程で、学習者が状況・内容に応じて言語を選択し、使用する様相も見られた。

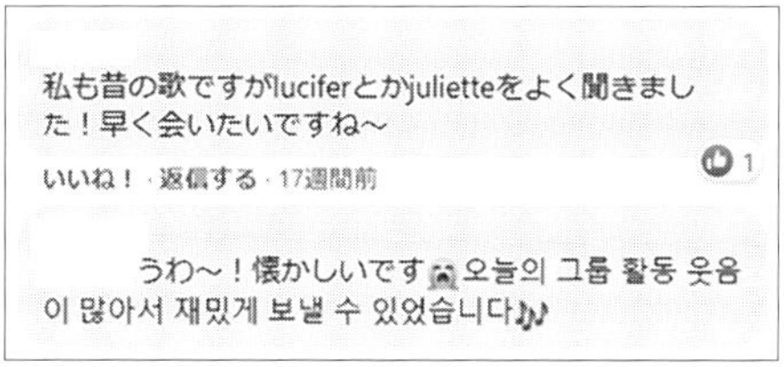

私も昔の歌ですがluciferとかjulietteをよく聞きました！早く会いたいですね～

いいね！・返信する・17週間前　1

うわ～！懐かしいです 오늘의 그룹 활동 웃음이 많아서 재밌게 보낼 수 있었습니다

図５　複言語能力の活用が見られるコメントのやりとり

第２回終了後には、成果物のアイデアを投稿する課題に取り組んだ。以下の図６のように、学習者は制作したい成果物について学習言語で説明したり、そのイメージ画像で示したりした。

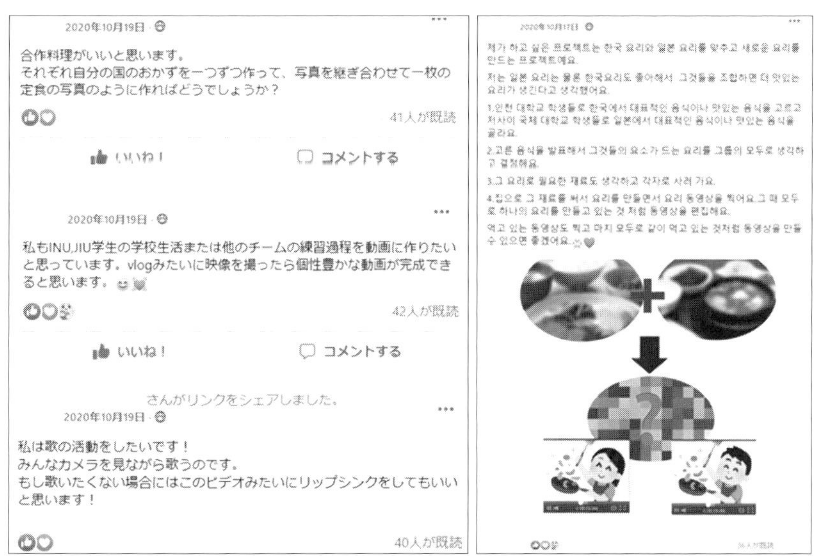

図６　学習者が投稿した成果物イメージの一例

第3回は成果物のアイデアをもとに六つの日韓混合グループを構成し、第4回からは、それぞれのグループで話し合いながら企画を立て、成果物制作を進めた。この段階から進行を各グループに任せたところ、学習者は自発的にLINEやカカオトークなどのグループを作り、活動時間外にも連絡を取りながら制作を進める様子が見受けられた。また、毎回Facebookに活動報告を投稿することで進捗状況を共有したところ、他のグループにメンバーの募集や協力、助言などを求める投稿も出てくるようになった。

中間報告会を行なった第6回は全体でZoomに集まり、成果物のテーマや制作の進捗状況などを報告し質疑応答を行なった。今回は全グループが動画制作を選んだため、日韓の学生ならではのコラボレーションやオリジナリティ、斬新さの点で工夫を凝らすよう、事務職員と教員がフィードバックを行ない、第7回には、筆者らの所属する大学のメディア学部教員の協力の下、動画を制作するにあたっての助言を求める時間を設けた。

このような過程を経て、グループごとに制作した六つの動画が以下の表3の通り完成し、第9回の成果物発表会で披露された[3]。

表3　グループ名と成果物概要

JOIN	海を越えて料理教室1	海を越えて料理教室2

日韓の大学生の日常をVlog形式で紹介した動画	お互いの国の家庭料理（チャプチェ・唐揚げ）をZoomで教え合いながら調理する動画	お互いの国の家庭料理（キムチチゲ・親子丼）をZoomで教え合いながら調理する動画
보라いちご	Winter Rudolph	JINU

歌とダンス（自作の振り付け）をリレー形式でつなげた動画	「雪の華（日本語・韓国語）」を学習言語で歌い、リレー形式で完成させた動画	教職員・グループリーダーへのインタビューを含む本プロジェクトPR動画

[3] これらは現在、大学公式YouTubeチャンネルを通して学内外にも広く公開されている。

以上のように、本プロジェクトは、留学の延期や中止を余儀なくされた学習者のために何かしなければならないという一事務職員の提案から始まったものであったが、両大学の事務職員と教員が協働して実現につなげ、学習者が集まり、さらには図7のように、広報課や映像制作を専門とする教員、両大学の学長・副総長にも協力を得て、最終回を迎えた。

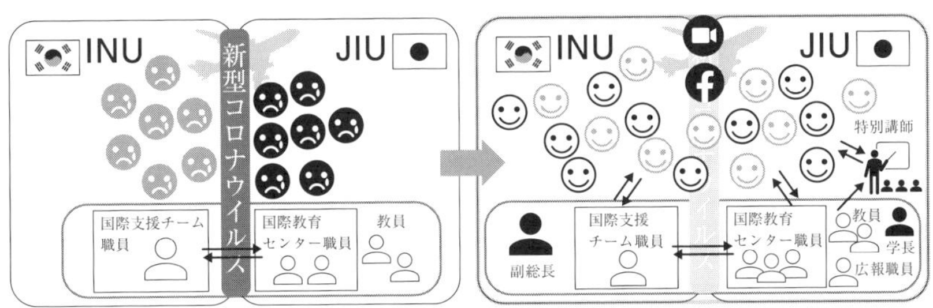

図7　プロジェクトにおける連携のひろがり

4.　学習者の反応

4.1　事後アンケート調査から見られる学習者の反応

本プロジェクトを通して学習者は何を感じ、何を得たのだろうか。発表会終了後に両大学にて実施した事後アンケート調査の結果をまとめた。

まず、本プロジェクトの満足度を尋ねた結果は、図8の通りである。

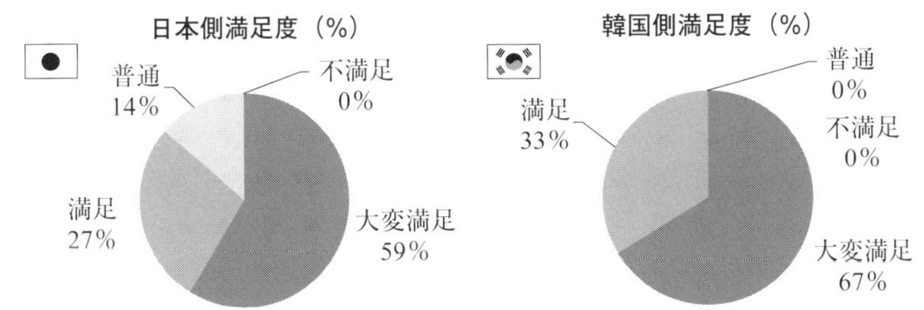

図8　プロジェクトの満足度

日本側は回答者22名中、「大変満足」が13名（59%）、「満足」が6名（27%）、「普通」が3名（14%）、韓国側は回答者18名中、「大変満足」が12名（67%）、「満足」が6名（33%）であった。

次に、プロジェクトのよかった点に関する自由記述を見ると、両大学の学習者に共通し、お互いの言語を「使う機会が多かった」ことが多く挙げられた。また、学習言語を使う機会を通して「自信になった」、「上達した」という感想の他、学習言語で話す際に交流相手が熱心に聞いてくれたり、褒めてくれることが「嬉しかった」、「ありがたかった」という感想もあった。さらに、周りの学習者が学習言語を話す様子を見て「刺激を受けた」、「頑張りたい」という意欲につながったという記述も見られた。

また、「このような機会がなければ会えなかった韓国の学生、キャンパス・学部が違う学生と一緒に成果物を創ることができて楽しかった」、「達成感が得られた」等、協働して成果物を制作する機会が得られたことに対する肯定的な意見が寄せられた。加えて、「留学に行った気分を味わえた」、「留学前に経験できてよかった」という感想や「個人の事情で留学に行けない人」に「機会を提供できる」という意見も挙がった。

一方で、改善が必要な点についての記述を見ると、グループ活動時に「オンライン特有の気まずさがあった」、「消極的な態度のメンバーがいた」という率直な意見があり、逆に、言語能力が足りず「積極的に参加できなかった」という意見を書いた学習者もいた。また、成果物を制作する際の人数や時間配分についての要望も寄せられた。その他、今回は成果物を公開することを前提に制作を進めたため、著作権や肖像権についての問題もグループごとに調査して解決するよう案内をしてきたが、情報が複雑で難しかったという意見もあった。

以上のように、事後アンケート調査結果を総合してみると、初めての試みとして実施した本プロジェクトは成功裏に終わったと言える。しかし、今後よりよい交流プロジェクトを続けるためには、満足度調査で「普通」と答えた学習者や、問題点を記述した学習者の声に耳を傾ける必要があると筆者らは考えた。

4.2 インタビューを通じて浮き彫りになった協働の問題

事後アンケート調査後、日本側の学習者の中で、本プロジェクトの満足度について「普通」だったと答えた学習者Aに対して、非構造化インタビューを実施した[4]。学習者Aが事後アンケート調査の自由記述欄に記載した内容の一部は以下の通りである。

> 全ての活動を振り返ってみても、活動中もずっと悔しい気持ちでいっぱいだった。なんでもっと自主的になってくれないのか。みんなで活動するのだから、一人ひとり同じ責任があると思う。「良いと思います」だけでは、本当に良いものはつくり上げることができない。LINEのグループでもせめて反応はしてほしかった。Zoomの活動日には、毎回全員が参加してほしかった。理由があって参加できないとしても、グループに理由などを送ってほしかった。いろいろな思いがあったけれど、私は私でほぼ学習言語で話をしていなかったので、この活動での目標は何一つ達成できなかったと思っています。ただ、後に残せるものができたことは良かった。後悔や悔いは多いけれど、無駄だったことはないと思う。これからも今回のような韓国の大学との交流プロジェクトは続けていただきたいなと思う。

学習者Aはプロジェクトを進める過程でグループ内の協働がうまくいかないことについて教員に相談したり、助言を求める様子が見られ、「もう嫌だ」と発することもあった。筆者らが知る限り、学習者Aは大学入学後、様々なプロジェクト学習を経験してきており、その過程で問題が生じてもやり遂げてきた。しかし、今回のプロジェクトでは学習者Aがなぜ「もう嫌だ」と思ったのか、結果的に「この活動での目標は何一つ達成できなかった」と述べる背景には何があったのか、また、「後悔や悔いは多いけれど、無駄だったことはないと思う」と考える学習者Aに対して、なぜ「無駄だったことはない」と言えるのか、この問いの答えを探ることは、本章の主要テーマである「協働」を考えるうえで貴重なデータになると考えた。ま

[4] インタビューの調査者は筆者ら2名であり、所要時間は1時間50分であった。

た、プロジェクトの過程で状況が改善されるような助言ができなかったことに対する筆者らの反省もインタビュー調査実施の背景にある。筆者らは研究者としてだけではなく、教育者としても学習者Aが直面した問題に向き合い、今後の学習にどのように生かしていくかについて、ともに考えたいと思った。

学習者Aはこのインタビュー調査の中で、本プロジェクトへの参加動機について以下の三つを挙げている。

① いつまでたっても学習言語で話そうとしない自分を変えたい
② 同世代の韓国の大学生と最大限コミュニケーションを取りたい
③ このプロジェクトでしかできない作品を制作し、発信したい

三つの参加動機は学習者Aのプロジェクトにおける目標でもあった。学習者Aは、第1回と第2回の交流において自己紹介や自分が制作したい成果物について韓国語でグループのメンバーに語り、周囲の質問に答えている。プロジェクト序盤は上記①と②の目標を達成するために意欲的な対話を行なっていたと思われる。しかし、制作したい成果物ごとに集まった第3回の交流以降、グループ内での対話がうまくいかなかったと言う。

学習者A：全員が一人ひとり自己紹介とやりたいことを話していって、全員が終わった後で沈黙したのを覚えてます。シーンってなって。でも、それは、これからどうすんのっていう感じで。でも、1人、I大学の学生が率先して話を進めてくれていて、どうしましょうっていうのを話し始めてくれたんですけど。でも、個人的に全員のやりたいことっていうのを見たときに、人数に関するどうするみたいなのは決まっていない、想像していない人がほとんどだったと思うんですけど。なので、グループを分けるとか、全員でやるとか、そういうことを考えている人はいたのかなって思っています。

学習者Aは自分が所属するグループの人数が多く、このままではグルー

プ内の意見がまとまらないのではないかという不安を抱いたと言う[5]。そして何よりグループ内で活発な意見交換が行なわれないことに懸念を抱いたと語っている。学習者Aは、グループ内で沈黙が続く理由が学習言語で話すことによる難しさにあるのではないかと考えた。そのため、その打開策として日本側と韓国側に分かれてLINEグループを作成することを提案し、それぞれの母語で対話を深めることにした。しかし、そのLINEグループ内でも学習者Aの問いかけに対し、反応しない人や反応したとしても「いいですね」という返信だけが並ぶことから、活発な意見交換が行なわれないのは「学習言語の問題ではない」と考えるようになったと言う。

このような状況が続くなかで、第5回の交流で学習者Aは行動に出る。グループのメンバーに対して、成果物の制作に関する自分の不安や現状の問題点について日本語で話した。その時の心境について次のように語っている。

学習者A：第5回の時に言いたいことは言ったので、問題点とか、私が不安だと思うこと、自分が話したいことを言ったんで、それはそれでよかったんですけど、すごく、みんな、あっさりしていて。そこから、ぐっと話し合うっていうのをイメージしていたけど全くそうじゃなくて、じゃ、それにしましょうみたいな、あっさりしていて「深く考えることはできないんだな」ってその時、思って。

ここまで学習者Aはグループ内で発言する時は、学習言語である韓国語で話していた。その際、グループのメンバーが理解しやすいように、韓国語と日本語を併記したパワーポイントも活用していた。グループのメンバーも母語が混ざりながらも学習言語で話していたと言う。しかし、この第5回の交流以降、学習者Aは成果物を期限までに完成できないのではないかという焦りと、韓国の学生が話す日本語のスピードに合わせるために韓国語の

5　本プロジェクトでは、成果物を制作する際のグループ構成について、教員らはあえて関与しなかった。制作したい成果物が類似している学習者が集まり、日韓合作の作品を創るために学習者が適切な人数やメンバーを考え、計画的に作業を進めるように促すとともに、本プロジェクトの参加者の情報(趣味や特技、制作したい成果物、自分の成果物のイメージ)を共有できる場をFacebook等に設けるようにした。

使用をやめ、全て日本語で話すようになったと言う。学習者Aが示した成果物に関する提案が最終的に採用されることになったが、学習者Aはこの日以降、自分が韓国語で話せないことに対して悔しさでいっぱいになったと語っている。学習者Aが事後アンケートで書いた「この活動での目標は何一つ達成できなかった」という文には、プロジェクトに参加した動機であり、かつ目標であった①いつまでたっても学習言語で話そうとしない自分を変えたかったことと、②同世代の韓国の大学生と最大限コミュニケーションを取りたかったことが深く関わっていたと思われる。

しかし、学習者Aは最終的に本プロジェクトが自分にとって「無駄だったことはない」と結論付けている。それは、過去に経験したプロジェクトでも主体的に取り組まないメンバーの姿勢について悩んだことがあったが、今回のプロジェクトではその時とは異なる姿勢を自分が示すことができたからだと言う。

学習者A：（過去の授業でのプロジェクトと）同じような感じで思い通りに進まないというか、その時は自分がやればいい、今回もそういう部分はありましたけど、それよりもっと自分がやれることは全部やればいいっていう感じで進めていたので。今回、それじゃだめだっていうのは分かっていたので、みんなに呼びかけるじゃないけど、問いかけるというか、気持ちを出す感じはしました。そこは結構、成長というか変化した部分だと思います。

学習者Aはグループのメンバーがどんなに反応しなくても、問いかけたり、提案していれば、もしかしたら誰かが反応してくれるのではないかと考えた。学習者Aが目標の一つとして挙げた「このプロジェクトでしかできない作品を制作し、発信したい」ということは最終的に達成され、その過程で自分が示した積極的な姿勢を本プロジェクトの学習成果として捉えていることが分かる。また、学習者Aはインタビュー調査の最後に、大学に入学し、本プロジェクトも含めた様々なプロジェクトを経験し、「役に立つ人になりたい」ということを実感したと述べている。社会における自分のあり方を見出したことが事後アンケートで述べた「無駄だったことはない」という結論につながっていると解釈できる。しかし、学習者Aが「無駄だったことはない」と述べたことで、筆者らは学習者Aにとって本プロジェクトが「意味のあるものだった」と安易に結論付けることはできない。なぜなら学習者Aはグループのメンバーとどうすれば協働できたかという問いに対して「最後まで分からなかった」と述べているからだ。

この問題は、「どのようなことばをどのように使い、自分以外の他者とどのように関わっていくか、そして、その他者とともにどのような社会を構築するのか（細川, 2015: 3)」という、ことばと文化の教育、さらには多文化共生の根幹に関わる。

社会的な営みとしての日韓交流学習を通じて個々の学習者が社会やコミュニティにおける自分のあり方を認識できたとしても、互いに理解し合い、ともに生きるという共生は実現できない。共生社会を切り拓いていく協働を築くには、このプロジェクトに関わる学習者、事務職員、教員という当事者が他者と関わることの難しさに向き合う必要がある。

5. 「共生のための協働」を目指して

本章では、オンラインによる日韓交流プロジェクトの実践という社会的営みと協働について取り上げた。本プロジェクトは、全ての日韓混合グループが自ら目指した成果物を創り上げた点や、学習者から得た評価から全体的に実りある実践だったと言うことができる。一方、プロジェクト終了後に実施した学習者Aに対するインタビュー調査からはグループ内で生じた非協働性の実態が明らかになった。この非協働性はあくまで学習者Aという個人の語りから浮き彫りになったものであり、事後アンケート調査の結果からは、学習者Aと同じグループの他のメンバーが同様の問題意識をもっていたということは読み取ることができなかった。しかし、筆者らは、この問題について深く内省し、なぜこのような問題が生じたのか、どうしたら改善できるのかということについて、長い時間をかけて議論を重ねてきた。

母語や年齢、専攻、文化的背景などが異なる学習者が集まり、短期間で成果物を制作する場合、グループ内で深い対話ができるだけの環境が整わないままプロジェクトが進むことがある。その中で、学習者はグループ内での作業の進め方において問題に直面したり、自分が想定していた協働が進まないこともありうる。これは一見、学習に支障が生じているようにも見えるが、本来、自分が慣れ親しんだ環境であるホームから、異質な環境であるアウェイへと境界をまたぐ越境学習において、葛藤は当然のことであり、むしろ学びとして捉えられている。

日韓交流プロジェクトにおいて生じる葛藤も、学習者や教員がこれまでの自分の見方、考え方、やり方を見直す機会となり、よりよい実践を目指す原動力になりうる。筆者らは「共生のための協働」とは、他者との相互作用の中で葛藤を抱いたとしても自分と異なるものを受け止め、自分の当たり前を問い直すとともに、他者とよりよいものを創り出していくことだと考える。学習者Aがグループ内の協働に関して葛藤を抱きながらも、そこから逃避せずグループのメンバーとコミュニケーションし続けたように、担当教員である筆者らも学習者の中に起きる葛藤に目を背けることなく、学習者とともに「共生のための協働」のあり方を模索していきたい。

謝辞：本研究は科研費（19K00917）の助成を受けたものである。

参考文献

カルトン，フランシス（2015）「異文化間教育とは何か」（堀晋也（訳））西山教行・細川英雄・大木充（編）『異文化間教育とは何か―グローバル人材育成のために―』くろしお出版，9–22.

国際文化フォーラム（2000）『国際文化フォーラム通信』48，財団法人国際文化フォーラム.

国際文化フォーラム（2003）『国際文化フォーラム通信』60，財団法人国際文化フォーラム.

中川正臣・岩井朝乃（2020）「日韓交流学習の動向と課題」『城西国際大学紀要』28（2），107–120.

細川英雄（2015）「今、なぜ『ことば・文化・アイデンティティ』か」西山教行・細川英雄・大木充（編）『異文化間教育とは何か―グローバル人材育成のために―』くろしお出版，2–8.

山下誠（2000）「異文化教育としての韓国語教育の可能性―日本の高等学校における事例から―」『帝塚山大学国際理解研究所主催 第26回国際理解教育賞 応募論文』http://home.a08.itscom.net/jakehs/yamasitaronbun.html，〈2021年2月19日アクセス〉.

第7章

SDGsをテーマにした web雑誌作成プロジェクトと Translanguaging

日米COILプロジェクトから

神吉宇一、熊谷由理、嶋津百代、
福地麻里、グエン・ホン・ゴック

1. はじめに

本章では、SDGsをテーマとしてZoom等のオンラインツールを用いて実施したCollaborative Online International Learning（COIL）[1]プロジェクトの実践について報告する。本章で扱う取り組みは共同執筆者達が所属しているS大学、JM大学、JK大学の三大学で2020年度に実施したCOILプロジェクト（以下、「本プロジェクト」）である。本プロジェクトは2019年度にS大学、JM大学の二大学で取り組みを行なった後、その振り返りを通して改善

[1] オンラインを用いた活動は様々な呼び方をされているがその定義がはっきりしない点が課題であると言われている（O'Dowd, 2018）。本書がCOILという用語を用いて編集されていることから本章でもCOILを用いるが、もともと本取り組みはテレコラボレーションという用語で実践を行なっていた。なお、O'Dowd（2018）によると、外国語教育の分野ではテレコラボレーションは一般的な語として使われているがその他の分野ではほとんど使われていないとされている。テレコラボレーションという用語自体はWarschauer（1996）が使い始めたとされている。

を図り、2020年度にJK大学も加えた三大学で実施した。

本プロジェクトは、COILの場を「translanguagingな場（Li Wei, 2018）」として捉えることで、従来の英語学習・日本語学習のあり方をクリティカルに捉え直そうとしたものである。translanguagingの理論では、言語実践を様々な言語や、方言などの言語変種、また、他のセミオティックなシステムの境界を超えた、流動的でダイナミックな社会的実践と捉える。また、その教育的実践において、学習者があらゆる言語（および、その他のセミオティックな）資源を、超文化的・超言語的コミュニケーション・ストラテジーとして活用することを奨励する。一般的に、外国語の学習を促進するための国際協働学習では、学習言語である特定の言語（英語学習の場合は英語）を使用することがあらかじめ決められており、当該学習言語に「ひたる」ことで習得へとつなげることが意図されることが多い。しかし、本プロジェクトでは、日本語、英語、場合によっては中国語など他の言語の使用を学生達自身が選び取って活動を進めていくことを重視した。

本章ではまず本プロジェクトの背景として2019年度の取り組みの概略等に触れたうえで、2020年度の具体的な取り組みについて紹介する。そして、2020年度の取り組みにおける学生達の協働プロセスについて論じる。また、参加した学生やティーチングアシスタント（TA）の立場から、本プロジェクトがどのような意義があったかについても触れる。

2.　本プロジェクト実施の背景

本プロジェクトは2019年度に共同執筆者の熊谷・神吉の2名で取り組みを開始した。熊谷はアメリカのS大学で日本語の授業を担当しており、神吉は日本のJM大学で外国語教育に力を入れ、また日本語教師養成等を行なっている学科でゼミを担当していた。双方の学生の学びになるような取り組みとして、オンラインツールを用いて、一定期間継続して実施できる活動を検討できないかと考えたのがプロジェクトを開始したきっかけである。そして、1）両大学の学生が混在したグループを作ってグループワークを行なうこと、2）全グループに共通するテーマをもって取り組むこと、3）グループワークの成果として具体的な成果物を作成することという三点を軸にプロジェクトを行なうこととした。学生に提示したプロジェクトの大きな目的は、「交流を通して学ぶこと」であり、その下位に具体的な六つの目的を設定した（詳細は第3節の表1の⑤に記載している2020年度の目的を参照)。そして、日米の学生混在で3～4名のグループを作り、グループで協力しながら成果物としてSDGsをテーマにしたweb雑誌を作成することとした。SDGsをテーマにした理由は、JM大学が全学的にSDGsをテーマに学修に取り組んでいることに加え、多様な学生に共通の課題として扱いやすいと考えたからである。また、プロジェクト実施の検討を始めた2019年春時点で、SDGsに関する書籍やweb上の資料が増え始め、その中に、S大学の学生達が基礎的な日本語である程度理解できる実践例集（Think the Earth, 2018）などがあったことも、このテーマにした理由の一つである。

プロジェクトを進めるにあたっては、グループで成果物を作成することを主たる活動目標として設定した。また、別途タスクとして、協働作業の計画や分担・進捗等を十分に共有すること、協働作業の進め方やコミュニケーションについて適宜振り返り、取り組みを自律的に改善していくこと、これらをグループ内での対話を通して行なうことを課した。

日米の大学で取り組むにあたって、言語使用のルールを設定するかどうかも教員の間で議論を行なった。その結果、基本的には各グループで日英二言語を適宜使いながら相互理解を深めることを目指すこと、成果物の雑誌については、航空機の機内誌のような全文対訳型のバイリンガル雑誌にする必要はなく、必要に応じて目的をもってそれぞれの言語を学生達が選択して使用することとした。

2019年度の実施後、担当教員で振り返りを行なうとともに、JM大学では学生との振り返りセッションも行ない、大きく三点の改善点があることが分かった。一点目はグルーピングの人数バランスについてである。参加者数の関係から、S大学2～3名に対してJM大学1名の割合でグループを作ったが、結果としてS大学の学生が主導してJM大学の学生はそれについていくような感じになってしまった。二点目はオンラインとオフラインの情報ギャップである。オンライン同期の集合型活動の際、S大学は授業の一環として行なっているために教室で対面の活動をし、夜間の時間に当たるJM大学の学生は個別に自宅からZoomに接続した。その結果、当初危惧した通り、教室でのやりとりがオンライン側に伝わりづらく、オンラインで参加している学生達が微妙な疎外感をもっていた。またそのことが、活動の指示に対する理解の面へのギャップにもつながったと JM 大学の学生達が振り返りで語っていた。三点目は日本側の英語理解に関する個人差である。グループワークでは、日英二言語の使用を都度考えながら調整していくこととしたが、一点目の人数バランスの問題と二点目のオンライン・対面ギャップの問題も加わり、英語力がそこまで高くなかった一部の JM 大学の学生が、オンライン同期型で英語で進められた著作物の引用や雑誌のデザインに関するワークショップなどに十分参加できない場面が見られた。これらの課題を踏まえ、2020 年度のプロジェクトデザインを行なうこととした。

3. プロジェクトデザイン

2020 年度のプロジェクトが 2019 年度と大きく異なったのは、コロナ禍によって全ての学生が自宅からオンラインで参加したことである。第 2 節で触れた三つの課題のうちのオンラインとオフラインの情報ギャップという二点目については、コロナ対応による世界的なオンライン授業の実施によって、奇しくも解消されることとなった。一点目の課題であったグルーピングの人数バランスに関しては、2020 年度も JM 大学の学生の参加希望者があまり多くなかったことから、新たに JK 大学にも参加を呼びかけ、外国語学部のゼミ生 6 名が参加することとなった。これで、日本側 9 名、アメリカ側 10 名と概ね人数バランスがとれるようになった。三点目の課題であった日本側の英語力のばらつきによる活動の理解不足に関しては、S 大学のテクニカルサポートスタッフが行なう英語によるワークショップを、オンライン同期の集合型からオンデマンド動画形式にしたうえで字幕をつけることで対応した。また、中国語を母語とする学生も、母語ではないが多少理解できる学生も一定数いたことから、最終成果物の作成については、日・英・中の三言語を使用してよいとした。さらに、グループワークでは、メンバー相互に配慮しながら、お互いに理解可能な言語を適宜選択して進めるように助言した。その他、2020 年度の COIL プロジェクトの概要は表 1 の通りである。

表１ COIL プロジェクトの概要

	日本側	アメリカ側
① 機関名	JM 大学、JK 大学	S 大学
② 学生の所属学部	(JM 大学) グローバル学部日本語コミュニケーション学科 (JK 大学) 外国語学部	全学の学生対象の外国語科目のため、全学の様々な学生が履修
③ 参加人数	JM 大学３名、JK 大学６名	10 名
④ 科目の概要	JM 大学はゼミで興味をもった学生・院生、JK 大学はゼミ生全員	日本語
⑤ 目的	共通の大きな目的を「交流を通して学ぶこと」とし具体的には以下の六点を提示した。 1. 自分の興味のある社会問題について深く学ぶ。 2. 世界レベルでの問題と自分達の身近にある問題の両方を知るとともに、問題を解決するためにできること（小さな一歩）を考える。 3. 日本・アメリカで学ぶ大学生として、それぞれの価値観・興味・意見などを共有する。 4. お互いにやさしくて分かりやすいことばを使って、言語・文化の違いを超えたコミュニケーションができるようになる。 5. それぞれの得意なことを生かして、協働で日本語・英語・中国語を使った作品（マルチリンガル web 雑誌）を作る。 6. 作品を発信することで、地域・社会に貢献する。	
⑥ 単位認定の有無	あり	あり
⑦ 協働の実施期間	2020 年９月 25 日から 12 月７日まで	
⑧ オンラインツール	Zoom、Slack、Google Slides、Google Docs、VoiceThread	
⑨ 協働の形式	三大学混在の３～４名グループで、オンライン同期の集合型、オンデマンド動画視聴と Slack へのコメント投稿、個別のグループ活動を組み合わせた。	
⑩ ミーティング頻度	集合型として全体で行なったのは２回。 その他、各グループで１週間に１回程度を目安に適宜ミーティングを行なった。	
⑪ 協働の使用言語、学生の言語レベル	英語と日本語の使用を中心とした。中国語の使用も問題ないことを伝えたが、実際に協働作業の中で中国語を使っていたグループはなかった（中国語母語の学生が資料・情報収集で中国語サイト等を活用した例はあった）。 JM 大学はベトナム語が母語で英語と日本語それぞれ上級の学生が１名、日本語が母語で英語中級・中国語初級が２名。JK 大学は全員英語上級で中国語母語１名、中国語上級１名、ロシア語上級１名。S 大学は全員英語が母語かそれに近いレベルで、日本語力は中級から上級、中国語を母語とする学生が半数程度いた。	
⑫ 教員サポート（人数、専門）	担当教員２名（JM 大学・JK 大学、日本語教育）、JK 大学ティーチングアシスタント、JK 大学大学院生１名	担当教員１名（日本語教育）、テクニカルサポートスタッフ１名

アメリカと日本で共修を行なう場合は、時差の問題を乗り越えなければならないが、いくつかの工夫によってほぼ問題なく取り組みを進めることができた。まず、オンライン同期の集合型セッションは、1 週目の顔合わせと 11 週目の成果報告会のみとした。プロジェクト期間中には大きく三つのタスクを課したが（表 2 参照）、その結果や成果物は全てグループごとに動画を作成して Slack にアップし、その動画に対して教員や TA、他の学生が文字でコメントやフィードバックを行なうこととした。これにより、時差による調整の難しさを回避することができるようになった。また、Slack による課題の提出とコメントは、やりとりが全員に見えるというよさがあった。特に教員にとって、協働プロセスの確認が容易になった。三大学の学生達への連絡は TA が一括して行なうこととした。このことによって、大学ごとの情報のギャップや誤解、抜け漏れ等がなくなり、スムーズな活動が行なえた。グループ個別の活動は、各グループでそれぞれ日本の朝もしくはアメリカの朝など双方に無理のない時間帯で行なっていた。教員達からは、各自の予定を合わせたうえで「何曜日の何時」というように定例化して行なうことで、うまく進捗管理ができるはずだとアドバイスをし、実際にそのようにしていたグループが多かった。グループ活動でどのようなやりとりをしたのかについては、各グループで録画をしておくことも指示をした。

課題を全てオンデマンド型にしたことは時差の克服以外の効果もあった。まず、ライブでやった前年度よりも学生達のプレゼンテーションの質が上がったと言える。プレゼンは全て日本語で行なったが、動画を撮るために練習がしっかりできたことや、うまくいかない場合に撮り直しができることなどがよい効果を生んでいたと言える。また、動画にしていることで見る側も何度も繰り返して見ることができるというメリットがあった。さらに、各自が相互コメントする際に、動画を自分の状況に合わせて余裕をもってじっくりと見ることができたこともよい点であった。通常、外国語を使ってライブで発表する場合には、自分の発表の前は発表原稿を頭の中で繰り返すなど、準備的な部分に意識が向きがちである。しかし、オンデマンド型にしたことで、「発表前のドキドキ」で他の発表が聞けないというような状態を回避でき、発表順や発表での役割にかかわらず、全員が同じ立ち位置で参加することができたと言える。これは外国語での発表の際に、特に留意すべき点であろう。さらに、教員側としても動画を撮ってもらっておくことで、コース後の振り返りなどで活用できる可能性を残した。

表2　COIL プロジェクトの流れ

	トピック	共修活動
W1	オリエンテーション、顔合わせ	オンライン同期型（全員）：プロジェクトの概要理解、アイスブレイクとチーム・ビルディング
W2～3	タスク1：グループワークの進め方確定、テーマ設定	個別型：各グループで Zoom を使い相談しながらグループワークの進め方やスケジュール調整を実施、SDGs の 17 のテーマからメンバーが興味のあるものを選択、報告動画作成
W3	タスク1の報告・共有	オンデマンド型：各グループによるタスク1の発表動画を作成して Slack 上に提出、動画に対して相互コメント・フィードバック実施
W3～5	タスク2：成果物作成のための基礎調査	個別型：グループテーマに関連する事柄を各自が調べてグループ内で共有、成果物のアウトライン作成、作業スケジュールと作業分担の確定、報告動画作成
W5	著作物の取り扱いと成果物のデザイン	オンデマンド型：ネット上にある画像等を引用する際の方法や成果物のデザイン作成に関するレクチャー動画の視聴（英語で実施）
W6	タスク2の報告・共有	オンデマンド型：各グループによるタスク2の発表動画作成、動画に対して相互コメント・フィードバック実施
W6～8	タスク3：成果物作成の進捗管理とグループ内での共有	個別型：グループ内で各自の作業共有、作業スケジュールと作業分担の確認・調整、報告動画作成
W9	タスク3の報告・共有	オンデマンド型：各グループによるタスク3の発表動画作成、動画に対して相互コメント・フィードバック実施
W9～10	最終成果物の作成	個別型：各グループで最終成果物作成作業
W11	成果報告会	オンライン同期型（全員）：最終成果物の報告、報告に対する質問
	コメントと振り返り	個別型：Slack で各グループの最終成果物に対して日本語または英語でコメント記入、Google Forms への各自の振り返りの記入

毎週行なっているグループでの協働活動の録画は、当初、担当教員による効果検証と研究のためであった（本プロジェクト開始前に研究のために使用することを説明し同意書を取得している）。しかしJK大学の学生達は、ゼミで行なっている談話分析の一環として、これらの動画を文字化し、相手に対する配慮やコードスイッチング等、各自がテーマを決めて分析を行なった。その分析で得た視点が活動に生かされるなど、発展的な学びにもつながった。

4. 成果物と評価

作成したweb雑誌はサイト（https://sophia.smith.edu/sdgs-magazines/）で公開している。2019年度の取り組みも同じサイトで公開しているが、2020年度の雑誌タイトルと関連するSDGsの目標をまとめると表3のようになる。また、成果物のイメージは図1の通りである。

表3　各グループのweb雑誌タイトルと対応するSDGsの目標

	作成されたweb雑誌タイトル	SDGsの目標
1	平等の機会	4：質の高い教育をみんなに
2	気候変動攻略本	13：気候変動に具体的な対策を 14：海の豊かさを守ろう 15：陸の豊かさも守ろう
3	コロナと教育	4：質の高い教育をみんなに
4	LOVE IS LOVE ―日本の同性婚から見るLGBT+―	5：ジェンダー平等を実現しよう
5	ジェンダー平等の形	5：ジェンダー平等を実現しよう

図1　成果物のイメージ（一部抜粋）

評価について、本プロジェクトが成績評価に直接的に関係したS大学では、本プロジェクトの活動過程と成果物を全体成績の25%として評価を行なった。また、JM大学、JK大学は本プロジェクトの参加が成績評価・単位取得の要件にはなっていないが、ゼミの評価の中で、本取り組みに関することを加点的に評価しており、単位認定の一部にも関係していると言える。

5.　活動の意義—協働プロセスの分析と振り返りから—

本プロジェクトの意義は「選択」という語で表すことができる。プロジェクトを通して、学生達は、扱うテーマの選択、活動の進め方に関する選択、使用言語の選択という三つの主体的な選択を行なった。

まず、SDGsを大テーマとして設定したことで、学生達の多様な問題意識を包含することができた。学生達は、それぞれの問題意識をグループで共有しながら、グループで作成する雑誌の具体的な中身や構成を考えていった。SDGsの17のテーマというゆるやかな枠組みを参照することで、考える方向性がガイドされつつも、自分達なりの問題意識を踏まえた個別のテーマ設定を行なうことができた。このことについて、学生の立場で参加したゴックは以下のように振り返っている。

まず、チームのテーマや進め方を決めるために、各メンバーの興味をもっていることや大学での専攻について雑談して、その内容を踏まえてやることに結びつけていった。また、グループ内で日本、アメリカ、香港、台湾などの社会的な事情や各自の体験を共有しながら雑誌を作成する作業ができた。広い範囲について話す機会があり、雑談と専門分野に関わるディスカッションがそれぞれあることでコミュニケーション能力が上がるだけでなく関係性もつくられていった。

このように、学生達は自分達それぞれの経験や背景、考えなどを共有しながら自分達が取り組むことを選択していっている。また同時に、コミュニケーションを通して関係性を構築しているが、そのベースとしてゆるやかな枠組みとしての SDGs が機能したと考えられる。

次に、活動の進め方に関する選択の多くが学生達に委ねられていた点も、学生達の学びを深める重要な要因となった。教員達は、表 1 で触れた目的の明示、表 2 のような活動の流れと三つのタスクの内容、そして Zoom、Slack、Google Slides 等のオンラインツールをどのような場面でどのように使うかということを決め、学生達に伝えた。一方で、タスクとタスクの間の個別グループの活動のやり方や、動画の作成方法、資料収集の仕方、そしてグループ内の言語使用については、学生達に任せていた。ゴックは、学生の立場として以下のように言っている。

学習者は教師が詳細に考えた指導通りに学ぶではなく、自分たちで学び進めることができていた。

また TA だった福地は、進め方の自由度と教員の関わり方について最初は勘違いをしていたことに途中で気づいた。TA として参加するなかで、担当教員のミーティングにも参加する機会があり、そのミーティングで「学生に任せよう」ということばが何度も飛び交っていた。この「学生に任せる」ということばを聞いて、福地自身は「本プロジェクトについては、学生同士で全て自由に進めていく」のだと考えていた。しかし、本プロジェクトを終え、全体を振り返ってみて、全くそのような意図ではなかったことに気づいた。学生がプロジェクトを進めていくなかで、web 雑誌の作成過程を Slack で報告することになっていたが、その際に、担当教員がコメントやフィードバックとともに、各グループのテーマに関する記事や、詳しい情報が得られるウェブサイトを紹介したり、学生達が各テーマを捉える観点とは違う見方を発信したりしていた。これらをもとに学生達は、自分達のテーマに関する新たな情報を得て、プロダクトに取り入れるか改めて吟味したり、異なる考え方から気づきを得て、自由な発想でプロジェクトを進められるようになったと言える。自分達で決定し選択することは委ねられているが、教員達の明示的・非明示的な支えが、その選択の幅を広げたり、考える際の観点を豊かにすることにつながっていたと言える。

そして三つ目に、協働活動による使用言語の選択という点で特徴があったと言える。すでに触れた通り、本プロジェクトは複数の言語を相手や状況に合わせて自由に選択してよいとしていた。成果物も複数言語で作成してよいとしていた。五つのグループのうち、四つのグループの成果物は、日本語と英語が適宜使い分けられていた。一方で、一つのグループは、完全な対訳型のバイリンガル雑誌を作成していた。対訳型を作成したグループには、日本語を話すのがあまり得意ではない学生がいた。しかし、この学生が翻訳作業で大きな貢献をしたことで、グループの中での明確な役割を得られたということや、本人の自信につながったという効果があった。グループの状況によって言語の選択を学生に委ねたことから出てきた効果であると言える。

協働活動における言語使用については、グループの Zoom での話し合い・活動の様子の録画、Slack 上のやりとり、その他、プロジェクト中間点、および終了後に行なった内省アンケート調査などをデータとして分析を行なった。その結果、熊谷・嶋津（2021）での報告にあるように、グループの作業の過程において様々な形での translanguaging の様子が観察されたが、本章では、その中からあるグループの Slack 上での多言語活用のやりとりを一例として挙げる。以下のロウとエミは S 大学、シンランは JK 大学の学生である。

October 26th, 2020

R ロウ 8:28 AM
Hi everyone, after watching other groups' videos I think we might have to be more specific on the slides? For example, for the first slide we can say more about why we chose the topic, and more specifically point out that our topic is legalizing same-sex marriage (in Japan? I don't think we talked about that actually). The outline can definitely be more specific- I can do more research and make more slides before the our meeting. Also I think in order to give everyone more chance to speak maybe you all can explain something from the outline part if you want to? No pressure. Sorry about the long message

2

October 27th, 2020

R ロウ 12:03 AM
すみません、英語で大丈夫ですか

シンラン 12:18 AM
大丈夫ですよ！分かりやすい英語を書いてもらってありがとうございます！！

1

私も調べて来週のプレゼンの準備します

October 28th, 2020

H エミ 1:52 PM
Hey, I agree with ロウ Maybe we can focus on same-sex marriage in one country like Japan or America (whichever is fine, but maybe Japan since we have a couple sources on it). So, our outline could be: 1. intro of same-sex marriage/history 2. Japan or America's (whichever country we decide to focus on) view on same-sex marriage 3. Comparing Japan or America's same sex marriage to other countries 4. Solutions 5. Our own summaries ;This could be a general outline and maybe we could all research the 4 parts to put into our presentation on Friday since the fifth point is open ended and doesn't need an explanation

P.S. Sorry about the long message too 日本語で書きましょうか

October 29th, 2020

シンラン 1:37 AM
わかりやすくありがとうございます！

outlineのところ理解しました

また金曜日に誰がどのパートをやるかきめましょう！

このやりとりでは、まず、ロウが次回の発表で使うスライドをより具体的にしたほうがいいのではないかという提案を英語で発信している。ここで注目したい点は、最後の「Sorry about the long message ＋汗マークの絵文字」

の部分である。その後、ロウは翌朝になってもチームメイトから返事がなかったことを心配したのか、「すみません、英語で大丈夫ですか」と追記しており、これはチームメイトに対する気遣いの表れであると解釈できる。それに対して、シンランは「大丈夫ですよ！分かりやすい英語を書いてもらってありがとうございます！！」と返答している。

２日後、エミがロウに同意を示し、ロウの提案に答える形で、スライドに何を書いたらいいかを英語で記している。面白いことに、エミはロウのストラテジーを真似るかのように「P.S. Sorry about the long message too ＋土下座マークの絵文字」と最後をくくり、さらに「日本語で書きましょうか」と追記もしている。ここでも、ロウと同様、エミが日本の大学の学生に気遣いを示していることが観察できる。それに対して、シンランは「わかりやすくありがとうございます！」と返答し、加えて、絵文字や「オッケー」のリアクションのサイン、エクスクラメーションマークなどを用いて、円滑なコミュニケーションを行なおうと努めていることがうかがえる。

このように、「英語」と「日本語」という言語間の行き来や、文字とシンボルを駆使しながら、課題を進めるためのやりとりを行ない、その時の気持ちを表現しながらお互いの関係性を構築していることが観察された。

学習者として参加していたゴックは、周囲の学生達の言語選択と言語学習の関係について、以下のように述べている。

> *社会的なつながりで外国語を使いながら学ぶという経験をした。具体的に、たとえば英語が母語の学習者は母語の英語で記事を読み、他のメンバーと話すときは日本語で話すことで日本語を学ぶ機会になる。チームとしてみんなで一緒にプロジェクトを進めているので、共有している情報が多く、言いたいことが日本語でうまく言えない場合にも、文脈に応じた適切なサポートを得やすいと感じた。また、日本語母語話者の学生が使っている日本語を観察することで新しい言葉や、確認する表現を学ぶこともできた。*

また、TA として関わった福地は、自分自身も英語を長年勉強してきた学習者として、このような機会を、英語で日常生活を送る学生と交流ができる場と捉え、英語を積極的に使用したいと考えるだろうと振り返っている。学生への聞き取りから分かったことは、学生達がその場その場のやりとりで何を重視しなければならないのかを判断しながら言語使用を意識的に調整していたことである。日程調整など業務的なやりとりを英語で行なっていたグループからは「大事なことだから、相手が一番理解できるであろう言語の英語を使用して伝えた」という意見が出された。また、別のグループの学生は、当該学生を含め、グループの中に中国語を使用できる学生が数名いたが、中国語を全く使用しなかった理由について、中国語で話すと何を話しているか分からない学生がいるため、全員が理解できる日本語のみを使用したと話していた。このことから、「自分が使用したい言語で話す」のではなく、何かを伝えたい相手や、ともに作業を進めるグループメンバー一人ひとりのことを考えて使用言語を選択していたことが分かり、言語そのものの学習を超えて、自分の言語リソースの中から使用する言語をどのように選択し、使用するかを考えるスキルが身に付いたことが明らかになっている。

協働活動の分析でも、またゴックや福地の振り返りからも、学生達が主体的に言語使用・言語選択を行ない、学びを深めていることが分かる。

6. 本プロジェクトの成果と今後の課題

本プロジェクトの成果がより高まったのは、コロナ禍によるオンライン学習の促進が大きく関係している。本プロジェクトのようなCOILは、オンラインツールの活用が必須であるが、コロナ禍により大学・教員・学生・社会の意識が大きく変容するとともに、教員・学生ともにオンラインによる学習のスキルが向上し、心理的ハードルが低下した。2019年度に苦労した時差の問題も、オンデマンド型のタスクを盛り込むことによって、ある程度克服することができた。コロナ禍によって、学びのあり方そのものに変化が生じており、その変化を学びの質の向上にいかにつなげていくかが重要であると言える。

本プロジェクトの取り組みは、留学を通した学びのあり方にも再考を迫るだろう。昨今、日本の大学では、1年間の留学を卒業要件としているところや、四学期制にすることで短期留学をしやすくするといった取り組みが進んでいる。しかし、留学の場合、通常は 1 カ所、多くても 2 カ所程度に行くのが限界である。一方で、COIL の場合は、今週と来週、昨日と今日、午前と午後で異なる国や地域の人達と異なる言語で異なるプロジェクトを行なうことも可能である。また、世界の複数箇所にいる学生達が一堂に会して学ぶことができるというメリットもある。複数箇所からの同時参加により、学生の多様性や活動における言語的多様性も高まる。本プロジェクトでは日・英二言語が共通言語として使用されたが、活動に参加する学生が多様になれば、共通言語はさらに増えるだろう。留学の効果が異なる言語や文化に触れることであるならば、それはもはや COIL で一定程度達成されるはずである。今後は、留学として現地に行くことでしか得られないこと、現地に行くからこそ得られる学びとは何かということについて改めて検討が必要であろう。

本プロジェクトの取り組みは、日本における外国語、特に英語教育のあり方についても問題提起を促すことができる。日本の教育の文脈では、外国語＝英語という意識が強く、英語＝グローバルという発想に陥りがちである。国際的な経済活動における英語の言語的な強さは疑いようがない。そしてそれを使いこなす「人材」を欲する経済界・企業の思惑が合致したところに、日本における教育のグローバル化と英語教育・留学の促進がある（加藤・久木元, 2016）。しかし、外国語を学ぶということは、英語を学ぶことだけではない。まして、外国語教育の価値は、国際的に活躍するための道具として外国語を身に付けることだけでもない。外国語を学び使うことで、世界の多様性に触れ、多様性に向き合い、クリティカルな視点からものごとを見たり考えたりすることができる（Byram, 2008）。そして自らの言語使用、コミュニケーション、文化について自覚的に捉え直すこともできる。

本プロジェクトは使用言語は日本語のみ、または英語のみといった従来の日本語教育・英語教育で行ないがちな制約条件を課さなかったが、そのことも成果として挙げられる。使用言語を一つに固定した場合、その言語の母語話者が圧倒的な力をもつことは想像に難くない（Liddicoat, 2016）。そのことは、たとえ言語的な点ではなく成果物の内容に関するやりとりであっても、非母語話者が母語話者に意見しづらくなるという力関係をも生み出してしまう。本プロジェクトのような translanguaging な場は、母語話者・非母語話者の固定化された力関係を流動化させ、率直な意見のやりとりのできる

「心理的に安全な場（Edmondson, 2019）」を生み出し、学習をより深めたとも言える。また言語を固定しなかったことが、学生達の主体的な言語選択を促し、学生達自身が言語選択について自覚的・意識的に行なう力をつけていくことにもつながった。従来の日本語教育・英語教育でしばしば見られる日本語だけ、英語だけ使いましょうという素朴な言語教育のあり方を改めて考え直すきっかけとして貴重な取り組みであったと言える。

本章で本プロジェクトのミクロな言語使用をデータとして言語教育のあり方を議論したことは、言語教育における支配的な言説への対抗言説を生み出すという意味もある。世界各国の政府によるマクロレベルでの言語教育施策や、その方針を受けて教育機関等が行なうメゾレベルでのプログラム開発等では、モノリンガル的な発想で教育課程が組まれることが基本形となっている。大学の授業でも中等教育での外国語の授業でも、「英語」「日本語」といった「○○語」という枠組みが前提となって教育が行なわれる。一方、本章で理論的基盤とした translanguaging という概念は、「○○語」という個々の言語が別個に存在するという枠組みに対する批判的な視点である（Otheguy, Garcia & Reid, 2018; Garcia & Otheguy, 2019など）。「○○語」の「○○」部分に国家名が入ったり、ある地域の多数派民族の名称等が入ったりすることで、その言語が支配や抑圧の道具として使われることは過去に何度も繰り返されていることである。このようなある言語による支配的言説に対して、現場の実践を記述することで対抗的な言説を生み出すことが重要だと言われている（Ricento & Hornberger, 1996; Canagarajah, 2005, 2006; Hornberger & Johnson, 2007; 熊谷・佐藤, 2021 など）。また、そのことによって、社会における言語使用に対してボトムアップ的に力を発揮できると主張されている（Menken & Garcia, 2010; Wiley, 2015; Wiley & Garcia, 2016 など）。本章は、教育実践としての意義に加えて、実践を記述し言語による支配的な言説に対抗的な言説をつくっていくという点でも価値のあるものである。

最後に、テーマに関するクリティカルな視点の必要性とより詳細な分析の必要性という観点から課題について簡単に述べる。課題の一つは SDGs に対するクリティカルな視点をどのように盛り込むかということである。SDGs は特に日本において、もはやファッションと言えるぐらいに急速に広まっている。企業も学校もこぞって SDGs の課題解決に取り組んでいる（ように見える）。しかし実際には、看板だけ、ラベルだけのものも少なくないだろう。批判の余地のない大目標である SDGs とその流行に対して、あえて批判的なまなざしを向けることは重要である。そして、SDGs で扱われている社会の課題がどこから生じているのか、それは自分達の生活とどのように結び付いているのか、自分達は具体的なアクションとして何をすべきなのかということを改めて考える必要がある。本プロジェクトで取り組んだ雑誌作りはきっかけにはなるが、雑誌を作ることで世界の課題が解決できるわけではない。学生達も実践に関わる教員自身も、次の一歩のアクションにどう踏み出すかが求められる。また、本章では、数か月に渡るプロジェクトでなされたやりとりの一部しか分析・検討できなかった。より多くのデータを用い、またさらなるデータ収集を行なうことでより説得的な議論を行ない、translanguaging を理論的基盤とした学びのあり方について、広く深く議論を継続し発展させていく必要があるだろう。

参考文献

加藤恵津子・久木元真吾（2016）『グローバル人材とは誰か―若者の海外経験の意味を問う―』青弓社.

熊谷由理・佐藤慎司（2021）「公正な社会づくりをめざしたトランスランゲージング理論とその実践」尾辻恵美・熊谷由理・佐藤慎司（編）『ともに生きるために―ウェルフェア・リングイスティクスと生態学の視点からみることばの教育―』春風社, 67–103.

熊谷由理・嶋津百代（2021）「学習者はいかにオンライン国際共修の場において『つながり』の調整を試みたか」全米日本語教育学会 2021 年春季大会発表原稿.

Think the Earth（編著）（2018）『未来を変える目標 SDGs アイデアブック』紀伊国屋書店.

Byram, M.（2008）*From Foreign Language Education to Education for Intercultural Citizenship: Essays and Reflections*, Clevedon, UK: Multilingual Matters.　細川英雄（監）（2015）『相互文化的能力を育む外国語教育―グローバル時代の市民性形成をめざして―』大修館書店.

Canagarajah, S.（ed.）（2005）*Reclaiming the Local in Language Policy and Practice*, New York: Routledge.

Canagarajah, S.（2006）“Ethnographic Methods in Language Policy.” In T. Ricento（ed.）, *An Introduction to Language Policy: Theory and Method*, Malden, MA: Blackwell Publishing, 153–169.

Edmondson, A. C.（2019）*The Fearless Organization: Creating Psychological Safety in the*

Workplace for Learning, Innovation, and Growth, Hoboken, NJ: Wiley. 野津智子(訳)(2021)『恐れのない組織―「心理的安全性」が学習・イノベーション・成長をもたらす―』英治出版.

Garcia, O. & Otheguy, R.(2019)"Plurilingualism and Translanguaging: Commonalities and Divergences." *International Journal of Bilingual Education and Bilingualism*, Vol.23, No.1, 17–35.

Hornberger, N. H. & Johnson, D. C.(2007)"Slicing the Onion Ethnographically: Layers and Spaces in Multilingual Language Education Policy and Practice." *TESOL Quarterly*, Vol.41, No.3, 509–532.

Liddicoat, A. J.(2016)"Native and Non-native Speaker Identities in Interaction: Trajectories of Power." *Applied Linguistics Review*, Vol.7, No.4, 409–429.

Menken, K. & Garcia, O.(eds.)(2010)*Negotiating Language Policies in Schools: Educators as Policymakers*, New York: Routledge.

O'Dowd, R.(2018)"From Telecollaboration to Virtual Exchange: State-of-the-Art and the Role of UNICollaboration in Moving Forward." *Journal of Virtual Exchange*, Vol.1, 1–23, https://doi.org/10.14705/rpnet.2018.jve.1.

Otheguy, R., Garcia, O. & Reid, W.(2018)"A Translanguaging View of the Linguistic System of Bilinguals." *Applied Linguistics Review*, Vol.10, No.4, 625–651.

Ricento, T. K. & Hornberger, N. H.(1996)"Unpeeling the Onion: Language Planning and Policy and the ELT Professional." *TESOL Quarterly*, Vol.30, No.3, 401–427.

Warschauer, M.(1996)"Motivational Aspects of Using Computers for Writing and Communication." In M. Warschauer(ed.), *Telecollaboration in Foreign Language Learning*, National Foreign Language Resource Center, 29–46.

Wei, Li(2018)"Translanguaging as a Practical Theory of Language." *Applied Linguistics*, Vol.39, No.1, 9–30.

Wiley, T. G.(2015)"Language Policy and Planning in Education." In W. E. Wright, S. Boun & O. Garcia(eds.), *The Handbook of Bilingual and Multilingual Education*, West Sussex: John Wiley & Sons, Inc., 164–184.

Wiley, T. G. & Garcia, O.(2016)"Language Policy and Planning in Language Education: Legacies, Consequences, and Possibilities." *The Modern Language Journal*, Vol.100, S1, 48–63.

第8章

ニューノーマル時代の国際共修

オンライン学習を通した学びの検証

末松和子

1. はじめに

世界規模で猛威をふるい続ける新型コロナウィルスは、様々な側面で国際教育交流に波紋を広げている。2020年4月に、国際大学協会が世界111カ国・地域の424大学を対象に行なった調査では、約9割の大学が、留学プログラムの中止など、予定していた国際教育交流が直接的な影響を受けたと回答した[1]。学生の国・地域間の移動がコロナ前の状況まで回復するには数年間を要する見方もあるなかで、ニューノーマル時代の新しい国際教育のあり方について議論が進んでいる。欧州では、21世紀に入ってすぐに、経済的困難などの諸事情から留学したくてもできない学生への救済策として、国内にいながら国際的な学習体験を可能にする「内なる国際化」運動が広がった。近年は、これにテクノロジーを掛け合わせたオンライン国際協働学習（Collaborative Online International Learning、以下、COIL）が着目されるようになり、COIL開発・実施用の教材はWEB上でも多数、提供されている。遠隔教育先進国の米国では、コロナ前の2018年時点で、すでに全大学生の35%にあたる約700万人がオンライン授業を経験するなど（米国教育

[1] Marinoni, G., Van't Land, H. & Jensen, T.（2020）*The Impact of COVID-19 on Higher Education around the World: IAU Global Survey Report*, https://www.iau-aiu.net/IMG/pdf/iau_covid19_and_he_survey_report_final_may_2020.pdf,〈2021年2月21日アクセス〉.

統計センター)[2]、教育のバーチャル展開が進んでおり、この経験が今回のパンデミックへの迅速な対応につながった。

日本では、2018年以降、文部科学省による大学の世界展開力強化事業[3]の後押しで、COIL型教育の普及がある程度は進んだ。しかし、多くの大学は国際教育を対面交流に依拠しており、コロナ発生時は新たな展開が求められる対応に右往左往する状況であった。特に、留学生と国内学生の意味ある交流を授業や活動に取り入れる国際共修には大きな課題が立ちはだかった。これまで、教室等の対面交流の場を基盤に授業や活動が展開されていたため、パンデミックに対する反応として授業を不開講にしたり、活動を取りやめたりする大学が散見された。留学生の新規来日が制限され、キャンパスから留学生が消えるという予期せぬ事態も起こり、国際共修が成り立たない、もしくはオンライン上で意味ある交流が十分に担保できないと判断した教育実践者も多いであろう。

本章では、国際共修科目を多数開講する、地方の国立総合大学におけるカリキュラム国際化発展の歩みを振り返る。また、新型コロナウィルス感染拡大後、いち早く国際共修のオンライン化に踏み切ったことで得られた成果と課題、さらに日本語学習者である留学生との共修を視点として学びを検証する。日本語習得過程にある留学生と、その協働パートナーである国内学生の言語運用に関する気づき・学びを、協働活動で直面した課題、意識の変化、またそれらに対する内省を経て辿り着いた行動の変化を通して分析し、ニューノーマル時代の国際共修の展開に役立つ教育実践のあり方を議論する。

2. 地方の国立総合大学における国際共修

周知の通り、国際共修は内なる国際化（Beelen & Jones, 2015）の教育施策の一環として、また、国際的な視点を体系的に教育に取り入れるカリキュラム国際化の代表的な教育実践（Leask, 2015）として欧米豪を中心に広がった。日本国内の大学でも近年は特に注目が集まり、実践の拡大につな

---

2 National Center for Education Statistics（2021）*Digest of Education Statistics 2020*, Table 311.15, https://nces.ed.gov/programs/digest/d20/tables/dt20_311.15.asp, 〈2021年2月21日アクセス〉.

3 大学の世界展開力強化事業『米国等の大学との間で実施する事業』

がっている。日本の国際共修は、その多くが留学生向けの日本語教育科目、「日本事情」に国内学生を招き入れた日本語教員の主導により始まり（末松, 2019）、その後、大学の国際化拠点整備事業等の政府主導の大学国際化施策の後押しもあり、各大学で英語によるプログラムや科目の増設が進むとともに、新たな国際共修が仲間入りを果たしさらに発展した（米澤, 2019）。

2.1　国際共修発展の経緯

筆者が勤める地方の国立総合大学でも同様に、留学生と国内学生の接触機会を増やすために、日本語教員が日本事情のクラスに国内学生をボランティアとして迎え入れる形で国際共修がスタートした。しかし、単位取得というインセンティブの不在や、留学生と国内学生の学習到達目標の違いなどにより国内学生のモチベーションを維持することが大きな課題であった。そこで、全学教育科目と留学生のみを対象とした日本語教育科目を共同開講にし、留学生・国内学生両方を対象とした国際共修科目に発展させた。その結果、国際共修科目は 2016 年度の 34 科目から 2019 年度には 70 科目へと 4 年間で倍増し、年間履修者（のべ数）も 1,147 名となった。学生の授業評価も常に高く、それが国際化に力を入れる複数の学部の知るところとなり、学生に履修を勧めるなどの協力を得ることができた。これが、全学教育下に新たに設置した「国際教育科目群」につながり、国際教育が目に見える形で全学生を対象とした教育に位置付けられた。同科目群の 8 割を占める国際共修科目の担当者向け授業設計・運営ガイドラインを作成し、定期的に教員研修を実施するなどして教員向けの支援も強化している。

2.2　パンデミックへの対応

このように、大学の国際化施策の一環として発展させてきた国際共修に立ちはだかったのが新型コロナウィルス感染拡大による教育のバーチャル化である。2020 年 2 月には 4 月に来日予定の留学生の受け入れ中止が、3 月末には、新年度の授業の全面オンライン化が決定した。この時点で、国際共修の主な対象者である交換留学生や研究生が同時期の前年度に比して半減することが予想された。また、国内学生の大半を占める学部 1 年生に至っては、大学受験後、一度もキャンパスに足を踏み入れることなくオンラインで国際共修科目を履修する状況である。それまでも、高校までの国際体験が限られている東北地方や北関東の出身者が多いため、国際共修での留学生との協働に戸惑う学生の割合は高かった。しかし、慣れないながらも、多様な文化背景をもつ留学生で活気づくキャンパスに身を置き、課外でも交流する機会に恵まれながら国際共修授業を受けるのと、国際的な大学に入学したという実感がもてぬまま、オンラインで国際共修に臨むのとは事情が異なる。オンラインで意味ある交流による学びの機会をどのように担保するのか、という課題のみならず、留学生と国内学生の構成比率や、異文化間コミュニケーションに不慣れな学生への支援など、多くの不安要素を抱えながらの船出となった。

2.3 国際共修のリデザインと指導の留意点

国際共修の基本は、言語・文化背景の異なる学習者による学び合いである。つまり学びのリソースに多様性が担保されていなければ国際共修の効果は得られにくい。新型コロナウィルス感染拡大の先行きが見通せないなか7か月先の後期における、さらなる留学生数の減少に懸念が及んだ。それ以前も、学期によっては、留学生と国内学生の構成比が想定と異なることはあった。例えば、特定の学部の必修科目が割り当てられていない、いわゆる空きコマに授業を開講した時は、クラスの約8割が同じ学部の男子学生で、残りが他学部の学生と留学生というバランスの悪い構成比になったこともあった。その際は、急遽、課題の内容を変更し、キャンパスで見かけた留学生に了解を取ったうえでインタビューをしたり、留学生を対象としたイベントの企画・開催を学習活動に取り入れるなどしたりして、難を乗り切った。しかし、今回はその留学生がキャンパスにいない。このような状況において、授業の設計自体を変える必要に迫られた。以下、筆者が担当する全学教育科目の国際共修3科目のうち、学習言語を日本語とする科目を例に挙げ、その取り組み、成果、課題を説明する。

次の表に示すのは、全学部の学生を対象とした教養教育科目「異文化間コミュニケーションを通じて世界を知ろう」の概要である。SDGsに関連する世界共通の課題を取り上げ、多様な文化背景の学生が議論を交わす。グループ別の協働発表を経て、最終的には高校生を対象としたディスカッション・フォーラムを企画・開催するまでを授業の活動として行なう。

表１　国際共修授業のシラバス（抜粋）

科目名	異文化間コミュニケーションを通じて世界を知ろう
授業の目的	世界が直面する課題をテーマに、留学生と国内学生がディスカッションや協働作業を行なうなかで、言語や文化の壁を越えて、相互理解を深め、多角的な視点で物事を捉える力を身に付ける。意見交換、グループワーク、プレゼンテーションを通してコミュニケーション力を向上する。
学習言語	主に日本語で行なうが、意思疎通を円滑にするために英語を補完的に使用する。
学習到達目標	・留学生と国内学生がテーマに沿った活発な議論を展開することで異文化間コミュニケーションに親しむとともに、対話力を身に付ける。 ・グループワークをはじめとする協働作業を通して、異文化理解、自文化理解を促進する。 ・情報収集・分析力、プレゼンテーションスキルを習得する。
概要	授業内活動と授業外活動（オンライン・ミーティング、進捗状況報告準備、発表資料作成、発表の練習）を組み合わせ、以下のスケジュールに沿って授業を進行。 第１回：授業およびオンライン・プラットフォームの説明 第２回：ウォーミングアップ活動と異文化間協働ワークにおける留意点 第３回：今、世界で何が起こっているのか？：身近な COVID-19 の影響 第４回：適切な情報収集と選択：自国の報道で知る他国の COVID-19 第５回：自分の言葉で語る COVID-19 の正体と感染拡大 第６回：それぞれの国での対応を調べ比較 第７回、８回：中間発表会 第９回：振り返り＆異文化間（オンライン）コミュニケーションをどのように捉えるか？ 第10回：グループ・プロジェクトの説明、効果的なプレゼンテーションを学ぶ 第11回、12回：グループ・プロジェクトの経過報告（オンライン・プレゼンテーション）、グループ活動、質疑応答 第13回、14回：最終発表会 第15回：振り返り：一学期間の活動を通して＆最終レポートについて
受講者数	38 名（国内学生 22 名、留学生 16 名）
授業形態	リアルタイム（90 分）、課外学習（約 90 分）
課題	〈発表〉・課題１：言語・文化背景、専門、性別、学年、これまでの国際経験等を考慮して編成したグループで、あらかじめ提示された新型コロナウィルス感染拡大に関するテーマをもとに、世界各国の状況や取り組みを調べ、比較・分析し、中間発表会で報告。 ・課題２：１回目の発表とは異なるメンバーで再編成されたグループで今回のパンデミックで特に深刻化した課題を取り上げ、世界各国の状況や取り組みを調べ、事例を用いて状況・課題・展望を整理。 〈レポート〉・課題３：グループ活動を通した学びを振り返りレポートを作成（２回）
評価	レポート２回（30%）、オンライン発表（30%）、ディスカッションへの貢献度（20%）、プロジェクトの内容（20%）
留意点	時差、インターネット環境を考慮したうえで授業外ミーティングを設定する。授業に聴講生として参加する海外の学生は単位取得を目的としていないため、レポート課題は課さない。

2.3.1 授業構成員の多様性の担保

まず、4月下旬にずれ込んだ前期の授業開始までの留学生の確保が最重要課題であった。もちろん、後期が始まる10月までに時間をかけて準備をするという選択肢もあったが、パンデミックが長期化した時のために、本格的なオンライン国際共修授業の実施に向けて経験値を高めておく必要があると判断した。全世界で学生の国・地域をまたいだ移動がストップしているということは、日本留学希望者や日本語学習者にも国際共修授業参加に対するニーズがあるのではないかと考えた。そこで、北米の大学で日本語教育を担当する知人に声をかけた。その結果、アメリカの2大学とカナダの大学の合計3校の学生に授業に参加してもらえることになった。「履修」ではなく「参加」としているのは、筆者の勤める大学で単位を取得することを目的とした学習活動にあたらないためである。3大学のうちの1大学の協力教員は、筆者の国際共修授業への参加についてレポートを書けば、その大学の日本語科目の課題の一つと見なすという対応を申し出てくれたが、その他の大学では、すでに学期が始まっていたため、学生らは完全な自己研鑽活動として授業に参加した。このように一部の学生には単位取得に関連した活動というインセンティブが働いたが、その他の学生は、個人の日本語学習や異文化間協働に対する関心やモチベーションのみが授業への参加を下支えするという、不安定な要素を含んだスタートとなった。

2.3.2 海外協力教員との連携

あらかじめ趣旨を理解し、協力を快諾してくれた海外の日本語教育担当教員3人と、個別にメールやオンライン・ミーティングで打ち合わせを行なった。この準備作業は思いのほか難航した。3人とも日本の大学で学部教育を受け、同じ教育分野に身を置き、母語の日本語で意思疎通を図ることができるという共通点があったため、すり合わせは円滑に進むと楽観視していた。しかし、何気なく使う言葉の解釈、授業運営の方法、課題の定義など、様々な側面で理解の共通化に相当の時間をかける展開となった。とりわけ、筆者の授業への参加を単位付与科目の課題の一部として扱う対応をしてくれた大学からは、教室内外での学習活動を分単位でシラバスに明記しなければならないという注文が入り、算出に時間を要したばかりか、制限のある活動時間内でどのように意味ある交流を生み出せるか、再考しなければならなくなった。その他の 2 大学の教員からも、学生に呼びかける際に、必要な情報として、かなり細分化した活動内容を伝えたいと要望があった。自分の授業が海外の学生にどのように映るかを見直し、学習活動の可視化を図る作業は大変であったが、裏を返せば、学生主体を謳っておきながら、実はそれが実行できていなかったということである。この気づきは貴重な体験であった。

2.3.3 授業の再設計

留学生の確保と、授業参加にかかる条件等の協議を進めつつ、授業の再設計に取り組んだ。海を越えたオンラインによる国際共修の実践には三つの大きな課題があった。一つ目は時差である。学生の参加が決まった北米の大学は、東部、中部、西部の三つの地域にまたがっており、日本での授業開講時間帯、13 時～ 14 時 30 分は、特に東部に位置する大学にとっては夜中から未明の時間帯となる。リアルタイムの参加は不可能であった。中部の学生でさえ、夜遅くの参加となるため、強要はできない。当初は、対面の授業同様に、授業時間内にディスカッションの時間を確保し、グループで意見交換を行なうための下調べを各自が授業時間外で行なう方式を採用する予定であったが、これを大胆に変更する必要に迫られた。週末などの、より予定を合わせやすい課外の時間帯にグループ単位でディスカッションを行ない、その結果を授業の時に報告してもらう方法に切り替えた。授業の時間は、筆者の講義と、グループの代表者による活動進捗報告、次回までの課題の確認に使い、授業の録画ファイルを参加できなかった学生に共有する同期・非同期混合スタイル、いわゆるハイフレックス型を導入した（図 1 参照）。六つあるグループの授業外ミーティング全てに筆者が顔を出すことは到底できないため、授業にティーチング・アシスタント（以下、TA）の他に学生アドバイザーを数名配置し、グループ内での意見交換のファシリテートや、授業についていけない学生への対応にあたってもらった。

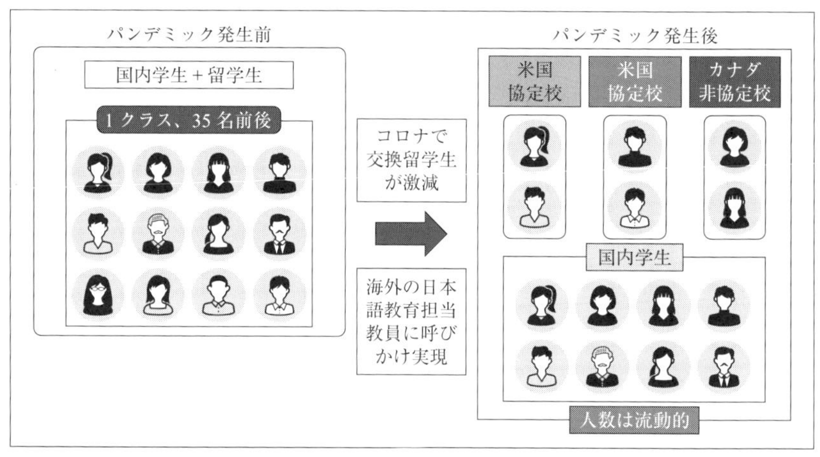

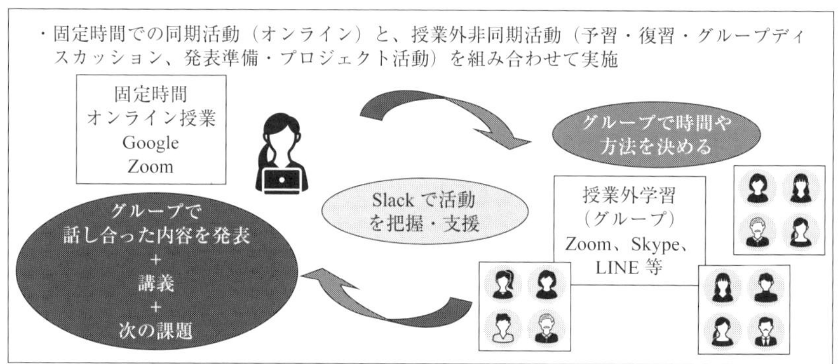

図1　パンデミック対応としての国際共修のバーチャル展開

二つ目の課題は学事暦の違いである。北米3大学とも二学期制、三学期制、クォーター制と学事暦が異なり、言わずもがな日本の学事暦とも大きく異なる。苦肉の策として、一学期の授業を前半・後半に分け2ターム構成とし、「基礎編」の前半終了後にグループを再編成し、新しいテーマでグループワークに臨む「応用編」を後半に充てる形を取った。最初に2ターム続けての参加を希望していた海外の学生が、思っていたよりも負担が大きいと1タームに変更するケースもあったが、最初は1タームのみ参加で申請し、実際に参加するうちに引き込まれ、後半もクラスに残留するケースも散見された。

三つ目は学習マネジメント・システムが共有できないという課題である。筆者の大学で使用している Google Classroom は、セキュリティ上の問題から、大学の ID をもたない学外関係者はアクセスできない設定となっている。大学の Google アカウントとは別に、個人のアカウントで作った共有ドライブやメールなど、複数のツールを用いて意思疎通を図ったが、共有漏れなどが発生し、混乱を招くこともあった。これらの反省をもとに、後期は Slack を利用し、多くの問題を解決することができた。情報伝達やデータの共有のみならず、各グループ内でのやりとりの可視化が図れ、TA や学生アドバイザーに頼らなければならなかった共修活動のモニタリングや、チーム・ビルディングの様子もある程度、把握できるようになった。しかし、無料版の Slack では、容量の大きい授業の録画データなどは共有できないため、個人アカウントによるドライブは引き続き併用した。教材・資料を容量の制限なく公式に共有し合えるプラットフォームの構築が望まれるが、セキュリティの問題もあるためさらなる検討が必要である。

初回の授業では、授業の構成や参加における注意事項、留学生の参加形態・時期について履修者に丁寧に説明した。履修者・参加者の学習到達目標は変わらないが、学期途中の学生の出入りや、単位を伴わない活動ゆえに、モチベーションに関しては学生間で温度差が生じる可能性についても繰り返し言及した。

2.3.4 学習活動のモニタリングおよび支援

時差の問題で、グループ単位の活動時間を授業時間外に設けなければならなくなったため、各グループに配置した学生アドバイザーを介したモニタリングおよびグループ活動支援に力を入れた。あらかじめアドバイザーには、1. 初回から数回までのグループ活動に参加し、メンバー全員がオンラインでの議論に慣れ、会話のキャッチボールが成立するようになるまでグループに寄り添う、2. 会話が続かない時のみディスカッションを先導し、徐々にメンバーが主体的に議論に参加できるようファシリテートする、3. 発言できずにいる学生、他者を挑発したり、攻撃的な言葉を投げかけたり、グループ活動への参加が滞りがちな学生がいたりすればすぐに教員に報告する、などを中心に学生アドバイザーの役割についてガイダンスを行なった。また、学期初めは毎週、学生のグループワークが軌道に乗ってくる中盤は数週間に一度の頻度で、教員、TA、学生アドバイザーによるファシリテーター・ミーティングも行ない、グループ活動の進捗状況や課題を共有した。

コロナ禍前も、同様に学生アドバイザーを活用したモニタリングは実施していたが、オンライン化により、教員によるファシリテーションが従前通り機能しない可能性が危惧されたため、学生アドバイザーを増やし対応した。履修者・参加者数が最大35名近くとなり、学習グループが六つ成立したため、学生アドバイザーを3名配置し、各アドバイザーには2グループを担当してもらった。大学の基準により、TAは大学院生、また各クラスへの配置は1名のみと決まっているため、学生アドバイザーについては筆者の所属する組織の個別予算で雇用した。TA、学生アドバイザーとも、過去に筆者が担当する国際共修授業を履修し、リーダーとしてグループをまとめ、プロジェクトを運営する能力を十分に身に付けた高学年の学生に声をかけ採用している。TA、学生アドバイザーとも履修者・参加者が混乱しないよう、クラスでは学生アドバイザーという統一名称を用いている。

2.3.5 オンライン国際共修授業の成果

これまでは、SDGsに関連した世界共通の課題を取り上げ、討論やグループワークを中心に授業を組み立ててきた。しかし、今回はまさに現在進行形で世界を舞台に猛威をふるう新型コロナウィルスの感染拡大を「生きた教材」として、敢えてテーマに据えることにした。学期の前半は、世界各地の感染拡大の状況および影響を、政策（対国内）・外交・経済・福祉・医療・教育の六つの観点で整理・比較し、各グループで調べ学習と意見交換を繰り返しながら、学期半ばの6月中旬に中間発表会を行なった。学期後半は、グループを再編成し、今度は新型コロナウィルス感染拡大の影響で浮き彫りとなった世界共通の課題を自分達で発見し、最低3カ国の状況を分析し、ケーススタディとして提示するという、少し難易度を上げた形にした。ほとんどのグループが3カ国以上のケースを取り上げた。以下が、その最終発表のテーマである。

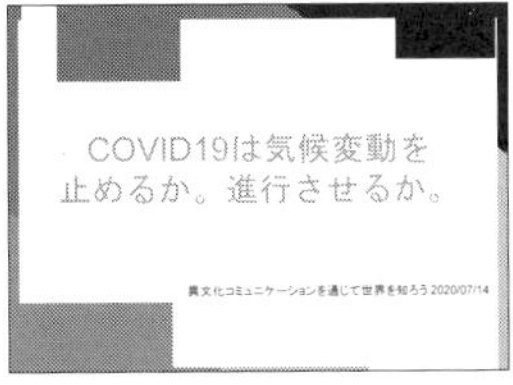

- ◆ コロナと戦う世界～飲食産業の今～
- ◆ COVID-19 は気候変動を止めるか。進行させるか。
- ◆ Food Loss and Waste ～命をつなぐ食料の世界格差～
- ◆ ネットゼロエミッション：汚染に対する世界的な戦い
- ◆ コロナとプロスポーツ～興行か、感染防止か～
- ◆ コロナは環境の“ヒーロー”か？～ CO_2・ゴミ・エネルギーからみた世界の変容～

ディスカッションや課題解決型の授業初体験の学生が多く、また留学生の平均日本語習熟度が N3～N2 であったため、時には英語を用いながら学生らは当初は意思疎通を図ることに悪戦苦闘であった。一方で、コロナ禍に翻弄される毎日を生きる学生らには共通点も多く、また、身近なところからより大きな課題へ議論を発展させるような「しかけ」を授業設計に組み込んだこともあり、総合的にみると学生は非常に熱心に共修活動に取り組んだ。言語、また文化に影響される価値観やワークスタイルの違いのみならず、時差や各自の安定度が異なるインターネット環境に戸惑いながらも、学生アドバイザーの支援もあり、中間・最終発表とも質の高い学びの成果を報告することができた。

3.　学生の学び

言語・文化背景の異なる学生らは、バーチャル空間での協働を通して何を学び、どのように知識・スキル・態度に代表される異文化間能力を身に付けるのか。筆者がオンラインで実施した国際共修のうち、前節で紹介した日本語を学習主言語とした「異文化間コミュニケーションを通じて世界を知ろう」を履修した学生の最終レポートを対象に、学習者の「言語の壁」に対する気づき、また障壁を乗り越えるための工夫に着目し、学生の学びに迫る。

3.1 検証の視点

先述したように、本授業は学習者の異文化間能力（Intercultural Competence）、とりわけ異文化間コミュニケーション力、異文化理解力、自文化理解力の向上を目指すもので、学習到達目標にもそれを明示している。異文化間能力については、多岐に渡る定義および指標が存在する（Fantini, 2009）が、それらの統一を働きかける動きはなく、異文化間能力は、時代、国・地域、コンテクストによっても異なるため、そもそもその必要性さえない（Deardorff, 2006）という考え方が一般的である。本授業で目指す異文化間能力に沿った、ある程度、信ぴょう性が担保されている指標として検討したのが、国際教育の第一人者、Deardorff（2006）を参考に開発された全米カレッジ・大学協会（Association of American Colleges & Universities, n.d.）の「異文化知識・対応能力に関するVALUEルーブリック」[4]の中の「言語及び非言語コミュニケーション」（表２）である。国際共修では、言語・文化背景の異なる学習者が対話や協働作業を通して、他者を理解・受容するための努力を重ね、自分が属する文化を含む自己を批判的に見つめ直す機会を経て新たな価値観へと辿り着く学びのプロセスが重視される（末松, 2019）。当然のことながら学習者は協働を成立させるために、他者の意見に耳を傾け、自分の意思を的確に伝えなければならない。意思疎通を図るための方策を、試行錯誤を繰り返しながら習得することで、学習者が異文化間能力の一つである言語・非言語コミュニケーション能力を高めることは国内外の多くの研究者によって確認されている。これより、今回は異文化間能力のうち、「言語及び非言語コミュニケーション」に着目することとした。

[4] 全米の大学教育の専門家が作成したルーブリックで、15の能力カテゴリーから成る。学習者のパフォーマンスを下位から上位の到達レベルに漸次的に示した学習成果の評価基準である。その汎用性の高さから米国では多くの大学に採用されている。

表２　異文化知識・対応能力に関するVALUEルーブリック―言語及び非言語コミュニケーション―（Association of American Colleges & Universities, n.d.）

コンピテンシーレベル	4	3	2	1
	言語及び非言語コミュニケーションに関する文化的な違いについて複合的に理解しており、明確に述べることができる（コミュニケーションをする際に、各文化がどの程度スキンシップを用いるか、また、直接的・非直接的表現、及び明白・曖昧な表現を用いるかを理解している等）。また、その違いの認識に基づき、うまく交渉して共通の理解を得ることができる。	言語及び非言語コミュニケーションに関する文化的な違いを認識し、行動に取り入れており、その違いの認識に基づき、共通の理解を得るために交渉を始める。	言語及び非言語コミュニケーションに関する文化的な違いをいくつか認識しており、そのような違いにより誤解が生じる場合もあることも認識しているが、共通の理解を得るように交渉することができない。	言語及び非言語コミュニケーションに関する文化的な違いをほとんど認識しておらず、共通の理解を得るように交渉することができない。

分析の対象としたのは、単位取得を目的として授業を履修した国内学生13名と留学生7名の最終レポートである。このレポートは、一学期間の協働学習を通して履修者が自身の学びを振り返るものである。当然ながら、その性質より、自身の最終到達地点でのコンピテンシーを内省する記述が多い。そこで、「○○に関する理解を深めた」、「○○を試みた」、「○○ができるようになった」などの表現で示される変化を、それが以前は「しなかった・できなかった」と解釈して、彼らの自己評価による成長に迫る。本来であれば、授業開始時と終了時に同じルーブリックを用いて、自身の変化を内省してもらう方法で学びを検証すべきところではある。しかし、本授業のような異文化間教育導入科目の履修者には往々にして国際経験の浅い学生が多く、Arasaratnam と Doerfel（2005）が指摘するように、このような学生は授業開始時点での自身の習熟度をどのように評価していいか分からない、もしくは過小・過大評価をしてしまう可能性が高い。そのため、本調査では最終到達地点の自己評価のみに着目して学生の学びを概観することとした。

3.2　協働プロセスの分析

13名の国内学生のうち、11名の最終レポートに、ルーブリックの言語・

非言語コミュニケーションの向上に関する記述が見られた。留学生については7名全員が自身の日本語運用能力について何らかの言及をしている。コンピテンシーレベルの2にあたる、文化による違いや、その影響で生じる誤解について、ある程度認識しながらも、行動を起こすには至らない学生もいるが、多くの対象者は、コンピテンシーレベル3もしくは4と判断される行動を起こしている。例えば、国内学生4はグループワークの際の留学生の様子を見て、留学生によって日本語の習熟度が異なり、ディスカッションについていけない学生がいることに気づき、「最初のミーティングで自己紹介や日常会話、テーマディスカッションの導入部分などをカジュアルに話し合い、その中で留学生の習熟度を見極めそれに応じたレベルで話す」という行動を取っている。また、国内学生5は、「海外学生のレベルを考え、既に理解していると思われる語彙や言い回しを織り交ぜて話すようにした」り、「語彙の意味やよく使われる場面、例文などを軽く提示し、海外学生の日本語学習にも貢献できるよう工夫」するなどの、意味ある交流を成立させるための行動を起こしている。また、留学生にも学びが確認できた。「自分が話した日本語に対する日本人の反応を見て、言い方や表現を変える」ことで、より高度で自然な会話のキャッチボールができるようになったと留学生5が述べているように、日本語母語話者との交渉の中で、言語および非言語コミュニケーションに関する文化的な違いを複合的に理解し、交渉を通して共通の理解を得るために、自身の意図が最も正確に伝わる表現を選び言葉を交わすことができているケースも確認できた。出口・八島（2009）の調査では、協働活動の参加者が共通の目標をもつことで言語能力の差異を乗り越えようと努力し、コミュニケーションを成立させる過程が示されているが、今回の協働プロセスの検証からも同様の学びが認められた。

表３　国際共修の協働活動を通して得られた学び

学習者		学びの振り返り		コンピテンシー分類
		課題の認識	行動への反映	
国内学生	1	・インドネシアでは自国名をインドと略すが、日本でのインドはIndia。海外の人は嫌な印象を受けることを知った。自国語であっても使う相手により配慮が必要であるということを学んだ。		2
	2	・多様な言語・文化の人たちとの議論の進め方はいろいろあることを実感。みんなが順番に意見を言う、焦点を絞って発言したい人が意見を言うスタイルなど。		3
	3	言及なし		
	4	・すでに議論した内容について留学生が質問をしたり、質問を投げかけてもリアクションがないなど、言語が障害となり意思疎通が図れていない。 ・言語の習熟度が低いと本当は熟考したうえでの意見でも単純化され浅く聞こえる。 ・議論のスピードについてこれず黙ってしまう留学生もいる。 ・他のメンバーが留学生の課題に気づき歩み寄ることが大事。 ・グループ内のリーダーシップも重要。	・再度わかりやすく説明。 ・留学生によって日本語の習熟度が異なるということを理解したうえで、最初のミーティングで自己紹介や日常会話、テーマディスカッションの導入部分などをカジュアルに話し合い、その中で留学生の習熟度を見極めそれに応じたレベルで話す。 ・Google Docで同時並行的に議事メモを取り、皆が見返せるようにした。 ・留学生が黙ったときは、英語で話してみたり、君はどう思う？と考える時間をとることにした。	4
	5	・聞く場面では特に海外学生は自分の発言が伝わっているか不安に感じることが多いと思われた。 ・わからないことがあったら声をかけてねでは不十分。	・会話を通じて海外学生のレベルを考え、既に理解していると思われる語彙や言い回しを織り交ぜて話すようにした。その際は語彙の意味やよく使われる場面、例文などを軽く提示し、海外学生の日本語学習にも貢献できるよう工夫した。 ・質問、確認、賛成、反対などのクイックレスポンスをして沈黙を作らないよう意識した。 ・議事録を英語やひらがなで補完したり、できるだけ短文で簡潔にまとめる努力をした。 ・ここまで大丈夫？と確認や質問の時間を設けたり、毎回の意見交換の後、リーダーが個別メッセージを海外学生に送り、今日は大丈夫だった？などと確認する。	4
	6	・正直な話、日本語の需要なんてあるのかな、と思っていた。日本に留学しているわけでもない海外学生が、一生懸命学習している姿に勇気づけられた。		該当なし

	7	言及なし		
	8	・第二外国語である日本語を巧みに操る留学生の存在は挑戦することへのモチベーションを与えてくれる。	・英語学習へのモチベーションが高まった。	該当なし
	9	・留学生がディスカッションについてこられていないのではないかと心配になることがあった。	・日本語を母語としない留学生のために文章や構成をわかりやすく工夫した。 ・自分が調べてきたことをグループで共有する際、人によって認識が異なることのないような易しい言葉を選んで簡潔に伝わるよう気を付けた。	3
	10	・日本語がうまく伝わらなかった。	・カメラを前に一人でボディランゲージをすることに抵抗があった。効果的にジェスチャーが使えなかった。	2
	11	・日本語がわからない留学生がいた。	・英語を交えながら助けた。	3
	12	・オンサイトだと自分が話しているときに見られることが予想されるが、オンラインだといつみられているかわからない。日本語母語話者の自分でさえプレッシャーなのに、留学生はもっときついのではないかと思った。		2
	13	・留学生にどの程度簡単な日本語を使うべきか、わかっていない様子の時にどのように対応すべきか、言葉が拙い人と意見を交わすときにはどうすればいいかなど悩んだ。	・相手を尊重する気持ちをもちそれを行動、表情や言葉で示すことで相手との信頼関係を築く、それを土台として意見交換を行うことが大事だということを体得した。	3

留学生	1	・様々な発表トピック、課題、グループでの話し合いのために調べる必要がある。日本語で考えながら話すので、複雑な事柄を説明できない。 ・対面であれば、自分が日本語を話すときに皆が一斉に注目するので留学生は緊張しプレッシャーを感じる。オンラインだとそれがないため緊張の緩和につながる点はよい。	・日本語で検索したり、英語や母語で調べたことを日本語に翻訳したりするうちに語彙を習得することができた。 ・調べ学習を発表することで、日本語での発話に自信がついた。	3
	2	・日本語を毎回の授業と授業外ミーティングで使うため、日本語を話すことに対する恐怖感が薄らいだ。	・うまく言えない時はゆっくり話せば、理解してもらえるということが分かった。	3
	3	・日本語を話す機会があまりなく自信がない。	・毎回、ディスカッションがあり、参加できるよう努力したため、日本語のコミュニケーション力が上がった。大勢の前で話す力も付いた。自国にはこのような授業がないのでとてもよかった。	3
	4	・日本語にコンプレックスがあり、以前は人前で話すことに自信がなかった。	・グループで勇気を出して話したときに私の下手な日本語も皆が理解してくれた。勇気を出すとそれを受け入れてもらえることが分かり、気楽に意見を述べることができるようになった。	3

	5	・自分が話す日本語が本当に日本人に受け入れられるか自信がなかった。	・適切な日本語を使うための調整ができるようになった。自分が話した日本語に対する日本人の反応を見て、言い方や表現を変える、という実験を繰り返し、自分の話し方がより適切に受け入れられる場所を探す能力が身についた。	4
	6	・コロナで精神が病んでいる中、ディスカッションにもあまり参加できず苦しかった。	・グループの人たちはいつも優しかった。プレゼンの原稿を直してほしいと呼び掛けた時も手伝ってくれたばかりか、グループ全員が私の仕事をとても誇りに思うと言ってくれ、自分でも知らない間に日本語で書く力がついたことに気づかされた。	3
	7	・日本人と日本語を話す機会があまりなかったので、自分の語学力に自信がなかった。	・日本語運用能力を上げることができた。授業外のZoom会議はリスニングの絶好のチャンスで、話すことにも自信が持てるようになった。	2

4. 教員によるファシリテーション

学習者中心のアクティブ・ラーニングを多用する国際共修授業では、教員はファシリテーターとして、学び合い活動を支援する適切な情報提供やタイムリーな助言を、TPOに合わせて行なわなければならない（末松, 2019: 249）。学生が一定の目的意識をもって議論に臨めるよう、テーマに沿った発展的な質問を準備したり、各グループで話し合った内容を全体で共有する際に学生のメタ認知に働きかける「問い」を投げかけたり、また、課題に対する建設的なフィードバックをしたりすることもファシリテーションに含まれる。ここでは、前節で検証対象とした学生の最終レポートに再度、目を向け、教員のファシリテーションに対する授業履修者の気づきや学びを紹介する。レポート作成時に、教員とのやりとりに関連した学びの振り返りを特に求めたわけではないため、関連する記述は少ないが、4名の国内学生が教員のファシリテーションに対して自身の共修活動への向き合い方を見直している。

表４　教員によるファシリテーションと学び（国内学生）

学習者	教員によるファシリテーション	学び
6	どこか一つの国を悪く言うような発表はなしと担当教員が言っていた。	冗談で言った一言が海外学生の日本へのイメージをマイナスにしてしまう危険性に気づき発言に注意するようになった。
8	同じ日本語話者であっても正確に伝わらないこともあると担当教員が言っていた。	一歩引いて、自分が話す中身や書いた文書を第三者の立場で見直し、全体を俯瞰して物事を考えなければならないことに気づいた。
10	強い意見を持った頑固なチームメートに声を荒げそうになった。他のチームメンバーも匙を投げており、意見を聞いても反応がなく、孤独感を覚えた。教員に相談し、一人一人に個別に意見を聞いてみてはとアドバイスを受けた。	一人一人に連絡を取ると、皆、いい意見を言ってくれた。だんだん関心を持ってくれるようになり、最終的には発表の準備が円滑に進んだ。強い意見を持っていたメンバーとも最後は分かりあえた。
12	自分の働きを他者の視点から考慮する点が欠けている、実際にうまく言語化できずフラストレーションを抱えている学生がいることを考えてみたらと、レポート上のフィードバックで教員に指摘された。	最終発表に向けた準備に反映させた。まずメンバーにそれぞれが調べてきたデータに基づき自分なりの意見を述べてもらい、そこからグループとしての結論を導いた。それにより、言語の習熟度によって埋もれてしまう可能性のある意見を全員で確認し、皆が納得のいく発表を行うことができた。

5.　おわりに

世界を震撼させた新型コロナウィルス感染拡大が契機となり、これまで当たり前であった対面による意味ある交流がバーチャル空間に移行した。筆者のオンライン国際共修授業を履修・聴講した学生にオンライン活動について授業後のアンケートで意見を聞いているが、国・地域間の移動が制限される環境下でも交流できるオンライン活動の利便性を評価しつつも、大半はコンピューターの画面越しの交流に戸惑い、対面での交流に勝る要素を見出せずにいるようである。この中には、オンライン交流や協働学習の経験が乏しく、不慣れな活動に抵抗を覚えた学生も含まれる。経験を重ね、オンライン活動の習熟度が上がるにつれて、違和感は軽減され、また、インターネット技術のさらなる進化でオンライン交流の不自然さもしだいに解消されるであろう。対面学習が再開しても、ニューノーマル時代の一つの学習形態としてオンライン国際共修は生き残り、留学したくても経済的な事情などで望みが叶わない学生、漠然とした関心から現実への一歩を踏み出せない学生など、これまで留学とは縁がなかった新たな層へと対象を広げ、新たなジャンルを築くことがすでに多くの国際教育関係者に指摘されている。対面であってもオンラインでも、学習者が何を学び、どのように成長するのか、またそれをどのように測るのか、つまり学習成果（Learning Outcome）と検証（Assessment）にこだわる教育実践と研究の重要性は変わらない。基本に忠実であることを大前提に、コロナ禍で蓄積した経験と知力で国際共修の新展開に備えることが重要である。

　国際教育交流のオンライン化により、高等教育のグローバリゼーションはさらに進展するであろう。大学はこれまで以上に国際競争にさらされ、教員はそのティーチング・スキルが世界基準で評価される。これまでは、留学生の物理的な受け入れや授業参加が中心であったため、学習到達目標、コンテンツ、課題、評価などの授業設計や、ファシリテーションなどの授業マネジメントに疑問を感じながらも、郷に入れば郷に従え、と目をつぶってくれていたり、授業には満足せずとも、好きな日本での生活全般と天秤にかけ、学習活動の質の追及を諦めてしまったりする留学生は一定数、いたであろう。しかし、ニューノーマルにおいては、オンライン展開によりこれまでうやむやになっていた課題が可視化され、教員のティーチング・スキルや、教育の質をモニタリング・保証すべき大学が、世界標準で評価される。学生は既修者の体験談や評判を参考にし、ワンクリックで世界に散らばる学び舎を自由に選択し、履修・聴講する授業が自身の学びや成長に有益か、を主眼に学習の継続を検討する。我々は、これまで以上に、世界に通用する知識を積み上げ、それを効果的に伝える技能を磨き続ける必要がある。特に、学生間の意味ある交流をオンラインで展開する国際共修実践者は、日々、進化する ICT 技術の習得も含め、授業デザインやティーチング力の向上、継続的な効果検証の実施、さらなる授業改善と、PDCA を効果的に回しながら、教育の質の維持・向上に努める必要がある。これらを試練と捉える見方もあるが、実は国際共修の発展における好機でもある。オンライン国際共修の質の向上を狙った研修が国内外の学会・協議会、また大学で多数、開催され、大学や学際的なバウンダリーを越えた相互研鑽が活発化しており、共同教育を推進するための国際的なネットワークも飛躍的に拡充している。この混乱期を通して得た学びや成長が、国際共修の新展開につながることを大いに期待したい。

参考文献

末松和子 (2019)「はじめに」末松和子・秋庭裕子・米澤由香子(編著)『国際共修―文化的多様性を生かした授業実践へのアプローチ―』東信堂, i–iv.

出口朋美・八島智子 (2009)「国際ボランティア・プロジェクトにおける異文化間相互作用の分析―相互理解をめざした対話プロセス―」『多文化関係学』6, 37–51.

米澤由香子 (2019)「国際共修―開発と発展の背景―」末松和子・秋庭裕子・米澤由香子(編著)『国際共修―文化的多様性を生かした授業実践へのアプローチ―』東信堂, 4–29.

Arasaratnam, L. A. & Doerfel, M. L. (2005) "Intercultural Communication Competence: Identifying Key Components from Multicultural Perspectives." *International Journal of Intercultural Relations*, Vol.29, No.2, 137–163.

Association of American Colleges & Universities (n.d.) "Intercultural Knowledge and Competence VALUE Rubric." https://www.aacu.org/sites/default/files/files/VALUE/JapaneseVALUERubrics.pdf, pp.61–66, 〈2020 年 12 月 14 日アクセス〉.

Beelen, J. & Jones, E. (2015) "Redefining Internationalization at Home." In A. Curai, L. Matei, R. Pricopie, J. Salmi & P. Scott (eds.), *The European Higher Education Area: Between Critical Reflections and Future Policies,* Dordrecht: Springer, 67–80.

Deardorff, D. K. (2006) "Identification and Assessment of Intercultural Competence as a Student Outcome of Internationalization." *Journal of Studies in International Education*, Vol.10, No.3, 241–266.

Fantini, A. E. (2009) "Assessing Intercultural Competence: Issues and Tools." In D. K. Deardoff (ed.), *The SAGE Handbook of Intercultural Competence*, Thousand Oaks, CA: Sage, 456–476.

Leask, B. (2015) *Internationalizing the Curriculum*, Abingdon, England: Routledge.

第9章

コロナ禍で留学希望の学生をどう支えていくか

オンライン国際交流にみる可能性と課題

秋庭裕子

1. はじめに

2020年2月下旬頃から、日本でも新型コロナウィルス感染拡大が深刻化し、国内の多くの大学と同様、所属大学でも3月末にオンライン授業への全面移行が決定した。これに合わせて、オンライン授業準備を行なうこととなり、授業開始時期も4月から5月に変更となった。世界規模での新型コロナウィルス感染拡大によって、所属大学の協定校に派遣留学していた学生達も留学半ばにして帰国を余儀なくされ、4月来日予定の交換留学生は100名近くを予定していたが数名が来日するだけとなった。そして、2020年9月の秋学期入学の交換留学生はゼロとなった。学内海外派遣留学制度で内定をもらっていた学生達も海外留学ができなくなり、念願の海外留学を断念して就職活動をするべきか、留学のチャンスを待つべきか、色々と悩んでいる。そんな先輩や友人達を見て、海外留学をしたいと漠然と思っている学生はどのような日々を送っているのだろうか。派遣留学制度に申請する前から留学を諦めてしまうのだろうか。そして、このような危機的状況下で、教育者として、海外留学を志望している学生をどのように支えていけるのだろうか。

本章では、筆者が海外留学を希望する学生向けに開講している「海外留学スキルトレーニング」の2020年度オンライン授業の取り組みを紹介する。本授業では、グループプロジェクトとして、学内にいる留学生（主に交換留学生）にインタビューを実施してきた。しかし、コロナ禍のため2020年4月来日予定の交換留学生が激減し、従来のプロジェクトの実施が困難な状況となったため、学生交流協定校であるM大学（豪州）に協力いただき、現地の日本語専攻の学生達にインタビューをするというグループプロジェクトに変更した。これらの経緯も含めて、留学したくてもできない学生をどう支え、教育的仕掛けを行なったのか、2020年度のオンライン授業の取り組みを概観し、国際教育の可能性について考察する。

2. 理論的背景

2.1 新型コロナウィルス感染拡大が国際教育に与えた影響

新型コロナウィルスの世界的な感染拡大は、国際教育のあり方自体にも大きく影響を与えている。日本でも、2020年前半から実質的な学生交流（短期、長期を含む）は停滞した状態にあり、世界的に見て、パンデミック前と同様の学生交流に回復するまでには5年はかかるといわれている（Marginson, 2020）。それだけ、国際教育や大学の国際化が学生の国際移動に過度に依存した形で進んでいたともいえる。

学生の国際移動が停滞している今、改めて国際教育のあり方、その提供の仕方が模索されている。まず、このパンデミックによって、人的移動が制限されたことで、国際教育分野においてもICTを活用した遠隔教育の開発・提供が著しく進んだ。今まで対面の授業を当たり前としていた日本の大学でも、オンライン授業が行なわれるようになり、対面とオンラインを交えたブレンディッド・ラーニングの普及も議論されている。パンデミック前には考えられなかったことである。今では、学生達が海外の協定校に留学することなく、日本から協定校のオンライン授業を履修したり、オンラインの短期研修に参加したりするなど、人的移動を伴わない国際教育の機会が提供されている。また、海外の大学の学生達とのオンライン交流、ジョイントプロジェクトの実施など、ICTを活用した国際教育の新たな取り組みや学生の学びに対する可能性も今まで以上に広がっている。

このようにコロナ禍で拡大したオンライン教育の普及は、国際教育に様々な可能性をもたらした。まず、人的移動を伴わないため、コロナ禍でも安全を確保できるうえに費用面での負担が軽減される。また、非同期型（例：事前に録画した講義）・同期型の学習機会を提供することで、時差の問題も解消され、学習者が学習時間を柔軟に選択することができる。その一方で、オンラインによる国際教育の課題も浮かび上がっている。突如オンライン授業に移行せざるを得ない状況であったため、多くの教員が授業の質を保証できるほど、オンラインでの教授法やICTに長けているとは言い難い状況である（Altbach & de Wit, 2020）。特に、オンラインによる国際教育では、ディスカッションやグループワークといったアクティブラーニングの学びを促す教員のファシリテーション能力も問われる。また、対面の授業とは違い、オンライン授業以外での学生同士の交流機会も限られている。そのため、教員も意図的に授業外の時間にグループプロジェクトの準備時間を入れるなど、交流を促進する教育的仕掛けをする必要がある。

今後、新型コロナウィルス感染症が収束して、人的な国際移動を伴う国際教育が復活した時、海外留学の意義と役割を再考することにもなるだろう。オンラインによる学習機会の提供と国際交流が進むなかで、敢えて海外まで行って学ぶべきことは何なのか（海外留学の学習成果）、なぜ行く必要があるのか（海外留学の動機）。国際教育を支える関係者は、これらを意識的に明確にしつつ、海外留学自体を目的化しないことによって（太田, 2021）、学生の多様なニーズに沿った国際教育の機会を幅広く提供できると考える。

2.2　国際教育の学びを促す教育的アプローチ「国際共修」

学生の文化的多様性を生かし、自文化を超えて、他文化・他者理解を育むためには、学生の知的活動を適切に導く教員による教育的な促しが求められる（Yershova, DeJaeghere & Mestenhauser, 2000）。そうすることで、社会事象や課題に対して自文化と他文化を相互作用させる認知能力と、それを支える知的能力の両方を育成することが可能となる。末松（2019）は、その教育的手法である「国際共修（intercultural collaborative learning）」を、日本の教育事情に合わせて、以下のように定義している（p.iii）。

言語や文化背景の異なる学習者同士が、意味ある交流（meaningful interaction）を通して多様な考え方を共有・理解・受容し、自己を再解釈する中で新しい価値観を創造する学習体験を指す。単に同じ教室や活動場所で時間を共にするのではなく、意見交換、グループワーク、プロジェクトなどの協働作業を通して、学習者が互いの物事へのアプローチ（考察・行動力）やコミュニケーションスタイルから学び合う。この知的交流の意義を振り返るメタ認知活動を、視野の拡大、異文化理解力の向上、批判的思考力の習得、自己効力感の増大などの自己成長につなげる正課内外活動を国際共修とする。

国際共修は、単に留学生と国内学生が同じ教室で過ごしたり、プロジェクトに取り組むだけでは成立しない。相互理解や多様な価値観に対する学びを促すには、そのような学びが生まれる意図的な教育的仕掛けを入れ込まなくてはならない。しかし、事前に準備した教育的仕掛け（グループ分け、ガイドラインの提示等）だけではなく、予期せぬ授業展開に備えた教員の柔軟性やファシリテーション能力も不可欠である。

国際共修の実践例と研究から、国際共修は、学習者の異文化理解を深め、コミュニケーション能力を向上させ（中野, 2006）、自文化への理解にもつながることが分かっている。また、国内学生の関心を異文化に向かせることで、海外留学の動機付けにもつながる効果がある（堀江, 2017）。

筆者が担当した「海外留学スキルトレーニング」の授業では、留学を志す学部生を対象としているため、国内学生が多くを占める。授業対象者だけを見ると「国際共修」の教育的手法である留学生と国内学生を意図的に混ぜるという点とは異なると思われるかもしれない。しかし、文化的多様性という点では、国籍に関係なく、学生それぞれが文化的多様性をもっていると捉え、学生達を意図的に混ぜてグループで交流したり、プロジェクトを行なうように設計した。このようなグループワークを通じて、学生達は留学したいという共通の目的を分かち合いながらも、その留学動機と今までの経験は様々であることを理解することができた。そのうえで、海外の大学生と交流する機会としてインタビュープロジェクトを取り入れた。このインタビューを通じて、海外留学の動機がさらに明確となり、コミュニケーション能力、海外への関心、多文化理解の向上につながるよう、授業の学習成果を位置付け、授業設計を行なった。

3.　プログラムデザインの概要と指導の留意点

筆者が所属する大学では、2020 年初旬にオンライン授業への全面移行が決定したことに伴い、授業担当者は①オンデマンド配信、②ライブ配信、③ハイブリッド（①と②の混合）型配信の三つの授業形態からいずれかを選択し、学生に提供することとなった。「海外留学スキルトレーニング」の授業は、それまで 20 名弱の少人数のクラスで、留学に関心のある学生がお互いに刺激し合えるアクティブラーニング型の授業を対面で実施してきた。そのため、オンライン授業でも、学生同士が学び合える環境となるよう、同期型である②ライブ配信の授業を Zoom で行なった。課題レポートの提出、授業で使用するパワーポイント資料、連絡事項等は、対面授業の時と同様、ラーニング・マネジメント・システム「manaba」を通じて行なった。

授業開始が 1 か月遅れの 5 月となり、春夏学期が 15 週から 10 週に短縮されたため、オンラインという授業形態だけではなく、授業期間の短縮も含めて、授業の内容を再考することになった。授業内容の変更にあたり一番悩んだのが、インタビュープロジェクトの対象者である。

本授業は春夏学期（４月～７月）開講科目であるため、通常であれば 4 月に入学する交換留学生を対象に、インタビュープロジェクトに協力できるボランティアを募集してきた。しかし、2020 年度は 4 月に来日する交換留学生が数名まで激減し、本授業内のプロジェクトの協力者となる留学生を探すのが難しく、インタビュープロジェクトも含め、シラバスの大幅な変更を考えていた。そんな矢先、協定校の M 大学（豪州）より、日本語専攻の学生達とオンラインマッチングによる Language Exchange（ 1 週間に 1 回程度の会話練習）のため、日本人学生を紹介してほしいとの提案があった。海外の大学で日本語を専攻している現地学生達も、交換留学で来る予定だった日本人留学生が入国できなくなり、対面での日本語の練習や交流ができなくなっていた。これを受けて、筆者と M 大学の関係者とのオンラインミーティングを設定し、授業開始前にお互いのニーズと状況について話し合った

（表 1 ）。豪州と日本では時差が 2 時間しかなく、学生達もオンラインで交流しやすいのではとの結論に至り、初の試みとして連携することになった。

表 1　オンライン授業開始前の M 大学関係者との話し合い

	所属大学（筆者）	M 大学（関係者）
対象者	・授業「海外留学スキルトレーニング」受講生	・日本語専攻の現地学生
目的	・「海外留学スキルトレーニング」のインタビュープロジェクト協力者を探す	・Language Exchange を通じて、日本人学生と日本語で話す機会を作る（課外活動・単位なし）
学生の興味・関心	・海外留学	・日本語・日本文化 ・日本留学
懸念事項	・授業のインタビュープロジェクトの時期と現地の学年暦が合うか	・学期中、毎週時間を調整して話せるか ・学生のモチベーションが継続するか
その他・連携のメリット	・現地学生と大学生活などの話ができる ・授業のインタビュープロジェクトが話のきっかけにもなる	・日本の学生生活について話ができる ・会話の話題を少しでも広げて、日本語能力を向上させる

M 大学関係者との話し合いから、インタビュー対象者の目処もつき、学生達によるインタビュー可能な時期も分かったため、オンラインの授業 10 週分の計画と内容を設計することができた（表 2 ）。

表２　2020 年度「海外留学スキルトレーニング」授業デザイン（10 週分）

週	授業内容	授業内容備考	その他（授業外）
1	本授業のオリエンテーション、自己紹介、グラウンドルール作り	・シラバスについて説明 ・M 大学の Language Exchange オンライン申込みについて案内	M 大学の Language Exchange への申し込み（オンライン）
2	自分がしたいこと、自分が望む留学の形とは？	・所属大学が提供している派遣留学制度、短期海外研修について説明	M 大学関係者による、現地学生と所属大学の学生とのマッチング
3	日本の大学と留学先の大学についてⅠ（事例：アメリカ）	・課題図書 *U.S. Classroom Culture* を読んでディスカッション	M 大学から学生への、マッチング結果の通知
4	日本の大学と留学先の大学についてⅡ（事例：アメリカ）	・課題図書 *U.S. Classroom Culture* を読んでディスカッション ・派遣留学経験者２名による話＆質疑応答 ・課題：*U.S. Classroom Culture* に関する感想文とグループプロジェクトの希望テーマ（複数）の提出	M 大学の学生と１対１のオンライン言語交流の開始（７月末まで）
5	インタビュー調査の基本的手法について	・インタビュープロジェクトのグループ（テーマ、メンバー）の発表 ・グループ課題「インタビューの質問案を考える」	M 大学の学生とオンライン言語交流
6	オンラインでのインタビューを練習してみる	・質問案に基づきパイロットインタビューをし、質問を再検討	
7	グループプロジェクト（インタビューセッション）	・M 大学のパートナー学生他にインタビュー実施	M 大学の学生とオンライン言語交流＆インタビューの実施
8	インタビューの結果発表・シェアリング	・インタビューの結果発表と質疑応答	M 大学の学生とオンライン言語交流
9	文化によるコミュニケーション・スタイルの相違、異文化間コミュニケーションⅠ	・高コンテクスト、低コンテクスト、非言語コミュニケーション、D.I.E. メソッド等の理論他	
10	異文化間コミュニケーションⅡ、本授業のまとめ	・アサーティブコミュニケーション ・自分が考える留学計画をシェアし、お互いの強み・長所を共有するワーク ・最終レポート「自分の特性を生かした留学計画」の提出	M 大学の学生とオンライン言語交流（最終週）

今までの対面による授業（15 週）では、講義（学内外の留学情報、異文

化間コミュニケーションの概論、インタビューの技法・質問の立て方)、交換留学を経験した先輩学生による話題提供、異文化間コミュニケーションの具体的ケースのディスカッション、中間プロジェクト(交換留学生へのインタビュー)の発表とグループペーパー、最終課題は、個人のリフレクションペーパーを課し、授業を組み立ててきた。2020 年度はコロナ禍で 10 週に短縮されたため、講義部分、特に異文化間コミュニケーションの概論を大幅に凝縮して提供した。

課題図書として、*U.S. Classroom Culture* の冊子を使って、授業内での議論や異文化間コミュニケーションのケース分析を行った。同冊子は、アメリカの国際教育交流専門職団体 NAFSA による出版物で、アメリカに留学予定の学生向けに作成されている。アメリカの教育制度から大学の授業スタイルまで幅広く網羅されており、欧米圏と日本との学習スタイル、コミュニケーションスタイルの違いを学ぶうえでも、大変有益な教材である。

2020 年度本授業の設計にあたり、担当教員として、本授業を通じて、①留学を希望する学生が、いつ行けるか分からない留学に対して、コロナ禍でモチベーションを維持できるようにするためにどのようにサポートできるか、ということを考えた。また、学生にとっても教員にとっても初のオンライン授業となるため、②オンラインという慣れない授業環境で、学生がどうやってお互いを尊重し、安全な場づくりができるか、ということも考慮した。これら二点の留意点に対し、具体的な教育的工夫を以下に基づいて行なった。

① 留学希望の学生がモチベーションを維持できるようサポートする

①-1. 派遣留学を終えて帰国した学生達の留学生活の具体的な話を聞く(第 4 週)

第 3、4 週で、課題図書を読んで日本と海外の大学(本授業では米国の事例)の学習スタイルや授業形態の違いを意識したうえで、派遣留学を終えて帰国した学生 2 名にゲストとして留学経験談を共有してもらった。留学に向けた準備、新型コロナウィルス感染が世界的に拡大するなかで、2020 年初旬に急遽帰国を余儀なくされた学生達が、どのような留学生活を送っていたか。そして現在、自宅から派遣留学先のオンライン授業を受講している状況について具体的に話していただき、質疑応答でも多くの質問が挙がった。

①-2. 協定大学（M 大学）の日本語専攻の学生達へインタビューを実施する（第 7 週）

学生は、Language Exchange を通じて、M 大学の学生と週 1 回日本語で会話練習をして仲良くなった頃に、グループプロジェクトで、豪州の大学の授業スタイルや大学生活、コロナ禍での生活についてインタビューをし、海外に留学したいという思いを維持または高めることができるように授業を設計した。そのため、事前にグループプロジェクトで取り上げたいテーマ（複数・自由記述）を学生に提出してもらい、希望のテーマに沿ったグループ分けをした。テーマは、学生生活、キャリア、日本人へのイメージ、語学の学習方法という四つに分かれた。

M 大学の Language Exchange の申込み時期を逃した学生（1 名）には、筆者が春季海外研修（派遣）で連携しているマレーシアの大学関係者に、本研修の現地バディをしていた学生を紹介してもらった。また、四つのグループのうち、一つのグループは、M 大学の Language Exchange に申し込みつつ、居住している大学寮の留学生に協力してもらい、本授業のインタビューを実施した。

② オンライン授業における安心安全な場づくりを心がける

②-1. グラウンドルールを作る（第 1 週）

グラウンドルールは、教員があらかじめ設定するというより、グループワークの活動方針を決めるプロセスに学生も加わることで、グループワークに対する関与度を高め、ルールを意識し、実践することに対する責任感を強めることができる（Barkley, Cross & Major, 2005）。本授業も、グループワークやディスカッションを多く取り入れているため、グラウンドルールを作成する時間を設けた。対面授業と同様、第 1 週の授業のアイスブレイキングとして「授業内で尊重したいこと “安心安全な場づくり”」というテーマで、学生は小グループに分かれてグラウンドルールを検討し、発表した。学生自ら考えて決めたグラウンドルールをお互いに尊重できるように、毎回授業冒頭で見せてから、オンライン授業を行なった（図 1）。

授業内で尊重したいこと"安心安全な場づくり"
（みんなで作ったグラウンドルール）

- 相手の名前を覚える、名前で呼び合う。
- 遠慮せず、積極的に発言する。
- はっきりと、大きな声で話すことを意識する。
- ジェスチャーを多めに話すことを意識する。
- 発言を尊重する。
- リアクションを大事にしよう、オーバーにしよう。

図1　第1週の授業で学生達が考えたグラウンドルール

また、グラウンドルール「ジェスチャーを多めに話すことを意識する」に追加する形で、手の動きが分かるように、できれば上半身（肩から上）が映るようにと学生に伝えた。コミュニケーションにおいては、手や表情から非言語で伝わる部分が大きいためである。また、今後、ハイブリッド型（対面とオンラインの併用）が主流になり、就職活動やインターンシップの面接もオンライン面談が普及する可能性もあるため、この授業で慣れておいてはどうかと伝え、学生達がオンラインに慣れるよう促した。

②-2. スモールトークの時間を設定する

第2週以降の授業では、授業の冒頭でZoomのブレイクアウトルーム機能を使って、2人または3人のグループに分かれて、スモールトーク（5分弱）の時間を設けた。スモールトークは、授業や会議前に気軽な話題で話をすることで、相手との関係性を構築するための潤滑油的役割（oil the social wheel）を担う（Holmes, 2005）。スモールトークで気軽に話す機会を設けることで、できるだけ多くのクラスメートと話し、顔を覚え、安心してオンライン授業に参加できることを意識した。また、海外に留学した場合、初めて会った人とスモールトークをする機会が多いため、「引き出しを多くもっておくように、今から練習しよう」と学生達に伝えた。

授業設計の際には、学生達は学期後半までには12名のクラスメートの顔と名前を憶えていることを想定し、スモールトークは学期前半のみ実施する予定だった。しかし、第4週に*U.S. Classroom Culture*の感想とともに、授業のリクエスト・改善点について学生に意見を聞いたところ、「ブレイクアウトで、少人数で話せるのがいい」、「人と話す機会がないから嬉しい」、「他の学生と留学について具体的に話ができるので刺激になる」という意見が挙がった。これらの意見から、オンライン授業に変更となり、人と会う機会が制限されるなか、スモールトークは留学のモチベーションを維持することにも役立つことが分かり、学期後半もスモールトークを継続した。

4.　協働プロセス―海外の大学の学生へのインタビュープロジェクトに向けて―

M 大学で日本語を専攻している現地学生らへのオンラインによるインタビュープロジェクトの準備として、インタビューの手法（前年度の授業と同様）に関する授業だけではなく、オンラインのパイロットインタビューとして、所属大学の留学生２名（大学院生）に協力してもらい、インタビューの練習も行なった。以下、M 大学の学生らへのインタビューの準備と実施、授業での発表も含めた、第５週から第８週までの授業内容を具体的にまとめた。

第５週：インタビュー調査の基本的手法について

目的：インタビューの手法、質問の立て方について学び、テーマに沿った質問を考える。

流れ：学生への事前アンケートから、学生生活、キャリア、日本人へのイメージ、語学の学習方法という四つのテーマ別グループに分け、グループメンバーの発表後、インタビューの手法について簡単な講義をした。その後、グループ内で、インタビューの目的を具体的に考え、質問を考える時間を設けた。M 大学のパートナーへのインタビューについては、できる限り時間を調整して、グループメンバー３名対 M 大学学生１名の構成で、計３名の現地学生にインタビューをして、授業内で発表するように伝えた。発表に含まれる内容、フォーマットについても授業内にガイドラインを示した。

第6週：オンラインでのインタビューを練習してみる

目的：グループで考えたインタビューの質問でパイロットインタビューを実施し、質問内容を修正する。また、半構造的インタビューを実際に行なってみて、クラスメートからアドバイスをもらう。

流れ：四つのグループを二つのブレイクアウトに分けた。二つのセッションに大学院留学生に1名ずつゲストとして入ってもらい、一つのグループ（3名）が、事前に考えた質問でゲスト留学生にインタビューを実施した。もう一つのグループはインタビューを観察し、終了後にアドバイスを行なった。役割を交代して、同じようにパイロットインタビューを実施し、アドバイスの時間を設けた（図2）。両グループによるパイロットインタビューを終えてから、それぞれのグループによる四つのブレイクアウトを設け、質問内容の修正に関する話し合いを行なった。

グループA
（質問をするグループ）

図2　オンラインでのインタビュー練習

第7週：グループプロジェクト（インタビューセッション）

目的：M大学の学生らに、グループでインタビューを行なう。

流れ：通常の授業時間、またはこの週のどこかで、各グループはM大学のパートナー学生らにそれぞれインタビューを実施し、翌週のインタビュー結果発表のPPTとレポートを作成した。

第 8 週：インタビューの結果発表・シェアリング

目的：グループインタビューの報告を行なう。

流れ：各グループによるインタビュー結果の発表（20 分）後、他の学生による質疑応答の時間（５分）を設けた。コメントについては、グループ毎にコメントシートを Google Forms で作成し、発表を聞きながら、教員と他の学生が記入するようにした。発表グループには、グループプロジェクトのレポートと、最終の個人レポート作成にあたり、コメントシートを参考にするように伝えた。

コメントシートには、5 段階評価で記入できる項目を五つ作成した。

① プロジェクトの目的と内容に一貫性があったか
② 聞き手にとって理解しやすい発表内容であったか
③ PPT は分かりやすかったか、見やすかったか
④ 話し手の身振り手振り、表情はどうだったか
⑤ グループとしてのまとまりはどうだったか

また、コメントシートの最後には、以下のような自由記述欄を設けた。

⑥ グループの発表についてコメントを書いてください。発表内容だけではなく、各発表者やグループについても気づいた点があれば、お書きください。
例：＊＊さんが表情豊かに発表していた。はきはきと発表していた。

自由記述欄には、例文からも分かるように、ポジティブ・フィードバックと呼ばれる手法に基づいて、グループ発表・個人の発表者の改善点、よかった点について、前向きな言葉で伸ばすような姿勢を心がけて、コメントを書くように伝えた。学生同士のフィードバックは、Google Forms を用いることで記入した個人が特定されないこと、ポジティブなコメントを書くという声かけをしたこともあり、自由記述欄には想定以上のコメントが寄せられた。

5. 成果物と評価方法

評価方法は、通常の対面授業の場合には出席点も評価に入れていたが、所属大学の方針として、インターネットの環境が不安定な学生もいる可能性があるため、オンラインの授業評価として出席はカウントしないこととなった。そのため、本授業の評価は、以下の通りとした。また、通常の15週の授業から10週になったため、課題の分量も従来の分量から調整した。

授業への積極的参加（課題の発表、質疑応答、授業内のクイズ）：50%
課題（グループインタビューのレポート）：25%
課題（最終レポート）：25%

グループインタビューのレポートは、インタビューをした学生の意見をグループでまとめて提出するものとした。最終レポートについては、①自分らしい具体的な留学計画、②本授業で学んだことを今後の留学準備としてどう生かすのか、③本授業の理論の学習やグループワーク等を通じて見つけた、自分の特性や強み、クラスメートに指摘された特性や強みを書き出す、という内容をまとめたレポートの提出を課した。③の「クラスメートに指摘された特性や強み」という部分は、グループワークのプロセスとグループ発表のGoogle Formsの自由記述欄、第10週（最終週）のお互いの強みを伝えるグループワークに基づいて記入するように伝えた。

6. 学生の声―グループプロジェクトの発表より―

本授業は、初めてオンラインでの実施であったため、毎週緊張の連続であった。学生も、初めての全面オンライン授業に戸惑っていたのではないかと思う。それでも学生達が留学したいという思いをもち続けるために、どのような教育的仕掛けをしたらいいのか、毎回苦心をしながら1学期を乗り切った。幸いにも、M大学の協力のおかげで、学生達は授業外でM大学の学生との言語交流を通じて仲良くなったことで、留学への意識が高まり、異文化に対する理解が深まっていたことが、グループプロジェクトの発表から分かった（図３）。

・Aさん（日本への留学を志望）

オーストラリアでは私たちは英語を通して十分異文化を体験できる。でも、非英語圏の国へ行けばオーストラリアの外の文化をもっとたくさん体験できる。だから私は日本に留学に行きたい

・Bさん（日本への留学を志望）

今は世界のどの国へ行っても英語は通じるけど、まわりに自分の母語とは違う言語を話す人しかいない環境に身を置くのは、一つの文化を体験するうえで意味のあること

インタビューしてわかったこと

- 彼女らには、「留学＝異文化を深く体験してくる場」という意識が明確にあった
- 多様な文化のもとで生まれ育った彼女らでも、自国の外にある異文化に触れようという意識が強かった

図３　グループプロジェクトの発表スライド

M 大学の学生の言語交流のパートナーとして、お互いの授業時間外で時間調整をするのが難しかったようだが、コロナ禍での大学生活など共通の話題を話すことで、留学に対する意識や好奇心をもち続けられるきっかけになったと考えられる。また、学生からは、授業内で学んだ異文化間コミュニケーションの理論を M 大学の学生とのオンライン言語交流で応用する機会

にも恵まれた、という意見もあった。以下、M 大学の学生との言語交流についての学生の感想を紹介する。

・外国語だからとミスを恐れずに話し続けて、表情やボディーランゲージも含めて相手に内容が伝われば万々歳という大きな気持ちでコミュニケーションをとっていくように心がけると、留学生のインタビューや M 大学の学生とも上手にコミュニケーションをとることができた。
・アジア圏での留学を視野に入れています。しかし、M 大学の留学生との交流や留学に行った先輩からの話を聞いて自然が多いオーストラリアの大学にも興味がわきました。
・M 大学の学生との交流も、留学の具体的なイメージもつかめるし、英語で話したりメールしたりすることに対して少しずつ抵抗もなくなってきている。今この状況を逆手に取り、基礎的な部分を最大限伸ばして、来る留学に備えたい。

また、グループプロジェクトも含めた学習活動を通じて、コロナ禍で留学をしたくてもできない学生同士が支え合い、自身の留学動機やイメージが高まったという意見が多く寄せられた。以下は、学生達が提出した最終レポートに記載されていた授業の感想（任意）からの抜粋である。

・私にとっていちばんの糧となったのは、留学を目指している人および経験者の意見を多くきけたことである。また、このコロナ渦中では留学が実現できるかわからず不安だったが、それも皆同じだと感じた。これは仕方がないことなので、今は自分のできることに専念しようと思った。その他にも学びは多く、楽しく授業に参加できて満足だった。
・この授業では、留学中に経験するであろう問題などについてクラスメートたちと授業中にディスカッションしたり、日本にいる留学生に直接話を聞くことによって彼らの実体験を自分の留学にいかしたりすることができたため、非常にためになる授業だった。
・オンラインで行われた本授業は思ったよりもスムーズで、クラスメートとの交流でも様々な話ができていい経験になりました。特に、他の人の留学に関しての意見を聞くことはあまりなかったので、とても視野が広がりました。

7.　おわりに―国際教育の可能性の広がり―

2020年の新型コロナウィルス感染拡大によって、突然の全面オンライン授業への移行となり、授業開始までの1か月間は、他大学関係者とのZoomによる練習や意見交換会、シラバスの修正を行なうことであっという間に過ぎていった。手探りでの初オンライン授業の取り組みではあったが、この混乱のおかげでZoomやその他のオンラインコミュニケーションツールを習得し、積極的に授業や学外の研修等で活用することができたのは、筆者にとって2020年の大きな収穫であった。

それと同時に、国際教育の授業実践者としてオンラインの課題も痛感した。まさに、Altbach & de Wit（2020）が指摘しているように、パンデミックのため急きょオンライン授業の準備を余儀なくされ、オンラインの教授法やICTに個人として精通していなかったため、オンラインの授業の質を保証できないことも実体験から分かった。国際教育の授業実践者も、筆者と同様の実感をもった人も少なくないはずである。それぞれの経験を無駄にすることなく、国際教育担当者らで、関連学会、国際教育交流協議会（JAFSA）、国際教育夏季研究大会（SIIEJ）等を通じて、オンラインと対面の両方の長所を生かした、国際教育分野における教授法やファシリテーションを発展させていく必要があるだろう。

また、パンデミックを経て、国際教育が学生の国際移動に過度に依存した形で発展してきたことを見直すきっかけにもなったのではないだろうか。海外での異文化体験は、肌で感じ、体験するということに大きな意味があり、経験から気づきを促すうえで大変有効である一方で、経済的な負担や就職活動のタイミングで躊躇する学生も少なくない。このパンデミックによって、強制的に国際移動ができなくなった結果、オンラインによる国際教育の可能性が広がり、内なる国際化（Internationalization at home）やカリキュラムの国際化も今後進展すると思われる。de Wit（2021）が指摘するように、パンデミックの長期化で、遠隔教育にアクセスできるかどうかによって生じる教育格差、情報格差が一層顕著になるという懸念事項もあるが、この国際教育の危機といえる状況を機会（opportunity）と捉えて、国際教育の発展と可能性について今後も模索していきたい。

参考文献

太田浩（2021）「パンデミック下の教育国際化を考える」東北大学 Be Global Project 2020 年度シンポジウム「国際共修―新たな学びの環境を創り教育国際化を捉え直す―」発表資料（2021 年 2 月 19 日）.

末松和子（2019）「はじめに」末松和子・秋庭裕子・米澤由香子（編著）『国際共修―文化的多様性を生かした授業実践へのアプローチ―』東信堂, i–iv.

中野はるみ（2006）「異文化教育における留学生の役割」『長崎国際大学論叢』6, 55–64.

堀江未来（2017）「多文化間共修とは―背景・理念・理論的枠組みの考察―」坂本利子・堀江未来・米澤由香子（編著）『多文化間共修―多様な文化背景をもつ大学生の学び合いを支援する―』学文社, 1–33.

Altbach, P. G. & de Wit, H.（2020）"COVID-19: The Internationalisation Revolution That Isn't." *University World News*, https://www.universityworldnews.com/post.php?story=20200312143728370, 〈2021 年 3 月 1 日アクセス〉.

Barkley, F. E., Cross, K. P. & Major, C. H.（2005）*Collaborative Learning Techniques: A Handbook for College Faculty*, San Francisco: Jossey-Bass.

de Wit, H.（2021）"It's Getting Harder to Predict the Future of HE." *University World News*, https://www.universityworldnews.com/post.php?story=20210115105133419, 〈2021 年 3 月 1 日アクセス〉.

Eland, A., Smithee, M. & Greenblatt, S. L.（2009）*U.S. Classroom Culture*, Washington, DC: NAFSA: Association of International Educators.

Holmes, J.（2005）"When Small Talk Is a Big Deal: Sociolinguistic Challenges in the Workplace." In M. H. Long（ed.）, *Second Language Needs Analysis*, Cambridge: Cambridge University Press, 344–372.

Marginson, S.（2020）"Global HE as We Know It Has Forever Changed." *Times Higher Education*, https://www.timeshighereducation.com/blog/global-he-we-know-it-has-forever-changed, 〈2021 年 3 月 1 日アクセス〉.

Yershova, Y., DeJaeghere, J. & Mestenhauser, J.（2000）"Thinking Not as Usual: Adding the Intercultural Perspective." *Journal of Studies in International Education*, Vol.4, No.1, 39–78.

第10章

多文化間コミュニケーションの実践で培われる自己相対化能力

日米大学のCOIL共修活動から

石原紀子、関本　幸

1.　はじめに

本章では、日米の大学で外国語や多文化間コミュニケーションを学ぶ学生間の交流を促すことで、社会的なテーマに関する対話に主体的に携わる経験を提供し、その省察や分析を通して多文化理解や自己相対化能力を高めることを目的とした共修活動について分析する。

通常の授業では、外国語を有意義な意思疎通のために用いる機会が少ないこと、言語の習得が中心となり多文化理解に焦点が当たりにくいこと、多文化について学ぶ授業であっても机上の空論や省察に頼りがちであること、コロナ禍で留学や多文化交流の機会が減少していること等を踏まえ、共修活動を双方の授業に取り入れる体験型の学びを目指した。

2.　理論的背景

近年グローバル化は加速し複雑さを増している。国際的な政治経済の密接なつながり、文化の融合、人とものの移動、そして多くの情報が交錯するなかで、グローバルな視点をもった多文化間コミュニケーション力が必要になる（Sorrells, 2013）。2020年に世界を激変させた新型コロナウィルスによるパンデミックは、グローバル化された世界のなかで諸文化が密接に関わり合っている構造を如実に反映した。人々の移動や対面の交流が制限されるなかで、多文化の背景をもつ相手と情報通信技術を使って交流する重要性は急増したと言える。そしてこの傾向はポスト・コロナの世界にも根強く残っていくだろう。COIL導入はそのような背景を鑑みても有効な取り組みだと言える。

多文化間コミュニケーションをグローバルな視点から実践することで可能になる学びは、多面的な分析力を養う、感情・情動の変化に関する意識を向上する、そして社会正義を軸とした思考や行動を取る、等様々な要素がある（Sorrells & Sekimoto, 2016）。さらに、多文化間コミュニケーションを通して、相手との関わりのなかから自己のアイデンティティについて問い直したり、個人の立場を超えて、社会・文化・国という大枠のなかの自己の意味を探る機会にもつながる（Brooks & Pitts, 2016）。その過程で、自己・自民族中心主義に気づき、他者と共有する価値観や全く異なる考え方に触れることで思考に柔軟性が生まれる。また、ステレオタイプに陥ることを避けつつ文化が内包する多様性に関する意識を高めていくことができ、批判的かつ相対的に自己を分析したり、多文化交流において相手の文化背景等を考慮し、自己の文化やアイデンティティを交渉したり説明したりする等、より意識的にエージェンシーを発揮できる自己相対化能力（reflexivity）を磨くことができる（McConachy, 2018）。このように、文化を超えた共修は、文化的相違点・共通点や社会背景を踏まえて有効かつ適切なコミュニケーションを取る能力（intercultural competence）を養う機会になりうる（Deardorff, 2009）。

近年では、情報通信技術を媒体とした共修活動がintercultural competenceを向上させる可能性が言語教育やビジネス・コミュニケーションの分野で報告されている（Lenkaitis, Calo & Escobar, 2019; Swartz, Barbosa & Crawford, 2020）。特に、異なる文化の学生が情報通信技術を用いて交流すれば、軋轢が生じたり相手やその文化に関する偏見が深まったりすることもあるが、共修を注意深く組み立てきめ細かく指導することで、intercultural competenceの向上を促進できることも明らかになっている（Avgousti, 2018; Godwin-Jones, 2019）。ただし、具体的にどのような指導やカリキュラムが多文化に関する深い学びを導き出すことができるかは未だ明らかではない（O'Dowd, 2019）。そのため、筆者らが日米で担当する授業でも、多文化間コミュニケーション力を養うことで、地域に固有の背景を理解しつつ、グローバルな場で主体的に他者と関わる学生の育成を COIL によって実現したいと考えた。今回の共修活動は、日本と米国に関わる文化だけでなく、コミュニケーション学と応用言語学という二つの領域を跨ぐ試みも伴った。

3.　両大学のコースと COIL 共修の目的

本共修活動は、日米の大学生の遠隔での共修を促進するため米国教育協議会（ACE）と関西大学のグローバル教育イノベーション推進機構（IIGE）が主催し、米国大使館と文部科学省が協賛した Collaborative Online International Learning プロジェクト（以下、COIL）の一環として行なわれた。2020 年夏には新型コロナウィルス感染拡大の影響で日米間の留学が中止や延期になるなか、遠隔での学生交流や多文化理解の推進を図ることも主旨であった。

2020 年 6 月、両大学の教員および職員各 3 名が参加したチームが編成され、ACE と IIGE の主催する数回の遠隔研修を通して相互の教員の授業について学び合い、どのような共修が可能であるか検討した。様々な授業が国際共修の候補となったが、相互の授業内容において多文化理解が鍵となっていた M 大学（アメリカ）の Advanced Intercultural Communication のクラスと H 大学（日本）の英語の授業が選ばれた。この二つの授業を担当した筆者らは電子メールや Zoom により綿密に連絡を取り合いながら連携を重ねた。二つの授業の概要は表 1 の通りである。

表１　共修活動の概要

	日本側	米国側
1．機関名	H 大学	M 大学
2．学生の所属学部	文学部英文学科 2 年生（19–20 歳）	コミュニケーション学部、大学院（20–50 代）
3．参加人数	12 名	10 名
4．科目概要	内容中心型学習（CBI/CLIL）にて英語および世界の社会活動について英語で学ぶ	文化とコミュニケーションのつながりをグローバルな視点から学ぶ
5．共修の目的	英語話者のパートナーと知り合い英語で人間関係を築く。社会的テーマについて個別に下準備したうえで英語での深いコミュニケーションを図り、授業にて発表してさらに共修を深める。	日本在住のパートナーと文化交流を実践し、観察力・分析力・自己省察力、そしてコミュニケーション力を高める。
6．単位認定の有無	有（COIL を含む英語活動全般）	有
7．共修の実施期間	秋学期の 14 週間	秋学期のうち約 8 週間
8．オンラインツール	Zoom、Google Docs、電子メール、SNS	Zoom、D2L、電子メール、SNS
9．共修形式	2–3 名のグループワーク、インタビュー、授業内での発表・相互フィードバック・省察	2–3 名のグループワーク、インタビュー、授業内での発表・省察
10．共修の頻度	電子メール交換、2 回以上の Zoom での会話および毎週の授業でのフォローアップ	電子メール交換、2 回以上の Zoom での会話
11．共修の使用言語、学生の言語レベル	英語、CEFR B1程度	英語、母語話者あるいはそれに匹敵するレベル
12．教員サポート	1 名、応用言語学	1 名、コミュニケーション学

H 大学の教養科目には、英語を指導言語とし四技能を統合した内容中心型の指導（English-medium instruction: EMI）により英語および英語圏等の文化

について学ぶ必修科目がある。当該授業では、様々な芸術作品を介して世界の文化・歴史的背景・社会活動家について学び、社会の諸相や人権について批判的に考えること、そしてその過程で英語運用能力の向上を図ることを目的とする。共修の目的は、第一に英語で社会問題について意見交換し理解を深めること、第二にその交流を通して文化によるコミュニケーション・スタイルの共通点や相違点を体験し多文化理解を深めること、第三に共修により英語運用能力を高めることであった。学生側が英語を指導言語とする授業を希望登録していたため、全て英語による指導が行なわれた。教員は日本語を母語としていたため、日米で異なる文化的傾向やコミュニケーションにおける特徴についても随時英語で解説を行なった。

M 大学では、Advanced Intercultural Communication を COIL 共修の場として使った。このクラスはコミュニケーション学の修士課程の選択科目である。多文化間コミュニケーションに関する様々なテーマを扱うが、そのなかでもグローバル化する世界のなかで意思疎通する能力を伸ばすことが COIL 共修に参加した動機として挙げられる。社会人を含め様々な学生が履修したが、国際的な交流経験がある参加者は限られていた。また、2020 年に世界的に注目された米国社会の人種差別反対運動（Black Lives Matter）や、コロナ危機への対応等を、米国という枠を超えた視点で考える機会として COIL が起用された。両大学の学生は、他文化の学生と交流の機会があるという点を肯定的に捉え、当初から興味と高い動機を示した。M 大学の学生は 20 代から 50 代まで年齢に幅があったが、全員が学期の始めから協働学習に大いに興味を示した。

このような学術領域を超えた協働学習は COIL の特徴の一つであると言える。文化背景、年齢、学部生・大学院生という違いを敢えて解消するのではなく、協働学習を経てそれぞれの学習成果を導き出す可能性は COIL の利点であると言える。

4.　共修活動の内容

学生は電子メールにて割り当てられたパートナーと個別に連絡し合い Zoom インタビューの予定を立て実行した。H 大学側では調査やインタビュー準備の過程を授業内で共有して平準化を図ると同時に、交流の授業内発表、教員による評価・フィードバック、および発表の相互評価を行ない、共修を深めるよう努めた。M大学では、インタビューのトピックを「相手の文化を理解する」という大枠に沿って学生自ら選んだ。テーマや質問については教員が随時フィードバックをした。トピックを選ぶ段階で、文化的な配慮を懸念する声があがった際には、質問の仕方やインタビューに向けての準備等の相談にのった。例えば、日本の人種差別問題をトピックに選んだ学生が、質問の仕方や言葉の選び方について事前に助言を求めた折には、複雑な問題をいかに相手が話しやすいように質問するかについて助言した。助言の内容としては、パートナーにとって「人種」の意味や定義が米国のそれとは違うかもしれないこと、日本では人種差別が米国に限った問題だと思われている可能性があること、日本社会では「民族」という言葉が「人種」よりも重みがある場合が多いこと等で、人種差別を米国の枠や歴史の視座からのみ理解してしまわないようにアドバイスした。多くの学生が興味や共通の趣味等に基づいてトピックを選んだ。例えば、LGBTQに関心のある学生は、日本のLGBTQの文化や差別問題について、ヒップホップ文化に興味のある学生は、日本のヒップホップ文化についてインタビューした。

5.　調査方法と分析の対象となったデータ

H大学側で収集したデータは、児童虐待・家庭内暴力（DV）についての個々の学生の調査概要、授業内発表のパワーポイント、発表の相互評価、共修活動についての省察、発表・相互評価に関する教員によるフィールドノート、無記名の授業改善アンケートである。H大学では、授業中のグループワークや、毎週課された省察について形成的フィードバックを行ない、発表については事前に公表していたルーブリックによって評価した。

M大学側のデータは、授業内発表とパワーポイント、学期末試験の一環として行なった自分のintercultural competenceについての省察と、今後のCOILに向けてどのような改善が可能かという自由記述である。言語学習が授業目的ではなかったため言語使用状況のデータは収集しなかった。M大学では、毎週授業中に交流の経過を報告しディスカッションの場をもつとともに、学期末の発表を通してそれぞれのインタビューの内容や交流に関して観察したことを多文化間コミュニケーションの概念を使って省察した。

6.　多文化間共修からの学び

以下に、COIL 共修活動によって見られた学生の学びについて五点報告する。

① 共修テーマを通じた学び：児童虐待・DV の例から
② 文化理解とステレオタイプのはざまでの学び
③ 自文化の語られ方から学ぶ米国社会と文化
④ 遠隔での対人関係の発展
⑤ 共修活動における困難や限界からの学び

この五点については、両大学に共通する学びと、どちらかの大学に特有な学びが見られたが、共通点は、文化背景が異なる相手との交流のなかで自己のアイデンティティや文化について新たな発見や批判的視点を与えられたり、またそのような洞察を生かし背景が異なる相手の視座を考慮しつつ交流することのできる自己相対化能力が芽生えたこと等である。そして、そのような交流がオンライン環境で培われていった過程は注目すべき点である。

① 共修テーマを通じた学び：児童虐待・DV の例から（H 大学側）

共修が行なわれた時期にはコロナ危機による外出規制や自粛が顕著で、児童虐待や DV が連日報道されていたためこのテーマが選ばれ、これに関する意識向上や主体的関わりが期待された。テーマの導入には児童虐待をテーマにしたポップソングを用い、新型コロナウィルスの感染拡大による児童虐待・DV の問題の深刻化や、パキスタンで見られる酸性の化学薬品を使った DV の問題とそれを乗り越える女性達の経済的自立への試みについて紹介した。それを例に、学生も独自の調査を行ない M 大学の学生へのインタビューに備えた。

学生は情報の信頼性に注意を払いながら児童虐待や DV についての一般的傾向や特定のケース等について調査し、米国での状況を尋ねたり問題の原因究明や解決法等を模索したりする質問を用意した。多くの場合は日本の状況を報告するものであったが、3名の学生はそれぞれインド・パキスタン・フランスのケースに焦点を当てていた。なかには女性による暴力の増加を指摘したり、育児放棄に関する文化的解釈の違いについて追求したり、虐待と躾の違いについてパートナーと話し合った学生もいた。以下に虐待と躾に関する質問と回答をまとめた発表例として、H大学の学生の23枚の発表スライドの一枚を紹介する。

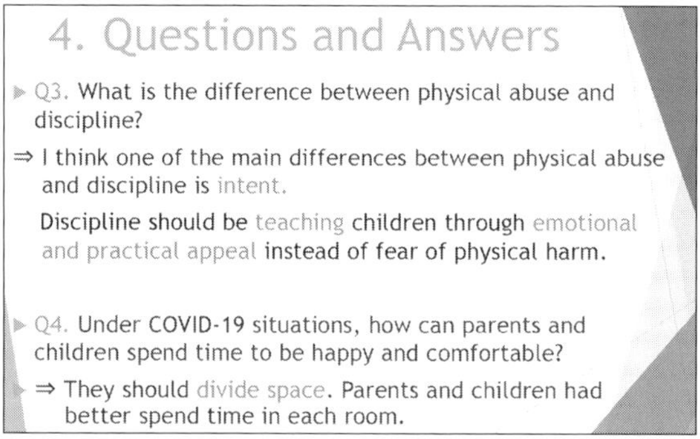

4. Questions and Answers

- Q3. What is the difference between physical abuse and discipline?

⇒ I think one of the main differences between physical abuse and discipline is intent.

Discipline should be teaching children through emotional and practical appeal instead of fear of physical harm.

- Q4. Under COVID-19 situations, how can parents and children spend time to be happy and comfortable?

⇒ They should divide space. Parents and children had better spend time in each room.

図1　虐待と躾に関する発表例

ここでは身体的虐待と躾の違いについて、身体的な危害を伴う虐待に対して、躾には子どもを情緒的・現実的に教育する意図があると述べている。そしてコロナ禍で家庭内での時間の過ごし方について、親子がそれぞれのスペースを尊重することが挙げられている。特に日本では住宅事情等によりそれが難しい場合も多いと考えられるが、そのような議論は報告されなかった。

さらに3名の学生はインタビューのなかで、虐待や暴力を受けたM大学の学生の体験について聞き衝撃を受けたことを報告したが、その詳細には触れなかった。一方、この対話についてM大学の学生は、「自分の子どもの頃の虐待経験をパートナーに話したら、もうそれ以上何も虐待について聞いてくれなくなり、がっかりした」と述べた。H大学の学生は、パートナーが虐待被害にあったことを「聞いてはいけないこと」だと判断したのかもしれず、また英語運用能力の限界で詳細の理解に至らなかったのかもしれない。

M 大学の学生にとってはオープンに話せる、もしくは話すべき社会問題だという考えだったようだ。そのような見解の違いや誤解をさらに深く話し合う機会はもてなかった。

また米国の被害者支援の団体について学んだり、パートナーが参加した虐待に関する意識向上を意図したイベント "DV Prevention Week" に感銘を受け、以下のようにその写真を発表に含め身近な社会運動について報告した学生もいた。

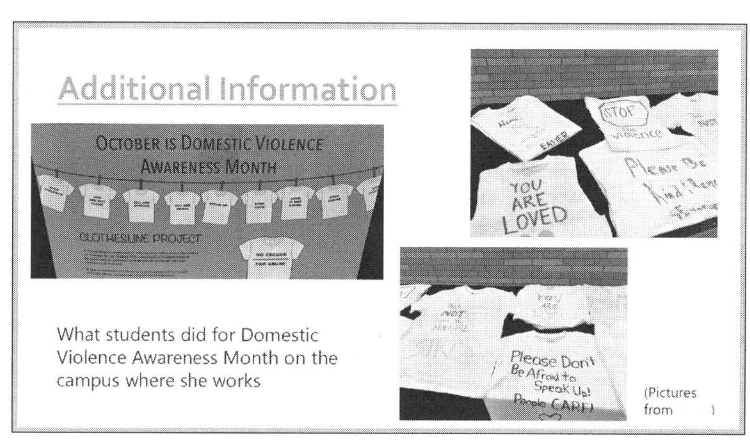

図 2　パートナーが参加した社会活動に関する発表例

特にこの授業では人権や環境保護等世界の社会活動について学んでいたため、そのような活動に実際に参加した当事者の話を聞いたことが、大学生が参加し社会の変革に貢献しうる現実の機会として社会活動を認識することに役立ったようである。

同時に、M 大学の学生がこの社会的テーマについてもっていた見識と意見に圧倒され、自らも世界の諸相について深く知り考えるべきであると刺激を受けたという考察が多数寄せられた。以下はその一例である。

　パートナーには事前にインタビューの質問を知らせていなかったのでその場で答えるのは難しいだろうと思っていたが、彼は全ての質問に論理的に答え私が知りたかったことを話してくれた。例えばDVの被害者が警察に電話する時ピザの宅配に連絡するふりをする、アメリカでも多くの人がDVの問題に関わらないように見て見ぬふりをする、等。私が彼の立場だったら日本語でも何も答えられなかったので、驚いて感銘を受けた。学べるように目を見開いておき様々なテーマについて自分の意見をもつことの大切さを彼から学んだ。（ナミ）

同様に、米国大統領選挙の時期の学生の政治的関心の高さにも感化されたという声も多かったので、一例を以下に紹介する。

最も大きな文化的相違と思われたことは［社会問題に関する］エネルギーである…トランプとバイデンが大統領選挙で激戦となっていたときにインタビューを行なったのだが、アメリカではそれについて多くの社会活動があったようだ。パートナーはデモには参加しなかったがそれに似た活動をしていた。日本ではそのようなことはないし、その規模も小さい。そして大事なのは日本人は政治にあまり関心がないということだ。何もしなければ自分が傷つくことはないのだが、何も変えることもできない。だからこれに関して自分の意識変革をしなければならないと感じた。（タクヤ）　（［　］内は筆者加筆、以下同様）

ここでは政治談義が頻発すると聞いて自らの無関心を恥じたという反省、また政治に参加しても何も変えられないとの自らの姿勢を改めなくてはならない、というリフレキシビリティ（reflexivity）が涵養されたことが示唆されている。

② 文化理解とステレオタイプのはざまでの学び

【集団主義・個人主義に関するステレオタイプ】

両大学の学生から、観察した言動を一つのコンセプトにまとめて一般的な理解としてしまう傾向が見られた。M大学では、パートナーの様々な（時に予期せぬ）言動を「集団主義的である」という日本の一般的な文化傾向に還元させてしまうことも頻発した。例えば、パートナー2人と共修をした

M大学の学生は、H大学の1人のパートナーと連絡が取れなくなったときに、もう1人が全員が揃うまでインタビューを保留する提案をしたことに対して、便宜的かつ利己的でないと評価して感心したり、日本のコロナ危機に対する反応を見て、集団意識が高く、皆周りのことを思って生活していると称賛したりした。逆に、米国の個人主義を利己的だと批判する声もあがった。このように、日本の文化・社会への理解を深めると同時に、文化本質主義的な思考に偏ってしまう傾向も見られた。以下のM大学の学生からの省察には、集団主義的な文化を称えるとともに、「日本人」を一面的に定義してしまっている様子がうかがえる。

> パンデミックの対応は日本と米国では全く違う。この違いはそれぞれの国が集団としてどう生きるかを反映している。[パートナーの] 文化は社会の健康と安全を大切にする価値を映し出している…彼らにとって、マスクを着けることは他者を尊重する象徴である。彼らは強制されているからではなく、お互いを感染から守るためにマスクを着ける。…彼らの文化的遺伝子のなかには互いに対する想いやりと集団を守る意識が刻まれている。このような保護的な側面を発見すればするほど、私は集団の意義に対して感謝の念をもつようになった。…集団主義的な文化に対する知見を広げる一助となる新たな視点に気づき始めたのだ。(ベネット)

【社会正義の意識に関するステレオタイプ】

H大学でも同様に、パートナーの言動を米国人のそれと混同するステレオタイプの形成が見られた。その度に教員が介入して文化に必然的に存在する多様性について指摘を重ねた。例えば、ある学生は「日本の学生には社会正義について学ぶ場がなく積極的に意見を述べないが、米国の学生は社会正義の確立に熱意をもって臨み意見を明確に表明する」との考察を発表した。直後のフィードバックとして、教員は当該授業では実際社会正義について学んでおり意見交換も活発であることを指摘して学生達を励まし、ステレオタイプを避ける言語表現を復習した。

上記のような一見視野が広がったかのように思える省察も、画一主義的な考えになってしまったり、相手の文化を理想化することにもつながりうる。

相対的な視点を常にもちつつ、文化に内包される多様性についての指摘を続けていく必要がある。

③ 自文化の語られ方から学ぶ米国社会と文化（M 大学側）

米国で生まれ育った多くの学生にとって、海外から自国の社会情勢や文化がどう理解されているのかを知ることは有意義な学習経験だったと言える。パートナーの文化背景や考えを理解しようとすることが、同時に自分の国や文化がどう相手に理解されているのかに想いを馳せるきっかけとなった。今米国で起こっている諸問題が海外の人々にどう見られているのか、という視点をもつことができたのは、リフレキシビリティの涵養の面からも大きな収穫だった。例えば、コロナ禍のマスク着用をめぐる米国社会の分断に関しては、日本人の多くが公衆衛生のためにマスクをする姿を見て驚いたり、米国ではマスクをファッションや政治的な自己表現のためにも使うのに対して、日本ではその傾向が低い等、身近な現象を別の視点から見直す機会を得ることができた。また、米国文化に対するパートナーのステレオタイプを垣間見ることで、ステレオタイプに陥りがちな自らの思考回路に気づいたという省察も見られた。これも相対的な自己批判能力の現れだと言える。そのなかで、文化の枠を日本と米国という国境で二分するのではなく、自分の住む地域やその文化的な特徴等も含めて文化の複雑さを観察する機会になった。ある学生は、メディアを通して理解されている米国のイメージと、自分が生まれ育った土地に根付いた文化との違いから、いかに自分が他の文化や国を表面的なイメージで捉えているかということに気づいた、と以下のように考察した。

> ［パートナーに］日本文化と米国文化について何を思いどう違うと思うか聞いてみたら、米国文化は「騒々しい」のに比べ日本文化は「静か」だと言った。私は彼の見解は正確だと思ったし、なぜそう思うのか理解できた。メディアでは米国人はうるさくて意見をハッキリ言うと表現されている。しかし、ミネソタに住み中西部で育った私は、もっと「静かな」文化をもっている人達や地域をたくさん知っている。多くを語らず、隣人を助け、自己の務めに専念して、自分のルーツに正直である

> 人々。けれど、それは必ずしも我々の国や日本に向けた大衆文化で表現されるアメリカ文化ではない…自分があまり知らない文化について拙速な判断をしているように、他の人達も私の文化についてそういった判断をしてしまっていることに気づかされた。（カトリン）

また、LGBTQ についてインタビューした学生は、日本で同性婚が合法化されない理由が宗教的なものではないことを知り、現地の社会背景を捉えることの重要性を学んだと発表した。このように、対話を通して生身の人間と関わりながら国際的な視野を養うことは、既成概念や枠組みに収まりきらない実際の「人間活動としての文化」を理解することにつながる。その点で、年齢や学領域の違い等を踏まえても、相互に関わり相手から学ぶ機会を得ることに COIL の意義を見出すことができる。COIL の設定自体が、「国イコール一つのまとまった文化」という狭い視野を助長しがちなので、教員が随時ディスカッションや省察活動を通して注意喚起していく必要性がある。

④ 遠隔での対人関係の発展

COIL は情報通信技術を使って共修活動を行なうため、オンラインでの多文化間コミュニケーション力を磨く機会でもある。物理的距離・時差・言語や文化の違いを超えてどのように人間関係を築くのか。

当初の懸念にもかかわらず、今回の COIL 共修活動では、オンライン環境でも、対面にほぼ匹敵する学びが可能であると思われた。特に、当該年度に海外留学を予定していたがコロナ禍で中止となった H 大学の学生は COIL を貴重な機会と捉えたようである。多くの学生が COIL 共修により英語や社会問題を学ぶ動機が向上したと述べた。

M 大学の学生の多くは、偏見をもたずに相手と関わること、相手の話をよく聞くこと、既成概念にとらわれずに相手の文化を理解しようとすること、等様々な学びを得たと述べた。また発表には、H 大学の学生が内向的で静かであったという表現が多く見られた。これは英語運用能力や年齢の差も関与するはずだが、上に述べたように、そういった関係形成の要因を考慮せずに、「日本人は…」というステレオタイプを反映した結論を導いてしまう危うさを含んでいる。情報通信技術を用いた交流は、生身の人間の人となりを直接感じ取ることが難しいため誤解を生じやすい。このような点を踏まえても、今後グローバルな場でチームワークを発揮すべき機会が増えていくなかで、COIL を使った多文化間コミュニケーションの実践には大きな意義が見出せる。Zoom や電子メールを超えて SNS でつながり合い、写真を交換したりお互いの投稿を見たりしてお互いをより深く理解することができたと報告した学生もいた。

⑤ 共修活動における困難や限界からの学び

前述のように、学生の大半は多文化間コミュニケーションに経験が浅く、授業の一環とはいえ、時差や文化や言語の違い等を踏まえて自発的に交流の計画を立てて円滑に遂行する過程で様々な困難や驚き、そして学びがあったようである。例えば、M 大学の学生のなかにはパートナーがあまり多くを語ろうとしないことや、能動的に友人関係を築こうとする態度を見せないことに困惑した場合もあった。その際には、関係が発達する速度や質は相手の文化や上下関係によっても異なりうることをクラスで話し合い、自分の期待にみあわない相手の行動を独断的に解釈したりステレオタイプに陥らないように注意を向けた。ある学生は以下のように省察した。

> パートナーとの交流には楽しさとストレスが混在していた。ダイチは礼儀正しく、返事も早く、質問に全て答えてくれた。関係は堅苦しくはあったが、Zoom ミーティングを通して貴重な教訓を学んだ。言語、地理的な距離、そして恐らく年齢差が関係を築くことを難しくした。Zoom で会うことに対して、自分は特別な期待はしていないと思っていたけれど、振り返ってみるともっと会話ができるパートナーがよかったと思っていたことに気がついた。言語の壁が会話の障害となった。…彼に私の言語を話してほしいと期待してしまい、悪いと思った。もっと努力して会話をするために、少しでも日本語を知っていて自分も意思疎通のための努力をもっとできたらよかったのにと思った。（パトリシア）

一方、H 大学の学生は学習言語で高度なコミュニケーションを求められたうえ、10 代後半で多文化間交流の経験が浅い学生が多かったため、共修の際にかなり緊張したようである。「流暢に話すことができずもっと準備すべきだった」、「米国の社会情勢についての知識が欠けており理解できない部分があった」、「パートナーが早口だったので、録音して何度も聞いた。全ては理解できなかったが、多くの表現を学んだ」、「米国の大学(院)には様々な多様性がある。特に年齢や人生経験に幅があり、年齢の違いに囚われないという文化の違いを感じた」等のコメントに見られるように、言語や文化的知識に関わる困難や学びが表明された。

しかし、最終的にはM大学側の学生の intercultural competence の向上や配慮により、大半のH大学の学生が、パートナーの辛抱強さや言語面のサポート等温かい支援について感謝の意を表した。発表や省察のなかで全員が英語を介した交流を歓迎し、英語学習および米国の文化の理解に寄与したと述べた。日米における自己開示の内容や程度に異なる傾向があるという講義の後には、「(M大学の学生は) 自己開示の程度が高く自分も同様の情報を提供するべく努力した」、「1を聞くと10応えてくれたが、自分は質問されないと多くの情報を提供できなかった。相手を深く知るために質問することが重要だと気づき、そのように努力した」というような歩み寄りが見られた。

COIL共修は、授業課題であったにせよ遠隔での交流がパートナー同士に完全に任せられていたため、学習者の自律的・自発的な行動が求められる活動であった。以下の引用は、英語での意思疎通に加え、単に出された課題をこなすのではなく、主体的・自発的に共修に携わらなければならない状況下に置かれたことで、人間的成長を経験したというH大学の学生の省察である。

> COIL共修は素晴らしい学びの経験だった…外国の方と気楽に話す機会をもったことはなかったので、貴重な機会となった…日時を決めZoomを設定し質問を考えパワーポイントを作り、等さまざまなことを言語と文化の境界を越えて行なうのは難しかったが、人間として成長する素晴らしい機会だったと感じた。(タクヤ)

その他、時差を考慮して交流を計画したにもかかわらず、米国で夏時間に移行した際にオンラインでの集合時間にずれが生じ、臨機応変に調整しなければならなかったこと等が挙げられる。その際、機転を利かせ協力し合って問題を乗り越えたことを印象的な学びとして発表したケースもあった。

7.　おわりに―このプログラムの先にあるもの―

学期末に学生が提出したCOILについてのフィードバックのなかでは、限られた時間内での対話をさらに充実させるため事前に相手の文化を調査すること、短時間で関係を発展させることの難しさを緩和するためCOIL活動期間を延長すること等が挙げられた。大学間の学年暦が異なるため短くなりがちな交流期間だが、今後拡張を検討したい。同時に、共通テーマを最初から確立させること、自己紹介のための活動を増やすこと等も提案された。

今後の改善点としては、活動を始める際に、相互の関係性を築くことを目的としたアイスブレイキングにより多くの時間を割くということがある。今回は、クラス全体の自己紹介ビデオの交換後、パートナーを組んでメールをやりとりし相互理解を図った。次回には、内容を限定し焦点を絞った交流により学生間の連帯感を強めることができるかもしれない。例えば、母語のなかから自分を表現する言葉を一つ紹介し、その語源や意味を説明することでお互いの性格とともに文化的な背景も理解することができる。より文化に根差した交流を当初から促進することで、話題性を高め相手に興味をもつきっかけを作ることができると思われる。

また英語を媒介とした共修であったので、英語学習者であるH大学の学生には大きな挑戦となった。より効果的にサポートできるよう、言語的に優位なアメリカ側の学生が日本側の学生のコミュニケーション・スタイルの傾向について事前に意識を高めておき、個々のパートナーのニーズに寄り添い相互理解を深めることができるよう支援したい。

さらに、カリキュラムを共有する、つまり同じテーマを事前に各大学授業にて扱ってから共修活動をするとより深い学びを導き出せるだろう。例えば、M大学側で食文化について深く学ぶのであれば、H大学側でスーダンやイエメンの飢餓や世界食糧計画（WFP）等について扱う際に、M大学でテーマとなる食糧問題に触れておき既成知識を養っておく、等が考えられる。また気候変動やパンデミック等グローバルな問題をローカルな視点を含めて議論する等、共修のテーマに関する見識をしっかり確立することが肝要だと思われる。

そして COIL による共修は、多文化交流や物理的移動がままならない折にも、また通常時であっても様々な事情により留学ができない学生にも有効である。多文化理解を軸に据えた今回のような授業では、座学だけでは得られない現実の交流を形成しながらの体験的学習により机上の空論を超えた省察や自己相対化能力を深めることができ、またそのような経験や情動と結び付いた学びは持続する可能性が高いと思われる。情報通信技術による多文化間コミュニケーションの重要性は、パンデミック収束後も高まっていくことだろう。そのようななかで、相手の文化背景に想いを馳せながら自己理解を深める自己相対化能力は、よりよい多文化国際化社会を築くための糧として培っていく必要がある。

参考文献

Avgousti, M. I.（2018）“Intercultural Communicative Competence and Online Exchanges: A Systematic Review.” *Computer Assisted Language Learning*, Vol.31, No.8, 819–853.

Brooks, C. F. & Pitts, M. J.（2016）“Communication and Identity Management in a Globally-connected Classroom: An Online International and Intercultural Learning Experience.” *Journal of International and Intercultural Communication*, Vol.9, No.1, 52–68.

Deardorff, D. K.（ed.）（2009）*The SAGE Handbook of Intercultural Competence*, Thousand Oaks, CA: Sage.

Godwin-Jones, R.（2019）“Telecollaboration as an Approach to Developing Intercultural Communication Competence.” *Language Learning & Technology*, Vol.23, No.3, 8–28.

Lenkaitis, C. A., Calo, S. & Escobar, S. V.（2019）“Exploring the Intersection of Language and Culture via Telecollaboration: Utilizing Videoconferencing for Intercultural Competence Development.” *International Multilingual Research Journal*, Vol.13, No.2, 102–115.

McConachy, T.（2018）*Developing Intercultural Perspectives on Language Use: Exploring Pragmatics and Culture in Foreign Language Learning*, Bristol: Multilingual Matters.

O’Dowd, R.（2019）“A Transnational Model of Virtual Exchange for Global Citizenship Education.” *Language Teaching*, Vol.53, No.4, 447–490.

Sorrells, K.（2013）*Intercultural Communication: Globalization and Social Justice*, Thousand Oaks, CA: Sage.

Sorrells, K. & Sekimoto, S.（eds.）（2016）*Globalizing Intercultural Communication: A Reader*, Los Angeles: Sage.

Swartz, S., Barbosa, B. & Crawford, I.（2020）“Building Intercultural Competence Through Virtual Team Collaboration Across Global Classrooms.” *Business and Professional Communication Quarterly*, Vol.83, No.1, 57–79.

第11章

国際協働学習における翻訳の意義

日米大学のTranslanguagingの協働から

近松暢子

1. はじめに

Collaborative Online International Learning（以下、COIL）は、情報通信技術を利用した海外の教育機関との協働学習活動である。筆者の所属する大学（以下、A大学と表記）の日本語・日本研究科では2019年秋学期に翻訳コースを履修する日本語上級学習者を対象に日本の国立大学（以下、J大学と表記）と6週間に渡る協働翻訳プロジェクトを行なった。本章では双方の学習言語と母語（つまり英語と日本語）を使ったTranslanguaging（Garcia & Wei, 2014）の学習設定の元、国際協働言語学習への効果や課題を考察する。

A大学は米国中西部最大の街、シカゴに位置する私立総合大学で、学生は全米から集まる一方、都市部のため自宅から通学する学生も多く、またFirst-generation college student、つまり移民の家庭で初めて大学教育を受ける学部生の割合が3名のうち1名と高い。学業と仕事の両立、家族の補佐等、様々な理由から、長期留学できる学生はごく一部となる。そういった環境のなか、所属大学では2013年度以来Global Learning Experience（GLE）と名打って海外の教育機関とオンラインでつなげ、バーチャルな遠隔連携授業を31カ国の大学と150以上のコースで展開している（DePaul University Global Engagement Learning, 2021a, 2021b）。このGLEは一般にCOILと呼ばれ、全米でもニューヨーク州立大学を中心として、文系理系を問わず様々なコースが世界中で展開されている（SUNY COIL Center, 2021）。

COIL は突発的な海外交流学習と異なり、コースのテーマやゴールを共有する海外のパートナー校からコースを選び、少なくとも 6 週間に渡り、まずアイスブレーカー、次に関連テーマの比較分析やディスカッション、最後に共同プロジェクトというプロセスを踏み、既存のコースに組み込む（池田, 2015）。

図 1　COIL の課程

この課程を通して学習者は、グローバルな思考力と柔軟性を育み、共通言語のコミュニケーション力を高め、また留学等の海外との交流や接触が位置的、経済的理由に困難な場合でもグローバルな学習を体験することができる。教員にとっても、準備のトレーニングから実践を通じて教育面、テクノロジー、また研究面でも新しい視点や分野を広げる可能性がある（Besana & León, 2017）。

しかし、日本との COIL は前例が非常に少なく、所属大学でも 2019 年度までは一例も見られなかった。日米の時差、日本の大学のテクノロジー設定の状況などがその理由かとも考えられるが、さらに大きな懸念の一つに、日本側の学生の英語力、議論力がある。一般的に米国の COIL のリンガフランカ（共通語・媒体語）は英語であり、協働作業や議論では米国の学生が主導権を握ってしまう可能性がある。

そこで所属大学では、二つの言語があってこそ成り立つ「翻訳」というテーマでリンガフランカを日英両語に設定し、二つの言語を行き交いながら日米の学生が学習や議論において同等の立場で対話できることを期待した。

2.　理論的背景

COIL 導入は、筆者の所属大学の積極的なバーチャル教育の推進と最新のテクノロジーのサポートに負うところが大きいが、COIL の設定が日本語カリキュラムの教育的理念に適っていることも大きな動機となった。近年の第二言語習得理論は THE DOUGLAS FIR GROUP（2016）に牽引される transdisciplinary のように、従来の認知科学に基づいた言語知識の習得過程の解明という枠組みを超えて、様々な言語が日常混在する今日の多言語多文化共生の社会の中で社会・心理・認知・言語等多角的な要因に着目しながら学習者が内在的意味（meaning）をどういったリソースを使いどう記号化（semiotic）し表層化するかを探っている（Clark, 2016）。その延長線の言語教育は、学習者が多様なコンテクストで多種の内容を利用可能な限りのリソースを使って言語活動を行なえる環境を提供することだと考えられる（Hall, 2019）。参加型学習・問題解決・コミュニティ参加・内容重視（Content-Based Instruction: CBI）・分野横断型（Foreign Language across the Curriculum: FLAC）の授業形態はそういった数例だろう。本校の日本語プログラムも、言語と日本研究（文学、歴史、倫理、美術など）をつなげながら、上級レベルでは CBI や FLAC を積極的に取り入れている（Chikamatsu, 2012, 2019, 2021; 近松, 2015）。アクセスできるリソースは学習言語に限らず母語も含めた二言語間を行き交う学習者に内在する一つの総合的で流動的なシステムとして捉える translanguaging のアプローチを応用し（Garcia & Kano, 2014; Leung & Valdes, 2019）、翻訳作業を学習ツールとして積極的に組み込んできた（Kumagai & Kono, 2018; Matsugu & Chikamatsu, forthcoming）。今回の COIL はそういった理論的背景に基づき「翻訳」をテーマに日英両語をリンガフランカとして設定した。

3.　プログラムデザイン

3.1　導入

COIL 実践前の準備段階では、まず 2018 年 2 月に米国側のコース担当教員となる筆者が学内の 3 週間に渡るワークショップに参加し、COIL の意義やデザイン、またテクノロジーについて学んだ。同年 8 月には U.S.-Japan COIL Initiative から助成金を受け、10 月にワシントン DC で American Council on Education（ACE）のワークショップに日本側のパートナー校の J 大学の教員を招いて参加した。その後Eメールなどを通して準備を進めるなか2019年3月にはさらに1か月に渡るACEのオンラインのワークショップに両教員ともに参加した。7月には学内の助成金の支援で筆者がJ大学のキャンパスを訪問し、J大生に次学期に予定されるCOILの宣伝も兼ねて翻訳の模擬授業をし、J大教員を対象にCOIL紹介の講義も行なった。その後、Eメールを通してお互いのコースの内容やスケジュールを協議調整し、最終的なコースの組み合わせを決めた。そして同年の秋学期、A大学では9月11日、J大学では10月1日にそれぞれのコースが始まり、10月半ば（10月8日・9日）から11月後半（11月17日・18日）までの6週間に渡りCOILが実施され、A大学のコース終了後の12月には事後調査（サーベイとインタビュー）のため、筆者が再度J大学を訪れた。

3.2 コースとCOILユニットの概要

表1　日米大学のコースの概要

	米国側（A大学）	日本側（J大学）
科目	翻訳演習	教育学部英語専攻の英語講読セミナー
参加者	日本語上級学習者6名	3年生8名
コース概要	A大学の翻訳演習コースは全10週間、月・水曜日の週2回90分授業であった。*The Routledge Course in Japanese Translation 日英・英日翻訳講座*（Hasegawa, 2012）を教科書（全8章）として採用し、毎週1章をカバーしながら翻訳理論や技術を日英様々なジャンルの例を使って学んだ。	J大学のコースは英語講読セミナーで一学期16週間に渡ってダニエル・キイス（Daniel Keyes）の*Flowers for Algernon*（1959, 邦題は『アルジャーノンに花束を』）を読みながら、翻訳論にも触れる講義内容で、週1回火曜日の午前10:40からの90分授業であった。

このうち、協働した部分は以下の通りである（表2）。

表 2　A 大学と J 大学との協働学習の概要

週	A 大学と J 大学との協働学習
1	A 大生へのコース・プロジェクトの説明
2	J 大生準備ミーティング（A 大教員・テクノロジースタッフ）
3	J 大生が A 大学のオンライン・プラットフォームにログインしたことを確認
4	J 大生 Zoom トライアル、VoiceThread で自己紹介作成
5	合同 Zoom セッション 1 *：Icebreaker（全体）
6	合同 Zoom セッション 2：『伊豆の踊子』の翻訳比較（全体）
7	（日本の祝日のため Zoom はなし）
8	合同 Zoom セッション 3：翻訳プロジェクト紹介と議論（全体）
9	協働翻訳プロジェクト（グループ）
10	協働翻訳プロジェクト（グループ）
11	協働翻訳プロジェクト（グループ）

* 合同 Zoom セッションは A 大学の通常の授業枠（月水 11:20am–12:50pm）外の月曜日の 7:00–8:00pm で実施。

3.3　COIL 協働学習ユニット

6 週間の COIL は、A 大学のプラットフォーム（*Desire to Learn*: D2L）をオンライン学習の共有プラットフォームとして使用した。まずコース開始前に J 大生を A 大学のコースに登録し A 大学のプラットフォームにアクセスできるように設定した。Zoom セッションで個人のコンピューターから接続する場合に備え、J 大生には A 大学教員とテクノロジースタッフと一緒に事前にトライアルセッションをして音声や画面の確認をした。また双方の学生には学習言語を使って（A 大生は日本語、J 大生は英語）ボイススレッド（VoiceThread[1]）で自己紹介ビデオを作成してもらい、A 大学のプラットフォーム上で見ておくように指示した。

COIL ユニット開始後、前半 3 週間はクラス合同の Zoom セッションを各週 1 時間で行なった。後半 3 週間は日米学生 2 ～ 3 名のグループを組み、

[1] VoiceThread（http://voicethread.com/）は、一つのスライドに、複数の人がコメントしたり、スライドを加えたりできるツールで、スライドやコメントも文字、音声、動画で投稿できる。A 大学では D2L のプラットフォーム内に組み込まれ広く使用されている。

週1回のペースで自分達が選んだコミュニケーション方法（Zoom、LINE、Eメール等）で、A大生がすでに始めていた翻訳プロジェクトをコメント、修正、議論を繰り返しながら、完成させる協働作業をした。

3.4 合同Zoomセッションの概要

以下に3回の合同Zoomセッションの概要を示す[2]。

合同Zoomセッション1（COIL ユニット第1週）

- **目標**：Icebreaker
- **トピック**：各々の大学や町について・映画タイトルの翻訳、等
- **手順**：ワークシートを事前に配布して（日英両語で表記）、議論の準備をしておく。セッションでは設問によって言語を切り替え、例えば、A大学のキャンパスや町についての話し合いは日本語で、J大学についての折は英語を使用した。つまり双方のグループが自分のことを話す時は学習言語で、質問をする時は母語でという形を取った。また、日本映画とアメリカ映画のタイトルの翻訳について日英両語でディスカッションをした[3]。

合同Zoomセッション2（COIL ユニット第2週）

- **目標**：比較分析
- **トピック**：川端康成の『伊豆の踊子』の二つの英訳を読み比べ、時代を超えて同じ作品がどう英訳されているかを比較分析。また川端の原作の中で主格の曖昧性のある場面の文を英訳し格助詞「は」と「が」に焦点を当てながら誰が動作主なのかを議論。
- **手順**：ワークシートと二つの英訳版を配布し、川端の略歴および英訳版について各大学のコースで事前に議論しておく。合同Zoomセッションでは

---

[2] セッションに参加できないJ大生5名のために、セッションを録画し、A大教員がまとめた講義録のパワーポイント（PPT）とともにD2Lに載せた。PPTの中にはディスカッションを反映した課題を提示し、J大生欠席者にはその答えをD2Lのディスカッションボードで共有してもらった。

[3] 邦画タイトルは『鉄腕アトム』（1952）、『ゴジラ』（1954）、『千と千尋の神隠し』（2001）、『おくり人』（2008）、『風立ちぬ』（2013）、洋画タイトルは *Bonnie and Clyde*（1967）、*Stand by Me*（1986）、*The Notebook*（2004）、*Boyhood*、*Frozen*（2013）を使った。

原作と英訳版の一部を比較し議論。ディスカッションでの使用言語は日本語と英語を交えたが、できるだけ学習言語を使うように指示。

合同 Zoom セッション 3（COIL ユニット第 3 週）

- **目標**：協働翻訳プロジェクト準備（翻訳プロジェクト）
- **トピック**：A 大生の翻訳プロジェクト
- **手順**：A 大生がコース前半で作成した企画案発表の音声つき VoiceThread のスライドを J 大生が事前に見て各自担当のプロジェクトを決めておく。セッションでは A 大生が自身の翻訳作業で苦戦している部分を二～三点挙げ（この時点ではすでに原作の 3 分の 2 を英訳済み）、難解な読解や文化的表現の見解などを議論。

4.　協働翻訳プロジェクトの分析と成果

グループ別協働翻訳プロジェクト

3 回の合同 Zoom セッションの後、個々の A 大生の翻訳プロジェクトに J 大生 1 ～ 2 名が割り当てられ、グループごとの協働作業が始まった。A 大生が Zoom のアカウントを作り、J 大生と最初の Zoom ミーティングで今後のコミュニケーションのツール（時差のため同期の話し合いが難しい場合は、LINE、Facetime、E メール等を使ってもいいこと）、回数（少なくとも 2 回）、コメントや修正のツール（MS Word、Google Docs 等）を決めた。この時点で、A 大生は教員のコメント（MS Word の Review）やピアレビュー（クラス内で全体のディスカッションやペアで実施）をもとに原作の 3 分の 2 の英訳と修正を終えていたので、J 大生との協働作業では最後の 3 分の 1 の英訳と修正、仕上げを目標にした。

表 3 は A 大生の個々の翻訳プロジェクトの原作名と翻訳の対象になった部分（長さ）を示す。作品を選んだ主な理由は様々だが、主に (i) 自分が楽しむ日本の作品を同世代のアメリカ人にも英語で楽しんでもらいたい、(ii) 日本の文化や価値観をもっと広く知ってもらいたい、(iii) 自分の日本語能力向上のために挑戦したい、であった。

表3　A大生の翻訳プロジェクト

	原作（原作者, 出版年）[4]	ジャンル	英訳の対象
1	『解剖ちゃん』（伊藤潤二, 2016）	ホラー漫画	一話（29ページ）
2	『君の名は。』（新海誠, 2016）	ライトノベル	最初の16ページ
3	『はじめてのおつかい』（筒井頼子, 1977）	絵本	全話（31ページ）
4	『夢十夜』（夏目漱石, 1908）	小説	第1～3夜（約4000字）
5	『魔法世界の受付嬢になりたいです』（まこ, 2018）	オンラインノベル	第1章（10ページ）
6	『サニー』（Sunny Day Service, 2014）	歌詞	全10曲（1ビデオ字幕）

表4はそれぞれの作品の翻訳過程でJ大生との議論の対象になった点をいくつか挙げ、協働作業の成果を示している。J大生の支援が顕著だったのは、言葉のニュアンス（同義語、若者言葉、待遇表現等）、オノマトペ（擬態語）、和製英語などで、J大生の画像や動作を利用した説明や例文によって、A大生が理解しそれを英訳に生かすことができたようだ。また文化特性語（呼称、固有名詞、掛け声、教義、儀礼、等）はその背景を話し合うことで、原語のまま残すか、対等の英語表現に置き換えるかという判断に役立ったようだ。作品の中に映る価値観（絵本の題材、死生観、愛情表現、結末、等）の議論は、二つの文化や言語の相違点や共通点の気づきを促し、原作のさらなる理解と英訳の修正に生かすことができた。

[4] 原作は、教員か学生が所有する現物、出版社のサイトに提示されているサンプルページ、またはオンラインの青空文庫より使用した。

表 4　複言語での協働の具体例

	作品	学生間の協働
1	ホラー漫画『解剖ちゃん』	・擬態語（ギャアー、サッと等）について：例えば作中では「パチッ」は英語に呼応する表現がないことから “blink blink” とした ・看護婦が医師の息子の少年を呼ぶ時の「坊ちゃん」等の丁寧語と少年が看護婦に返すくだけた口調の対比を表そうとしたが、言葉に潜む社会階層や文化的価値観を吹き出しの限られたスペースで表すことは難しく、内容を正確に伝えることに留めた ・題名は当初 *Dissection Girl* や *Dissection-chan* を考えたが、「～ちゃん」が使われる状況を話し合い、また米国の絵本 *Mr. Men, Little Miss* シリーズ（Roger Hargreaves, 1971～1981）を参考にして、最終的に *Little Miss Dissection* に決めた
2	ライトノベル『君の名は。』	・主人公 2 人の語りで一人称の「俺」と「私」をどう英語で区別するか →最終的に普通体の I と斜字体の *I* で区別した ・登場人物の家族の女性の名前（一葉、二葉、三葉、四葉）の含意や関係をどう訳すか →原作の映画では漢字表記ではないであろうことから音のまま表記することにした ・「ど田舎」「最悪」といった日本の若者特有の表現を理解し、米国の高校生が使う表現に置き換えた
3	絵本『はじめてのおつかい』	・米国の児童書には不適切なタバコ屋でのタバコの購入や看板を当初は「たまご：egg」としていたが、背伸びしてお使いをする 5 歳の少女の状況設定のためにもっと衝撃値の高い「宝くじ：lottery」に変えた ・少女が自分の気持ちを掻き立てるために「かけあしどん！」と言って走り出す場面で、当初同義語の Ready, set go! は不自然だと感じ、初稿では I can do it! と意訳してたが、J 大生との話し合いで日本語でもその不自然さが返ってこの場面には大切であることを確認し最終的に Ready, set go! にした ・原題の訳は当初、直訳に近い *My First Errand* や *Mi's First Errand* を考えていたが、「お使い」はお母さんのためにするものだと説明を受け *An Errand for Mommy* に変えた
4	小説『夢十夜』	・仏教の教義である「悟り」を enlightenment にしていたがどうもしっくりこず、J 大教員の助言で awakening という英訳が見つかった ・長さの単位「一間」を当初 6 feet と訳していたが、異国感を出すため（日本では現在メートル法を使用することから）two meters に変えた
5	オンラインノベル『魔法世界の受付嬢になりたいです』	・物語中の過去のできごとの描写の時制が日本語では頻繁に変わるため（つまり過去の描写に現在形を使うなど）英訳を細かく確認した ・原題の「受付嬢」は英訳で receptionist lady になるが、lady を入れるかどうかを議論した結果、性別よりもその職業自体が焦点であることから lady を省き、訳題を *Road to Become a Guild Receptionist* にした
6	アルバム『サニー』の歌詞	・文化特性語の食べ物の名称が列挙される曲の歌詞では、英訳するか原語を残すかの判断が学習者には難しく、J 大生との話し合いを経て最終的には米国でも比較的知られているものは原語の音表記（ramen、yakitori、gyoza 等）、知られていないものは同義語（ポテト：French fries、豚足：pig feet、コーラフロート：root beer float 等）にした ・歌詞の詩的な情景や含意、例えば「ペットボトルの愛」ではペットボトルの使用例や意味など文化的日常的背景を話し合うことで最終的な英訳を決めた

A 大生の学期末の内省レポートには以下のようなコメントもあり、J 大生との話し合いが読みや英訳をより深く独創的なものにしたことが分かる。

> *"She was able to give me insight beyond the capability of a dictionary, providing native-speaker perspective and helping me understand the emotional implications of certain words over others to more accurately translate."*
>
> *"my student was really knowledgeable in English and was able to help me a lot from a cultural interpretation kind-of perspective. I valued her feedback."*
>
> *"(the most rewarding part was) communication, i.e., different people have different opinion on one thing, so it is fun to discuss with the others."*
>
> *"Both students were able to help me perfect my translation."*
>
> （下線は筆者、以下同様）

5. 学習者のフィードバック

以下では今回の協働翻訳プロジェクトの COIL が双方の学生にどう受け止められたかを、ユニット後のサーベイの結果をもとに考察する。Qualtrics オンラインサーベイで設問を 5 段階評価（1 の「強く反対する」から 5 の「強く賛成する」）し、協働学習ユニットのよかった点、難しかった点、今後の提案について回答を記述してもらった。A 大学は履修者 6 名全員（回収率 100%）、J 大学は 8 名中 5 名（回収率 62.5%）が回答した。サンプルサイズが非常に小さく、また両校で回収率に差があることから、以下の数字（平均値）はあくまで今回のプロジェクトの印象を示したものにすぎない。

表 5　日米大学参加学生サーベイの結果

	設問	A 大学		J 大学	
		平均	標準偏差	平均	標準偏差
1	合同 Zoom セッションは楽しかった	4.17	0.90	3.00	1.22
2	個別グループセッションは楽しかった	4.00	1.00	3.20	1.47
3	新しい言語知識・見解を学んだ	4.00	1.00	2.80	0.98
4	新しい文化知識・見解を学んだ	4.00	1.15	3.00	1.10
5	翻訳プロジェクトは意義のある学習活動だった*	4.67	0.47	2.60	1.02
6	日本語と英語の両方を使ったのがよかった	3.83	0.69	4.00	0.71
7	COIL では英語のみを使ったほうがよかった	2.33	0.75	2.00	0.71
8	テクノロジーやテクニカルな問題が学習を妨げた	2.17	1.46	2.80	1.33
9	プロジェクトの連絡やスケジュール調整が難しかった	3.33	1.25	4.67	0.47
10	課題や宿題のタイミングは適時だった	4.83	0.37	2.20	0.98
11	J 大生は翻訳プロジェクトに貢献した	3.83	1.07	2.40	1.20
12	自校生の表現力のほうが相手校生の表現力より豊かだった	3.17	1.07	2.20	0.75
13	相手校のコースに対する態度や姿勢は自分のものと似ていた	3.33	1.37	2.40	1.36
14	翻訳は外国語習得において効果的な学習手段である	4.60	0.80	3.80	0.75
15	翻訳プロジェクトで批判やコメントをするのは難しかった			4.00	1.55
16	翻訳プロジェクトのための英語力が自分にはあった			2.20	0.75
17	A 大生のように自分自身の翻訳プロジェクトをしてみたい			2.80	1.47
18	A 大翻訳コースと J 大英語ゼミはいい組み合わせだった			2.60	1.02
19	もっと学習言語力を伸ばしたいと感じるようになった	4.33	0.75	3.20	1.33
20	COIL を取り入れたコースがあれば、また履修したい	4.50	0.76	2.40	0.80
21	相手校の学生と今後も連絡を取り合いたい	3.50	1.38	3.00	1.26
22	将来、相手校の町を訪れたい	4.00	1.00	3.60	1.74

* A 大生はコース全体の翻訳プロジェクト、J 大生は協働翻訳プロジェクトに対しての回答。

設問 1 ～ 5 は協働学習の印象や効果についてだが、全体的に J 大生の評価が A 大生よりも低くなっていることが分かる。問 11 の J 大生のプロジェクトへの貢献度を見ても、A 大生は高く評価している一方、J 大生達はあまり貢献できなかったと感じたようだ。このギャップの原因はいくつか考えられるが、まず J 大生にとって COIL のスケジュールの調整（問 9）や合同 Zoom セッションの宿題のタイミング（問 10）が負担になっていたことが分かる。一学期に 8 ～ 10 コースを履修し各コースの講義が週 1 回の日本の大学と、4 ～ 5 コースを履修し各講義が週 2 ～ 3 回ある米国の大学では、1 コースにかける時間や準備のタイミングが異なり、今回のプロジェクトが米国側のペースで計画されていたことが問題であったと考えられる。また、Translanguaging のアプローチをもとに翻訳というタスクの中で日英の言語を同時にリンガフランカとして利用しコミュニケーションの均等を図ったことへのある程度の評価はうかがえるものの（問 6 と 7）、J 大生にとって英訳に批判やコメントをするのは難しく（問 15）、そのための英語力が足りなかったという気持ちにさせてしまう（問 16）結果になった[5]。また「翻訳」という作業が言語教育ではあまり使われていないことは日米で共通しているものの（Matsugu & Chikamatsu, forthcoming）、A 大学のコースはその既成概念を打ち破るべく翻訳の理論から先行例の分析や実践を網羅しながらその醍醐味を学ぶ形で構成されていた。その一方、日本の初等中等レベルの英語教員を目指す J 大生にとって翻訳という作業は履修中の英語講読セミナーや教員課程のカリキュラムにも馴染みが薄く、意義を見出せない学生がいたことがうかがえる（問 14 と 17）。また A 大生のプロジェクトがすでに後半に入り最後の 3 分の 1 の部分を英訳する段階で突然 J 大生を参加させてしまったことも、プロジェクトに対する姿勢（問 13）やコースの相性に対する疑問（問 18）を抱かせることになってしまったのかもしれない。A 大生にとって COIL が好意的に受け止められ今後の言語学習のモチベーションや国際交流への起動力にもなった一方、J 大生の間ではそこまでの効果は見られなかった（問 19 ～ 22）。ただ J 大生の答えはいくつかの回答で高い標準偏差を表しており、例えば問 22 の「将来シカゴを訪れたい」には 5 が 3 名、1 と 2 がそれぞれ 1 名ずつと答えが割れていたことからも、J 大生の中でも学生によって受け止め方に違いがあることを示唆している。

以上のように、翻訳プロジェクトの成果や、サーベイの結果をまとめると、今回の協働学習は A 大生には、文化・言語知識や見解の広がり、達成感、および今後の学習へのモチベーションにもなったことが顕著である。そ

[5] 筆者が 2019 年 12 月に J 大学を訪問した折に英語講読セミナーを聴講させてもらったが、初等中等教育の教員を目指す履修者の学生の英語力はとても高いものであった。

の一方、J 大生にとっては協働学習が A 大学のペースで進んでしまったこと、翻訳というテーマが一部の学生には馴染みや興味のない分野であり、合同 Zoom セッションで勇み足の議論が未消化に終わってしまったことが、以下の J 大生のコメントからもうかがえる。今後は「翻訳」というテーマにとらわれず日英両語が使える学習タスクを探すこと（例：日米の言語教科書評価）、または翻訳をテーマとするなら以下の J 大生のコメントにもあるような双方に有益なトピック（例：文化やスポーツ）を選ぶことが重要であろう。

> *「今回は J 大学が受け入れるという形で翻訳プロジェクトを行ったが、ギブアンドテイクだと互いのためになる。」*
> *「テーマとして翻訳は面白かった。しかし、私たちは文学部ではないため、やはりもっている知識に限界があった。例えばスポーツや芸術のようなある程度ビジュアルがあればわかるようなものでもやってみたい。」*
> *「（今後のプロジェクトとして）日本人が使っている英語の教科書の表現は、正しいものか。例文は適切なものか。本当に日常生活の場で使われているのか。日本人の使う教科書を参考に、ディスカッションをする等。」*

最後に双方の学生のコメントで共通に指摘された点は「母語の重要性」であった。翻訳作業では正確に文を理解することに加えて行間を読み言葉に潜む含蓄や文化的価値観なども反映させるクリティカルリテラシーが必要となる（Kumagai & Kono, 2018）。それは母語、学習言語を問わず必要なスキルであり、二つの言語を行き交いながらも母語話者として学習者に説明する作業の中でこそ母語の重要性を実感できたのであろう。グローバルな思考の構築にはまず自身とその文化を理解し言語能力を磨くことが必須であるのは、協働翻訳作業を通してこそ可能な学びであったのではないだろうか。

6.　おわりに

リンガフランカを日英両語に設定し、米国大学の「翻訳演習」コースに組み込んだ COIL は、日米の学習者が二つの言語を行き交いながら学習や議論において同等の立場で対話できることを期待した。翻訳作業は、原作の言語での精読と翻訳対象言語での再構築の二つの柱からなるため、双方の言語の深い知識や言語間の柔軟性が必要となる。故に日米の学生がそれぞれの母語と学習言語を駆使し助け合い補い合えば、より深い理解とよりよい翻訳作品が生まれるのではないかと考えられたためだった。

協働学習後の学生のフィードバックの分析によると、二言語の使用の協働学習はある程度評価された。つまり、双方の学生が日英両語の使用を好意的に受け入れ、特に米国側の学生は翻訳過程で日本側の貢献を高く評価し自身の文化・言語面で、知識と見解を広げ、それを翻訳に生かすことができたと感じている傾向が見られた。一方、日本側では言語知識、文化知識の構築の成果を自他ともに見出すことができなかった学生がいたことが明らかになった。日米の学生間の「翻訳」というテーマについての知識や意識の差、および英語偏重型になった「翻訳作業」において学習言語（日本側にとっての英語、米国側にとっての日本語）の活用と使用の不均衡が、COIL 効果の認識や学習態度の差異につながったのではないかと考えられる。その改善策としていくつかの提案が挙げられる。

まず、今回の協働学習は日米で学期開始が 1 か月以上ずれる秋学期に行なわれたため米国側の翻訳プロジェクトの途中から日本側の学生が参加することになった。今後は学期の開始が重なる時期、例えば 3 月末から始まる本校の春学期と日本の 4 月に始まる前期のタイミングがより適しているであろう。また、今後は翻訳プロジェクトでは原作を一方的に米国側の学生が選ぶのではなく、日本側の学生の推薦や馴染みの深い作品を事前にリストに加え同年代の日本の学生の興味や需要を反映した作品を選ぶように勧めたい。そして引き続き「翻訳」を COIL のテーマやタスクにする場合、日本側の対象学生を英語学習に興味をもつ学生に限らず、国文学や英米文学さらには映画研究やジャーナリズムなど創作やライティングを専攻する学生に広げ、それに応じてリンガフランカも日本語を主言語とするなどの対応が必要になるだろう。そのためには、パートナーのコースを選ぶ段階から、教員同士がそれぞれのコース内容、ゴール、スケジュール、ペース、ティーチングスタイルをじっくり話し合い理解し合い、コースの適合性や融和性をルーブリックなどを組み立てながら慎重に測る必要がある。

本章の COIL ユニット実践の次の 2020 年冬学期、新型コロナウィルス感染拡大により急遽最終週の期末試験のオンライン化を余儀なくされた。続く春学期は全てのコースがバーチャル授業となり、予定されていた学生の日本への留学や海外研修は全て中止になった。その状況下、海外からの留学生が消えた日本の大学から打診を受け新たな COIL ユニットを組むことになった。本章の初回 COIL の成果と教訓を生かしながら「翻訳」というテーマに再挑戦し、続く 2020 年秋学期も新たな COIL に挑戦した。議論の中心を合同 Zoom からグループ Zoom にシフトし、グループの編成、協働タスクの順序、課題の量やペースも変え、どの COIL がどの学習者グループに作用するのか試行錯誤を繰り返し見つけようとしている。2021 年度が始まった今もコロナの収束はまだ見えてこない。日常がバーチャルでつながる現在、そしてそれが可能であると分かった将来に向けて、複言語の協働は今後ますます広がるであろう。

参考文献

池田佳子（2015）「アウトバウンド促進授業実践としての COIL（オンライン国際連携学習）」『グローバル人材育成教育研究』2(2), 65–70.

川端康成（1927）『伊豆の踊子』金星堂;(1995), ポケット日本文学館, 講談社, 9–55.

シルヴァンスタイン, シェル（1976）『おおきな木』（ほんだきんいちろう（訳））篠崎書林.

———.（2010）『おおきな木』（村上春樹（訳））あすなろ書房.

近松暢子（2015）「CCBI コース 3.11 地震・津波・原発—学習者の社会参加と責任を育むために—」佐藤慎司・高見智子・神吉宇一・熊谷由理（編）『未来を創ることばの教育をめざして—内容重視の批判的言語教育（Critical Content-Based Instruction）の理論と実践—』ココ出版, 199–220.

American Council on Education（2018）*U.S.-Japan COIL Initiative*, https://www.acenet.edu/Programs-Services/Pages/Communities/US-Japan-COIL-Initiative.aspx, 〈2021 年 1 月 1 日アクセス〉.

Besana, G. & León, R.（2017）*Virtual Exchange and COIL/GLE*, Presented at the 2017 IVEC Conference, London, U.K.

Chikamatsu, N.（2012）"Communication with Community: Connecting an Individual to the World through Japanese Content-Based Instruction of Japanese American History." *Journal of Japanese Language and Literature*, Vol.46, No.1, 171–199.

Chikamatsu, N.（2019）"Collaborative Teaching of a Japanese Content-Based Course: 3.11 and Nuclear Power Crisis." In C. A. Melin（ed.）, *Foreign Language Teaching and the*

Environment: Theory, Curricula, Institutional Structures, New York: The Modern Language Association of America, 146–160.

Chikamatsu, N.（2021）"Translanguaging in Language and Area-studies Curriculum: A Japanese FLAC Course of *Minamata* and *Fukushima* in Environmental Humanities." In M. Fuente（ed.）, *Education for Sustainable Development in Foreign Language Learning: Content-based Instruction in College-level Curricula*, Abingdon: Routledge, 215–232.

Clark, B.（2016）"Transdisciplinary Approaches to Language Learning and Teaching in Transnational Times." *L2 Journal*, Vol.8, No.4, 3–19.

DePaul University Global Engagement Learning（2021a）*What is GLE?*, https://resources.depaul.edu/teaching-commons/programs/global-learning/Pages/default.aspx, 〈2021 年 1 月 1 日アクセス〉.

DePaul University Global Engagement Learning（2021b）*Global Learning Experience (GLE) Projects*, https://offices.depaul.edu/global-engagement/partnerships/programs-for-partner-institutions/Pages/GLE-Projects.aspx, 〈2021 年 1 月 1 日アクセス〉.

THE DOUGLAS FIR GROUP（2016）"A Transdisciplinary Framework for SLA in a Multilingual World." *The Modern Language Journal*, Vol.100, 19–47.

Garcia, O. & Kano, N.（2014）"Translanguaging as Process and Pedagogy: Developing the English Writing of Japanese Students in the US." In J. Conteh & G. Meier（eds.）, *The Multilingual Turn in Language Education: Opportunities and Challenges*, Clevedon: Multilingual Matters, 258–277.

Garcia, O. & Wei, L.（2014）*Translanguaging: Language, Bilingualism and Education*, London: Palgrave Pivot.

Hall, J. K.（2019）*Essentials of SLA for L2 Teachers: A Transdisciplinary Framework*, New York: Routledge.

Hasegawa, Y.（2012）*The Routledge Course in Japanese Translation 日英・英日翻訳講座*, New York: Routledge.

Kawabata, Y.（1954）"The Izu Dancer: A Story." In F. Bowers, J. Laughlin, E. Peters, E. Seidensticker & K. Yasuda（eds.）, *Perspective of Japan: An Atlantic Monthly Supplement*, Translated by E. Seidensticker, New York: Intercultural Publications, 12–18.

———.（1974）"The Izu Dancer." In Y. Kawabata & Y. Inoue, *The Izu Dancer and Other Stories*, Translated by E. G. Seidensticker, Tokyo: Charles E. Tuttle Company, 9–38.

———.（1997）"The Dancing Girl of Izu." In J. M. Holman（ed.）, *The Dancing Girl of Izu and Other Stories*, Translated by J. M. Holman, Washington: Counterpoint, 3–33.

Keyes, D.（1959/2004）*Flowers for Algernon*, New York: Harcourt.

Kumagai, Y. & Kono, K.（2018）"Collaborative Curricular Initiatives: Linking Language and Literature Courses for Critical and Cultural Literacies." *Japanese Language and Literature*, Vol.52, No.2, 247–276.

Leung, C. & Valdes, G.（2019）"Translanguaging and the Transdisciplinary Framework for Language Teaching and Learning in a Multilingual World." *The Modern Language Journal*, Vol.103, No.2, 348–370.

Matsugu, M. & Chikamatsu, N.（forthcoming）"Translation Practicum on Kawabata Yasunari's *Izu no Odoriko*." In A. Bates（ed.）, *Teaching Postwar Japanese Fiction*, New York: The Modern Language Association.

Silverstein, S.（1964）*The Giving Tree*, New York: Harper & Row.

SUNY COIL Center（2021）"COIL Resources at SUNY" https://online.suny.edu/introtocoil/coil-resources-suny/, 〈2021 年 1 月 1 日アクセス〉.

Part III

国内のバーチャル共修と学習支援

第12章

孤立する留学生のオンライン・ソーシャルサポート

コロナ禍でのボランティア学生の取り組み

村田晶子

1. はじめに

新型コロナウィルス感染症の拡大により、2020年度の授業が対面からオンラインに移行し、人との接触機会が減少したことから、多くの学生が孤独やストレスを抱えた。とりわけ留学生の場合、日本でのネットワークが限られ、孤独や不安を感じていた人々が多く、人とつながり、日常の問題を相談できるようなサポートが必要とされた。

本章で分析するコロナ禍で孤立する留学生達のオンライン・ソーシャルサポートは、こうした状況を踏まえて始まったボランティア学生達の活動である。本章ではボランティア学生による留学生のソーシャルサポートを分析し、①やさしい日本語・英語を用いた来日（感染症の隔離期間含む）の見守りと情報提供、②留学生の母語でのメンタルサポート、③留学生と社会とをつなぐサポート、④進学サポート、⑤就活サポートなどの実態を明らかにした。また、支援活動を通じた参加者（ボランティア学生、留学生）の様々な学び合いを分析した。そして最後に、こうしたボランティアのオンラインのソーシャルサポートの取り組みは、非常時のボランティア活動の新しい可能性を示すものであり、さらには、非常時のボランティアから、平時にも可能なソーシャルサポートにつながる可能性をもった取り組みであることを指摘した。

2. 理論的背景

新型コロナウィルス感染症の拡大は、私達の日常を一変させた。偏見や差別、社会格差と貧困など様々な問題が顕在化し、日本で暮らす外国人や外国にルーツをもつ人々も大きな影響を受けた。コロナ禍で外国人がどのような問題を抱え、それに対してどのような支援が行なわれたのかを明らかにすることは、非常時の外国人支援、そして誰も取り残されない社会を作るために何が必要なのかを考えるうえで重要である。

災害において外国人が直面する問題として、言語的制約と情報収集の困難さ、心理的不安、生活習慣の違い（例えば食習慣）などの点が挙げられる（菊澤, 2020）。情報共有の課題に対応するために、重要な情報の多言語対応、ピクトグラムなどの視覚情報の使用とともに、外国人に分かりやすく配慮された「やさしい日本語」を活用した情報発信が重要とされる（ロング, 2012）。また、心理的不安、生活習慣の違いを軽減するうえで、周囲の人々やコミュニティによるサポート（以下、ソーシャルサポート）が必要とされる。

大学での留学生支援に目を向けると、コロナ禍以前から大学の留学生に対するサポート体制として留学生のアドバイジングや学生間支援の重要性が指摘されており（藤井・門倉, 2004; 横田・白土, 2004; 中野, 2006; 加賀美・小松, 2013）、大学教職員の相談体制の充実やピアサポート、例えば、学生スタッフ制度（有償、無償の留学生支援チューター）、日本語授業補助、日本語授業の会話ボランティアなどの取り組みや留学生と国内学生が交流する国際交流ラウンジの運営が行なわれてきた。

しかし、感染症の拡大により、対面を中心とした交流や支援がストップするなかで、従来のサポートが十分に機能しなくなり、オンラインでの留学生支援の模索と充実が求められた。こうしたオンラインでの留学生支援は、今後ますます重要になってくると考えられるため、コロナ禍でどのような支援が行なわれたのかを分析し、その意義や将来に向けた課題を明らかにすることが急務となっている。

本章はこのような課題意識に基づき、コロナ禍でボランティア学生達の実践した留学生のオンライン・ソーシャルサポートを分析し、人と対面でつながることが困難な状況において、学生間でどのように学び合い、支え合ったのか、そこにはどのような意義があったのかを明らかにし、今後の外国人支援と多文化共生を考えていくうえで役立つ知見を提供したいと考える。

3.　ボランティア活動の概要と調査方法

本章で分析する活動は、所属大学において 2020 年の春学期と秋学期に行なわれたボランティア学生による留学生の学習支援と交流である。ボランティア学生は、筆者が担当する「多文化教育」科目の学生である。「多文化教育」科目は、春学期には国内の外国人を取り巻く環境や受け入れ制度の課題を学び、災害時の情報発信、そして外国人の公共サービスの一環として注目されている「やさしい日本語」の背景などを学ぶことで[1]、多文化共生に向けて何が必要なのか考えを深める。そして秋学期には多様な交流活動に参加し、省察を行なうことで学びを深める。例年、本授業の受講生の多くは秋学期に日本語の授業に参加し、交流ボランティアの活動を行なうが、2020 年はコロナ禍で対面での交流ができなくなったことから、学生がオンラインでの留学生支援の活動に参加する形を取った。

参加者：支援活動は、2020 年の春学期はクラスの課題ではなく、興味のあるメンバーのみの有志の活動として行なわれた（32 名の学生が参加）。そして秋学期は授業の一環としてクラス全員（42 名）が参加した。留学生は、日本語教育プログラムを履修する学生の中で交流に興味のある学生が、春学期、秋学期にそれぞれ参加し、初級の学生は、授業の会話練習の一環として参加した（表 1）。開始時にはボランティア学生と留学生の人数比が分からなかったため、一対一の活動になるかどうかは決まっていなかったが、結果としてどちらの学期もボランティア学生と留学生がほぼ同数となったため、一対一のマッチングを行なった（ボランティア 1 名に留学生が 2 名になっ

[1] やさしい日本語に関しては授業で扱うとともに、電通ダイバーシティ・ラボ研究員の吉開章氏にゲストスピーカーとしてご講演いただいた。

たのは2組のみ)。ペアのマッチングは基本的にはランダムに行ない、日本語の学習経験が全くない学生のみ海外経験のあるボランティアとペアにして日本語以外でのサポートがある程度できるようにした[2]。

表1 参加者

	ボランティア学生	留学生	留学生の日本語レベル
春学期	32名(有志のみ)	32名(17カ国)	初級56%、中級19%、上級25%
秋学期	42名(クラス活動)	44名(17カ国)	初級40%、中級22%、上級38%

なお、コロナ禍で一時帰国した学生、途中で来日した学生もいたため、留学生の所在地は多様で、春学期は国内75%、海外25%、秋学期は国内60%、海外40%であった(国内の20%は途中来日)。

ボランティアへのアドバイス:ボランティアには、留学生が日本語での交流を希望しているので、基本は日本語(相手のニーズに応じて「やさしい日本語」)を用いるように伝えたが、相手が日本語でのコミュニケーションに過度の負担を感じないように、必要に応じて英語(あるいは留学生の母語)、ジェスチャー、イラスト、写真、映像、動画、マップ、機械翻訳など、利用できるリソースを使って交流するようにアドバイスした。また、交流の際Zoomのホストとして Zoomのチャットや画面共有を使う必要が出てくるため、設定や使用方法について簡単に説明するとともに、個別の質問に対応した。

活動概要:活動はボランティアと留学生がペアになり、毎週1回のオンライン・ミーティングを行なった(学期中の平均回数は8.5回で、1回のミーティングは1時間程度)。活動内容は大きく二つに分けられる。①日本語が中・上級の留学生との交流では、毎週のトピックを設定したディスカッションが行なわれ、トピックはそれぞれのペアが相談して決めた。②日本語が初

2 今回の取り組みでは、ほとんどの組が学期の最後まで交流をすることができていた。マッチングは学生間の相性(合う、合わない)が出る可能性があるので、コーディネーター(筆者)は相談を随時受け付けることを周知していたが、2組から時間が合わせにくいという相談が来た以外は大きな問題は見られなかった。

級レベルの学生との交流では、自由な会話が難しいことから、日本語授業を担当する教員と連携し、教員からもらったその週の学習項目を踏まえた課題シートに沿って Zoom ミーティングで練習する形を取った。例えば、「～が好きです」の文型を使った課題シートでは、ボランティアと留学生がお互いの好きなこと、好きなものについて日本語でインタビューを交互に行ない、そこから会話を広げていく形式である。次の表 2 はボランティア学生と日本語中・上級の留学生が相談して決めたトピックの例で、表 3 は初級の学生用の学習項目である（ボランティアが日本語教員から学習情報をもらい、それに沿って作成したもの）。

表 2　トピックベースの例（中・上級）

	トピック
1 回目	自己紹介、自分のこと
2 回目	自分の家族や自宅の紹介
3 回目	自分の地元・国のこと
4 回目	好きなメディア作品
5 回目	ジェンダー・恋愛観
6 回目	教育・貧困
7 回目	人生のインタビュー
8 回目	健康、疫病の防止、コロナ

表 3　学習項目ベースの例（初級前半）

	学習項目
1 回目	自己紹介、 習慣（起きます・食べます等）
2 回目	動詞文（どこで何をするか）他
3 回目	誘い（ませんか）、 N があります・います
4 回目	N が好き 他
5 回目	将来の話、 可能（～ことができる）
6 回目	依頼、ルール、行き方
7 回目	家族（父は働いている）、経験
8 回目	週末、意見の表現（と思う）他

学生達はこうしたスケジュールに沿いながらも毎週の状況に応じて様々な会話をしており、スケジュールは活動のおおよその目安として使われていた。多文化教育の授業と連携して[3]、ボランティア学生達は週報を作成し、そ

[3] 「多文化教育」科目は、所属大学のキャリアデザイン学部の体験型選択必修科目群に位置付けられ、この科目群では講義と連携したインターンシップ、ボランティア活動を行なう。筆者の授業では、国際交流のボランティア活動を通じた学びの可視化を重視し（村田, 2018）、受講生にボランティア活動の計画、目標設定を行なってもらうとともに、毎週の

の週に行なったことや感じたことを記録し、教員に報告することで、自分達の学びを可視化した。また、留学生とのZoomの交流を録画し、コミュニケーションの省察を行なった。

本章で分析の対象となったデータは、ボランティア学生の週報、Zoomの交流録画、学生アンケート、最終発表会の録画、最終報告書などである。

4. コロナ禍における留学生のオンライン・ソーシャルサポートの分析

非常時の外国人の支援として、前述したように、必要な情報を多言語や「やさしい日本語」で提供すること、心理的不安を低減させること、社会文化的な違いから感じるストレスを低減させることなどが求められる。ボランティア達の活動では、これらと関連して次の五つのソーシャルサポートが見られた。①やさしい日本語・英語を用いた来日の見守りと情報提供、②留学生の母語でのメンタルサポート、③留学生と社会とをつなぐサポート、④進学サポート、⑤就活サポートである。①から⑤の事例の留学生の背景は以下の表4の通りである。

表4 留学生の背景

ソーシャルサポート	留学生（出身地・日本語レベル）
① やさしい日本語・英語を用いた来日の見守りと情報提供	A さん（スペイン・初級前半）
	B さん（台湾・初級前半）
② 留学生の母語でのメンタルサポート	C さん（韓国・初級前半）
③ 留学生と社会とをつなぐサポート	D さん（中国・上級）
④ 進学サポート	E さん（中国・中上級）
	F さん（中国・上級）
⑤ 就活サポート	G さん（イラン・上級）

活動報告、交流録画の分析、小グループでのディスカッションなどを行なった。

① やさしい日本語・英語を用いた来日の見守りと情報提供

2020 年は新型コロナウィルス感染症の拡大に伴い、9 月まで外国人の日本への入国制限が続いていたが、10 月以降、留学生の新規入国が可能になった。このため、ボランティアとオンライン交流をしていた留学生のうち 20% の学生が秋学期途中（11 月頃）に来日し、ホテルでの 2 週間の隔離期間を経て、日本での留学をスタートさせた（図 1 ）。この状況に対応するため、ボランティアは交流の前半は海外の学生に日本の情報を提供し、中盤には来日や隔離期間の学生の見守りサポートを行なっていた。ここではボランティア学生の週報と学生間の Zoom の交流録画に基づき、隔離期間の見守りの実践を分析する。

図 1　2020 年秋学期の留学生の入国のプロセス

ボランティアの H さんと留学生 A さんとのオンライン交流の事例を見る。H さんはスペイン出身の留学生 A さんとオンラインで週 1 回の交流を行ない、毎週の Zoom ミーティングでは、簡単な日本語での自己紹介や短い会話の練習を行なった（A さんは日本語の学習歴が全くなく、2 人の練習は日本語と英語を組み合わせて行なわれた）。

A さんは学期の前半はスペインからオンラインでアクセスしていたが、入国制限が緩和されたことから 11 月に来日できることになった。このためボランティアの H さんは A さんの来日や隔離期間の状況を聞き取り、見守りを行なっていた。

【H さんの週報から留学生 A さんの来日に関する記述を抜粋】

6 週目*（10 月末）
11 月に東京に来られるみたいなので、早く東京に行きたいと楽しみにしている様子が伝わってきました。

8 週目（11 月前半）
今週日本に来るみたいなので、日本になじんでもらえるといいなと思っています。

9 週目（11 月中旬）
（日本に来て）とてもうれしそうでした。ホームシックじゃないかと聞くと、まったく寂しそうではなかったので、驚きました。

10 週目（11 月後半）
日本にきて、検疫（隔離期間）も終わったので、寮で友達ができたみたいなので、少し安心しているように見えました。

* ～週目は学期開始後の週数を表す。

ボランティアの H さんは A さんと Zoom だけでなく、LINE でも連絡を取り合い、隔離期間中は困ったことがあれば連絡するように伝えていた。実際にホテル隔離中の時期に A さんから相談があり、ホテルの外へ出たいがどこを歩いたらいいかが分からないなどといった質問を受けており、近くの公園の情報を教えるとともに、ホテルのフロントの人に聞くようにアドバイスしている。H さんはこの期間を振り返って以下のように述べている。

> 検疫中（隔離期間中）が孤独だったと思います。2 日に 1 回は連絡が来てたので、寂しくなったときに連絡をしてくれたのだと思います。

こうした隔離期間中の留学生を支えたもう一つの実践例としてボランティアの I さんと留学生の B さん（台湾・初級前半）の例を示す。B さんは来日してホテルでの隔離に入っており、Zoom 画面の背景にはホテルの部屋が映っている。I さんはできる限りやさしい日本語を使いながら、必要に応じて英語を入れて、B さんとコミュニケーションを取っている。

【Zoom ミーティング例①】（11 月中旬　B さんは隔離中のホテル、I さんは自宅から）

ボランティア I ：今はまだホテルですか。日本？
留学生 B　　　：はい、ホテル、です。（中略）
ボランティア I ：どうですか。日本での生活は。日本で。
留学生 B　　　：日本で。
ボランティア I ：生活、あの、過ごしていて。（中略）過ごすって難しいですね（「過ごす　すごす」とチャットに表示）
How is your life in Japan? What is going on?
留学生 B　　　：過ごす…。あの、so-so です。
ボランティア I ：そうですよね。まだ外にあまり行ってないですよね。
留学生 B　　　：あまり…。
ボランティア I ：なんか、ステイホームみたいな。
留学生 B　　　：ああ
ボランティア I ：外に出かけていない。You are not going outside, right?
留学生 B　　　：I can go outside. コンビニへ行きます。そしてそばへ行きます。

さらに、このセッションで I さんは隔離期間中の B さんの生活支援も行なっている。B さんは隔離期間中、ホテルと近くの散歩のみ許可されているため、時々コンビニで買い物をしていたが、毎回、ビニール袋について聞かれた際に、日本語でどうやって断ってよいのか分からなかった。このため I さんと以下のようなやりとりを Zoom でしている。

【Zoom ミーティング例①の続き】

留学生 B　　　：I have a question. How to say this in Japanese?
これは日本語で何ですか。（B さんがビニール袋を見せる）
ボランティア I ：袋、です。
留学生 B　　　：ほくろ
ボランティア I ：ふくろ（チャットに「ふくろ」と入力）
留学生 B　　　：（チャットの字を確認する）
ボランティア I ：コンビニとかで、袋、要りますか。
留学生 B　　　：あ～、袋。Every time, I go to コンビニ, and when I check the bill, the clerk（中略）asks me “do I need the bag?,” and actually don’t know what the clerk says, and I always say はい.
ボランティア I ：あ～。OK。So, like, maybe like, 袋、要りますか。
留学生 B　　　：ふくろ

ボランティアI	：I think the コンビニの人は「袋、要りますか」って聞きます。
留学生B	：ah-ha, はい。
ボランティアI	：袋、要らない、要らなかったら （首を振るジェスチャーをしながら）要りません。
留学生B	：要りません。
ボランティアI	：要りません。袋、大丈夫です。要りません。
留学生B	：はい。

IさんとBさんは隔離期間後に感染対策をして会うことができた。IさんはBさんを神社やお寺に案内し、お参りの作法などを教え、自分も調べるなかで、日本文化とも改めて向き合うことができたと述べており、一緒に出掛けることでZoomでの交流では学習しきれないこともたくさんできたと振り返っている。

② 留学生の母語でのメンタルサポート

日本語で話をすることが難しいケースでは、留学生の母語（韓国語）でのサポートも見られた。留学生Cさん（韓国出身）は日本語の学習歴がほとんどなく、専門科目は全て英語で学ぶことを目的として来日したこともあり、コロナ禍での来日と日本での様々な手続きが非常にストレスとなっていた。このためボランティアのJさん（日本語と韓国語のバイリンガル）は、日本語の学習支援よりも韓国語でのサポートに比重を置き、日本語は自己紹介や簡単な挨拶を練習する程度にとどめた。JさんはCさんのメンタルサポートや生活サポートが必要なことを週報に以下のように記している。

> 分からないことだらけの環境に一人で飛び込むということが、いかに大きな不安を伴い、精神的・肉体的にも大変であるのかを知った。実際にCさんは日本に来てから頭痛がすると言っており、分からないことや不安が多いためであると言っていた。そのため、週に一回でも分からないことを聞ける時間の意味は今まで以上に大きいと感じ、Cさんの日本語学習のサポート以外にも私にどのようなサポートができるのかを常に考える必要があるとも思った。

交流の後半では様々な生活相談を行なっており、C さんが来日して隔離期間に入った時期には、日本での生活における心配事（定期券や銀行、携帯、テレビ、ニュースについて）の相談に乗っている。さらにその次の週には、テレビのつけ方など寮に関する質問に答えるとともに、C さんが大学の教授に挨拶に行くための日本語の挨拶表現や礼儀について教えている。また、C さんの相談に対応することで J さん自身が日韓の礼儀の差異に気づき、自分の常識にとらわれずに、相手の常識を知るべきだという振り返りもなされている。さらに、隔離期間後に、東京での生活の話を聞き、留学生が銀行で日本語が通じないために対応を断られたことに衝撃を受け、「これを他人事だと考えず、何を変えていかなければならないのか、どのように変えていかなければならないのか考える必要がある」と記している。

J さんは、コロナ禍での来日直後の C さんの言葉や姿を通して、言語という壁が想像以上に大きなストレス、不安を伴うことを感じ、また、母語での支援活動を通じて、相手にとって週に一度相談できる場を作れたことの意義を感じていた。C さんからのコメントにおいても、J さんと毎週会えたことで心理的に安定し、いつでも質問をすることができる人がいるということ、韓国語が通じる人が日本にいることが大きかったと述べられている。

③ 留学生と社会とをつなぐサポート

来日して留学生活を始めても、コロナ禍で学校に行って人と会うことができないため、孤立感、孤独を感じる留学生が多かった。春の緊急事態宣言が出た時期の留学生の一日の行動は以下のようなものであった。多くの留学生がオンライン授業以外で、対面で人と接する機会がなく、せっかく留学しても日本社会、大学、そして日本に住んでいる人々とのつながりを感じることが難しい状況にあった。

【2020 年 5 月の緊急事態宣言中の留学生の生活例】（留学生への聞き取りから）

8:00	起床	13:00	オンライン授業②
10:40	オンライン授業①	15:00	オンライン授業③
12:20	昼食	16:40	授業終了、少し散歩と買い物
		20:00	勉強

ボランティアとの毎週のオンライン交流は、定期的に人とつながり、様々な日本のトピックについて話し合う機会であり、第5節で後述する留学生の感想を見ても、人と定期的につながって日本語を話せたこと、そして日本のことが学べたことは大きな意味をもっていた。ボランティアのKさんと留学生のDさん（中国出身）の交流の事例では、Kさんは毎週Dさんとトピックを相談して、Dさんのリクエストに応じて日本文化を紹介しており、次の表5に示したように日本の将棋人気、漢字能力の低下、日本人が桜が好きな理由など様々なトピックを紹介している。Kさんは自分が紹介するセッションの前にはパワーポイントやレジュメを作成し、留学生が後でも見られるように工夫している。またKさんとDさんの交流では、双方向の教え合いが行なわれており、Dさんも自分の国の紹介を隔週で行ない、2人でディスカッションをしている。KさんはDさんのプレゼンテーションの週も、事前にそのトピックに関して日本での状況はどうなのか調べて情報を集めておき（例えばLGBTQ、幸福度）、ディスカッションに備えていた。

表5　KさんとDさんの交流トピック例

	ボランティアKさんの国の紹介	留学生Dさんの国の紹介
1回目	日本の将棋人気の理由	
2回目		中国のLGBTQ事情
3回目	低下する日本人の漢字能力	
4回目		中国の人の幸福度
5回目	日本人が桜が好きな理由	

さらに、留学生と社会とをつなぐサポートとして、Kさんは自分の知り合いがいるサークルにDさんを誘って一緒にオンラインで参加している。多くの留学生が日本のサークル活動に興味をもっているものの、コロナ禍で新学期の新入生歓迎のイベントもなくなり、留学生がサークルに入りにくい状況であったが、KさんがDさんと一緒に参加することで、Dさんの交流の範囲を広げるサポートをしている。また、2人のオンライン交流は、お互いの社会文化の紹介やディスカッションだけでなく文化体験の要素も取り入れ

ており、オンラインで一緒にお茶をたてる活動は、D さんに非常に喜ばれていた。

D さんは、学期末に留学生活を振り返って、最初は学校に行けず対面交流がないため精神的に落ち込んでいたが、K さんとオンラインで毎週会って話ができたことで、日本語の使い方、日本の社会、日本人の日常生活など様々なことを学べたことに感謝の言葉を述べている。

④ 進学サポート

留学生の中には、来日して日本語を学び、日本の大学への進学の準備をしたいと考えていた学生もいたが、コロナ禍で日本進学が先行き不透明な状況になり、ストレスを抱えていた。こうした学生にとってボランティアとのオンライン交流は、日本のことや日本の大学の状況について知り、進学のモチベーションを維持するためのよい機会となった。

ボランティアの L さんと留学生 E さん（中国出身）の交流では、L さんが受験期の E さんを支援する姿が見られる。L さんは E さんが日本の大学に進学を希望していることを聞き、日本語の勉強を大切に思っている E さんの気持ちを受け止め、この週の週報に以下のように記している。

> E さんが日本の大学に進学したいと言っていたので、その思いに至った経緯等を少し踏み込んで聞きました。E さんは日本のアニメが好きらしく、文学的な学問に興味があるそうです。次回は中国について少し踏み込んで質問したり、私も日本の大学生として感じる部分等、お互いに質疑応答しながら会話練習を行いたいと思います。

また、L さんは E さんに日本のコロナの状況や大学の通学状況について説明し、情報を提供している。

【Zoom ミーティング例②】（E さん、L さんともに自宅から）

ボランティア L：日本はね、最近またコロナウィルスがすごく増えてきて今すごく危ない状況です。

留学生 E	：はい、私はニュースを見ました。この、あー最近は毎日 500 以上の人の。
ボランティア L	：うーん、そうそうそう。（中略）
留学生 E	：私は大学のメールを見ました。この、レベル 2 、今。 私の（中国人の）友達が心配な、不安の感じ。
ボランティア L	：そうですね。僕たちもすごい心配で。大学もね、レベル 2 だから。 東京都はすごく感染者が増えているんですけど、まだレベル 2 なので、大学に行ける状態なので、少し危ないなって思います。

L さんは E さんから先の見通しがつかない現状では、来日したい気持ちがあるものの、まだ行ける状況でもなければ気持ち的に行く準備もできていないという話を聞き、相手のもどかしい気持ちを受け止めながら励ましている。さらに L さんは E さんの体調があまりよくなさそうなことを心配し、話を聞いたところ、E さんは週に 5 日深夜から朝までのアルバイトをして日本留学の準備を親に頼らずに自分で行なっていると話している。これに対し、L さんは「大切なことですよ」とほめつつも、E さんが徹夜明けで鼻が詰まっているのを画面越しに見て「体調に気をつけてくださいね」と心配している。また、L さんは E さんが勉強のモチベーションを保てるように日本のアニメや食文化の話をして E さんを元気づけている。

上記の例は大学進学希望者の支援であるが、ボランティアの中には、大学院に進学希望の留学生の支援を行なったケースもある。ボランティアの K さんは進学希望の留学生 F さん（中国出身）の依頼で、F さんが書いた大学院の教授に送る申請書の日本語のチェックを行ない、フォーマルな手紙の書き方（「拝啓」、「敬具」など）、敬語の使い方（「思います」と「存じます」、「相談」と「ご相談」の使い分け）など様々な点を F さんにアドバイスしている。大学院の進学や申請書類は通常は日本語教育プログラムの教員に相談する留学生が多いが、オンライン授業に移行し、教員に相談しにくい状況の中で毎週会って相談できるボランティアの存在は非常に大きく、このケースでも急な大学院の申請に際して、ボランティアが誰よりも頼れる存在だったのではないかと思われる。

⑤ 就活サポート

卒業後に日本で就職したいと考えている留学生は多いが、日本独特の就活システムが分からず、就活に困難を感じる学生も少なくない。コロナ禍での就活は従来にも増して先行きが見通せず、留学生への支援が必要とされる。ボランティアの中にはコロナ禍で自分も就活をしている学生がおり、早期選考プロセスで忙しいなか留学生のために就活の情報をオンラインで提供し、支援するケースが見られた。

以下のZoomミーティングではボランティアのLさんが留学生のGさん（イラン出身）に日本の就活のシステムについてやさしい日本語を使って伝えようとしていることがうかがえる（Gさんは日本での就職を希望）。

【Zoomミーティング例③】（Lさん、Gさんともに自分の部屋から）

留学生G　　　：その就職活動のスケジュールとか、流れは今、決まっていますか。どういう流れにしてますか。

ボランティアL：あ、はい、日本の制度、就職活動の仕組みとして、まず、うーん、3年生の、あ、違うな、ごめんなさい。4年生の4月（G：はい）4年生になったばっかりの時期に、あのー、何だろうな、エントリーが始まるんですね。（G：はいはい）で、それは、えっと、みんな一緒、みんな共通なんですね。どの学生も。（G：はいはい）日本全国の学生が、うん、4年生の4月からエントリーが始まって、そこで、エントリーシートとか、自己紹介の紙を書いたりして、企業に送ります。で、企業がこの人いいなあって思った人を選んで、そっからだんだん面接とか、いろいろ、ね、どんどん進んでいくっていうシステムが、日本のノーマルなシステムなんですけど、（G：はいはい）
だけど、私、今3年生じゃないですか。まだ。3年生です。で、今、日本では、その、4月からのエントリーの前、それよりももっと早い段階から、説明会とか（G：ああ）インターンシップって呼ばれているものがあるんですね。（G：はい、インターンシップの経験がありますか）はい、そのインターンシップに参加して、よいパフォーマンスができた人とかは、早めに…就職活動、てか、選考に入れるんですね。（G：ああ）4月に入る前に、この人、インターンシップ一生懸命がんばってて、いい成績出しているから、この人早めに

	採用しようっていう、そういうシステムも日本にはあるんですね。（G：はあ）私はそのシステムで今がんばっているところです。ちょっと早めに。（G：はい、わかりました）。

（下線は筆者による）

Lさんは日本独特の就活のキーワード（エントリー、エントリーシート、新卒一括採用、インターンシップ、早期選考など）をGさんが理解できるように、やさしい日本語で説明しており、例えば新卒一括採用は「みんな一緒、みんな共通」、エントリーシートは「自己紹介の紙を企業に送る」と説明している。また、エントリーシートの書き方の情報、自分が作成したエントリーシートの資料を留学生に提供し、就活の具体的なイメージがもてるように支援している。Gさんはこうしたサポートを受けたことで、就活の前に何を準備すればよいのか分かり、それまでもっていた不安が低減し、自信がついたと述べており、Lさんに紹介してもらったアプリを使って就活を始めている。

5. オンライン・ソーシャルサポートを通じた学生達の気づき

ボランティア学生にとってコロナ禍でのオンラインの支援や交流はどのような意味があったのか聞いたところ、従来の対面での国際交流でも挙げられるコミュニケーションや多様性に関する気づきだけでなく[4]、コロナ禍での人とのつながりに関するコメントが出され、①人となかなか会えないなかで、留学生と話ができてよかった（40%）、②孤独を感じていた留学生の話し相手になれた（22%）、③コロナに関する情報交換、学び合いができた（22%）、といったコメントが挙げられた。

③のコロナに関する相手の国との情報交換に関しては具体的に以下のような例が挙げられた。

[4] 学生から挙げられた気づきとして、言語コミュニケーションスキルの重要性の認識、自分の学習方法の見つめ直し、自国の社会文化、日本語の再認識、視野の広がり、国際交流や留学への動機付けが挙げられた（村田, 2021）。

【コロナに関する相手の国との情報交換の具体例】

- 韓国と比較して日本におけるコロナの感染者が増加していることを取り上げ、日本ではコロナの状況に慣れてしまい、レストランでの飲食や会食を平気でする人々がいて、コロナへの危機感が低くなっていることを話し合った。
- フランスと比較して、フランスの休業補償が日本よりかなり手厚いことに驚き、ニュースで聞くよりも、より身近な留学生から聞けたことで興味をもった。
- 中国で感染者が少ない理由について話し合い、政府の姿勢や国の体制の違いについて話し合った。
- インドネシアの留学生が外出を控え、慎重に行動しているという話を聞き、自分の周りにはそのような考えの人はいないため驚くとともに、日本では緊張感が薄れつつあることを自覚した。
- コロナが勃発してからの中国に対する偏見やステレオタイプについて話し合った。
- コロナで留学生が差別的な扱いを受けた話を聞き、衝撃を受けた。
- 留学生のコロナ禍での問題を知った（帰国したくとも飛行機代が高く帰国できない状況、アルバイトが減ってしまい人と接触する機会が激減した、家がコロナ禍で経済的に厳しいなど）。
- 来日する留学生に日本のコロナの状況や注意点を伝えられてよかった。

　また、留学生にとってコロナ禍でのオンライン交流や学習支援はどのような意味があったのかアンケートとインタビューを実施したところ、従来の日本語での国際交流の効果として挙げられている項目（日本語の運用力の向上、学習意欲の高まり、日本の社会や文化の理解の深まりなど）に加えて、こちらも人とつながることに関するコメントが多かった。留学生達からは「学校に行けず日本人と関わる機会がないなかで、日本人と話す数少ない機会であった」、「仲良くなれてうれしかった、毎回の会話があっという間に終わるほど楽しかった」、「精神的に安心感が得られた」、「人と関わることが進学、就職活動のモチベーションになった」といったコメントが挙げられ、コロナ禍で人との関係性が希薄な状況での交流であったからこそ、つながりが貴重に感じられたのではないかと思われる。

6. 考察

本章ではコロナ禍におけるボランティア学生による留学生のソーシャルサポートとして次のような実践を明らかにした。①やさしい日本語・英語を用いた来日の見守りと情報提供、②留学生の母語でのメンタルサポート、③留学生と社会とをつなぐサポート、④進学サポート、⑤就活サポートなどである。

日本語教育プログラムには毎年多くの学生が授業支援ボランティアとして参加しているが、これまでの授業ボランティアの活動では、本章で分析したようなソーシャルサポートにまで踏み込んだ活動は見られなかった。今回のようなボランティア学生達によるソーシャルサポートは、コロナ禍での困難な状況であったからこそ見えてきたものであり、本章は非常時のボランティア活動の新しい可能性、さらには、非常時のボランティアから、平時にも可能なソーシャルサポートの可能性を示せたのではないかと考える。

最後に本章で分析したボランティア学生のソーシャルサポートの実践例をコロナ収束後の対面とオンラインを組み合わせた留学生の支援にどのように生かせるのかについて考察を加えたい。まず、①のボランティアが行なった来日期の留学生のサポートであるが、こうした実践は対面交流が再開してからも続けていくことが望ましいと考える。日本国内での外国人留学生との国際交流は、通常は来日後の歓迎会や交流会から始まるが、オンラインで渡日前からつながり、来日前後の情報提供やサポートを行なうことができれば留学生が新しい環境に無理なく入っていけるのではないかと思われる。

次に、②の留学生の母語でのメンタルサポートであるが、大学の国際化の一環として、日本留学中の全ての科目を英語で履修する学生も増えており、「やさしい日本語」だけでなく、留学生が理解できる言語での支援も求められている。大学が多言語を話す学生達と連携し、新しく来日する留学生の支援の一環としてオンラインでのサポートを組み込んでいくことも有用であろう。

③のボランティアが留学生と教室外の人々をつなぐ実践も今後の協働のあり方を考えるうえで示唆的である。従来の学生の協働プログラムは学生間のミクロな交流に限定される傾向にあり、学生達がともに何らかの社会活動に参加をするようなプログラムはまだまだ少ない。③のケースでは、学生達が自分達だけの交流の枠組みを越えて、ともにサークル活動に参加し、他の

人々と交流している。対面、オンラインにかかわらず、こうした実践をプログラムに積極的に取り入れたり、学生にキャンパス外での活動を推奨していくことが重要であろう。

④、⑤の留学生の進学サポート、就活サポートの実践も学生間の相互支援の可能性を考えるうえで役立つ。ただし、こうした支援は 1 回の交流会で知り合った相手に頼むことは難しく、学生達が定期的に会って、お互いの距離を縮め、信頼関係を構築するなかで、起きてくるものである（週報の分析に基づく）。学生達が定期的に会うような仕組みを提供し、オンライン、対面の双方を組み合わせながらお互いにサポートできるような環境を作るとともに、お互いに助け合うマインドを醸成していくことが大切であろう。

教育プログラムと連携したボランティア学生による在日外国人のソーシャルサポートの分析はまだこれからの分野である。本章で明らかにした、学生達のソーシャルサポートの実践を参考にして、さらに教育デザインとボランティア活動の連携のあり方を検討していきたい。

謝辞：本研究は JSPS 科研費（19K00720）の助成を受けたものである。

参考文献

加賀美常美代・小松翠 (2013)「第 12 章　大学コミュニティにおける多文化共生」加賀美常美代(編著)『多文化共生論―多様性理解のためのヒントとレッスン―』明石書店, 265–289.

菊澤育代 (2020)「災害時に外国人が抱える課題―情報発信のあり方を考察する―」『都市政策研究』21, 25–38.

中野はるみ (2006)「異文化教育における留学生の役割」『長崎国際大学論叢』6, 55–64.

藤井桂子・門倉正美 (2004)「留学生は何に困難を感じているか―2003 年度前期アンケート調査から―」『横浜国立大学留学生センター紀要』11, 113–137.

村田晶子(編著) (2018)『大学における多文化体験学習への挑戦―国内と海外を結ぶ体験的学びの可視化を支援する―』ナカニシヤ出版.

村田晶子 (2021)「孤立する留学生のオンライン学習支援とソーシャルサポート―コロナ禍でのボランティア学生の取り組み―」『多文化社会と言語教育』1, 14–29.

横田雅弘・白土悟 (2004)『留学生アドバイジング―学習・生活・心理をいかに支援するか―』ナカニシヤ出版.

ロング, ダニエル (2012)「緊急時における外国人住民のコミュニケーション問題―東日本大震災と阪神大震災から学べること―」『日本保健科学学会誌』14(4), 183–190.

第 13 章

日本語教師／学校教員養成課程の学生達のオンラインでの学び

地域の外国人・年少者との実践を通して

島崎　薫、高橋亜紀子、
早矢仕智子、ヒューレット柳澤えり子

1.　はじめに

新型コロナウィルスの蔓延に伴い、2020 年 4 月 16 日に全都道府県に緊急事態宣言が出され、政府から人との接触は最低 7 割、極力 8 割削減するように要請された。職場でもテレワークやローテーション勤務が推奨されたり、飲食店などに休業要請が出た地域もあったりと、多くの人達の生活に大きな影響を与えた。各教育機関では、休校となってしまうところもあったが、コロナ禍でも学びを止めない方策が決死の努力で進められ、高等教育機関を中心に授業のオンライン化が急速に展開した。

本章では、そういった授業のオンライン化によって実現した日本語教師／学校教員養成課程における授業と教育現場をつなげた三つの実践を取り上げる。実践①は地域の外国人と日本語教育専攻の学生の会話セッション、実践②はインターナショナルスクールの生徒と日本語教育専攻の学部 3 年生との演劇プロジェクト、実践③は学校教員養成課程の学生による外国につながりをもつ子どもの支援である。学習環境デザインの枠組みを用い、これらの実践における学生達の学びを考察する。

2. 日本語教育／学校教育を学ぶ学生達の背景

今回の三つの実践に参加した学生は大学で日本語教育を専攻している、または学校教員養成課程に所属している学生達である。日本語教育専攻の学生達は、日本語学習者を対象に日本語教育実習を行なうことになっており、学校教員養成課程の学生達も学校で教育実習を行なうことになる。しかし、日本語教育専攻の学生達に関しては実習に至るまでに日本語学習者との接触経験が十分にあるとは必ずしも言えず、日本語学習者がどのような人達で、どのような生活を送り、どのような文化的背景をもつのかという実感を伴った背景知識も十分にある状況にない。日本語教育実習で日本語学習者に初めて接し、戸惑う学生も少なからずいる。また、学校教員養成課程の学生達も教育実習はあくまでも小中高校での教育実習となり、外国につながりをもつ子ども達と接する機会というのは必ずあるわけではない。学生達は日本語教師であれ、学校教員であれ、大学の中で座学で知識を学ぶものの、日本語学習者や外国につながりをもつ子どもとの接触経験があまりないまま、日本語学習者向けに日本語教育実習をしたり、実際の教育現場で教師として外国につながりをもつ子どもに接することになる。

こういった問題は、教師教育学で理論と実践の乖離として指摘されてきた。コルトハーヘン（2010）は、教育実習生は養成期間に身に付けたことをあまり実践することなく、また新任教師もひとたび学校現場に勤めると、予備知識を十分に備えていないような多くの問題状況に直面し、狼狽することがよくあると多くの研究をもとに指摘している。自分達の想像を超えたことが起こっている実際の現場を目の当たりにしてショックを受けたり、大学で学んだことでは解決できないような問題に直面したりするなどの教室から教育現場への移行で起こる困難が多いため、教育実践場面における教育実習生や新任教師の学びの質は必ずしも高いものとは言えないとも述べている。ましてや、日本語教育という文脈においては、教育実習生や新任教師と日本語学習者との間に異文化が背景として存在し、その乖離にさらなる複雑さをもたらすと考えられる。

3.　学びのデザイン

教師教育における理論と実践の乖離は、知識伝達型の座学の限界とも言える。教師が座学で学生に与えられる知識には限界があり、そこでは学生はあくまでも知識の受け手であり、自身の学びに主体性をもつ機会はなかなかない。その状態で、実践の現場に行くということは、もっている知識と現場で起きていることの乖離に直面することになるだろうし、これまで受動的で知識の受け手でしかなかった学生が、突然主体的な実践者にならなければならないことにも戸惑うだろう。

このような知識伝達型の限界を克服するためには、学びの捉え方の転換が必要ではないだろうか。学びを個人の中で起こる変化、すなわち与えられた知識を獲得していくこととしてだけ捉えるのではなく、社会とのやりとりの中で学生が主体的に知識を作り上げていくことと捉える必要があると考える。そういった社会構成主義的な見方で捉えると、学生は「能動的に学ぶ存在」と捉えられ（美馬・山内, 2005）、その学生がよりよい社会的やりとりができる環境を整えることが大切になってくる。そういった学生が教師や仲間などの周囲の人々、本やインターネットなどのリソースとやりとりしながら学べる環境をデザインすることは、学習環境デザインと呼ばれている（久保田, 2000; 美馬・山内, 2005; 守屋, 2020; 山内, 2020）。

学習環境デザインでは、デザインする対象は大きく物理的環境と社会的環境の二つに分かれる。物理的環境は、〈モノ〉と〈バ〉がある。道具としての〈モノ〉は、例えば学習するために使われる書籍や筆記用具、実験装置、インターネット上にある学習コンテンツ、そこで使われる言語体系や写真、イラストなど学習のリソースとなるものである。〈バ〉とは、学習が行なわれる場であり、リソースがどのように配置されるのかもそこでは意味をもつ。社会的環境は、〈ヒト〉と〈コト〉があり、〈ヒト〉とはそこでどのような人のつながり、人と人との関係をデザインするかということである。〈コト〉は、参加する人達がどんな目的で何をするのかという実際の活動をデザインすることである。〈モノ〉と〈バ〉、〈ヒト〉と〈コト〉が互いに関わり合っているのはもちろんだが、物理的環境、社会的環境の枠を超えてこの四つの要素は互いに関わり合って成り立っている。例えば、〈モノ〉は〈バ〉

にどのように配置されるかによって〈バ〉との関係やそこでの意味が変わってくる。それと同じように、どのような〈ヒト〉の関係を思い描くかによって、〈モノ〉の役割は変わってくるかもしれないし、どんな〈コト〉をデザインするかによって〈モノ〉が果たす役割も異なってくる。逆もまた然りである。このようにして互いが互いを意味付け合ったり、影響を与え合ったりしているのだ。「能動的に学ぶ存在」としての学生、つまり参加者達は、〈モノ〉、〈バ〉、〈ヒト〉、〈コト〉と複雑にやりとりしながら、知識を構築し、学ぶ（加藤・鈴木, 2001; 山内, 2020）。

本書のトピックとなっているCollaborative Online International Learning（COIL）も、「能動的に学ぶ存在」である学生が他者とやりとりしながら知識を構築する、教師はその環境を整えるという社会構成主義的な見方と親和性が高い。COILは、オンライン上で文化を超えてともに学び、ディスカッションし、協働するというアプローチであり（SUNY COIL Center, n.d.）（図１）、教師が学生に一方的に知識伝達をするというよりは、教師が学習環境、すなわち〈モノ〉、〈バ〉、〈ヒト〉、〈コト〉を整え、その中で異なる文化背景をもつ学生同士がやりとりを通して学び、知識構築を行なっていくと言える。

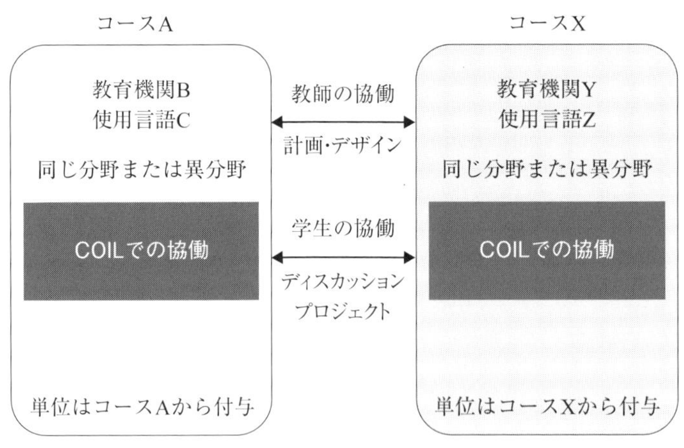

図１　COILのイメージ図（SUNY COIL Center, n.d.（筆者訳））

筆者達が所属する大学の養成課程の中で、教室の中だけにとどまらずに実践の現場とつながりをもちながら学べる環境を整えることは、これまで場所や時間などの物理的問題で難しい状況にあった。地域の日本語教育の現場においても、外国につながりをもつ子ども達に関しても物理的な移動や時間の問題が生じる。しかし、今回の新型コロナウィルスによる授業のオンライン化が急速に進んだことで、障害となっていた場所や時間の問題が解消され、COIL を応用させて今回の三つの実践を実施することができた。本章では、この三つの実践の概要を紹介した後で、学習環境デザインの枠組みを使い、三つの実践が日本語教育を専攻する学生、学校教員養成課程に所属する学生達にとってどのような学びの機会になったのかを考察し、これらの実践での学生の学びを考えていきたい。

4.　オンラインでの三つの実践

ここでは、三つの実践の内容について概観する（図 2 ）。これらの実践は、COIL を応用させてデザインされている。実践①の地域の外国人と日本語教育専攻の学生の会話セッションと実践③の外国につながりをもつ子どもの支援は、COIL の一般的な形である二つのコースがあり、それぞれに学びをデザインする教師がいるという形態ではなく、日本語の使用機会や学びの機会があまりなかった地域の外国人や外国につながりをもつ子ども達と学生達の実践の場を筆者達教師がデザインしたというものである。二つのコースではないが、二つの異なる文脈にいるもの同士が参加する実践であったという点で COIL のコンセプトに合致する。また、COIL では、教師が実践を計画、デザインすることになっているが、今回の実践のうち実践②のインターナショナルスクールの生徒との演劇プロジェクトと実践③の外国につながりをもつ子どもの支援に関しては、教師だけではなく、参加している学生や生徒も〈モノ〉、〈バ〉、〈ヒト〉、〈コト〉のデザインに一部関わっている。本節で三つの実践を概観した後、次節ではこの三つの異なるパターンの実践においてそれぞれ具体的にどのように〈モノ〉、〈バ〉、〈ヒト〉、〈コト〉のデザインがなされ、学生達にどのような変化や気づき、学びがあったのかを学習環境デザインの枠組みを使って分析し、その違いから見えてくる学びのあり方を考察する。

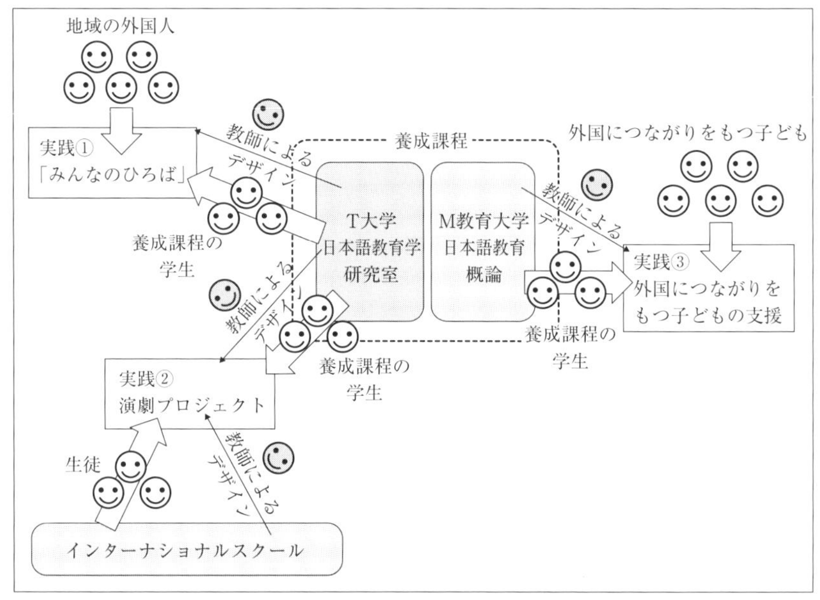

図２　本章が取り上げる三つの実践

実践① 地域の外国人と日本語教育専攻の学生の会話セッション「みんなのひろば」（島崎・早矢仕）

背景：

2020年4月16日に全都道府県に出された緊急事態宣言を受け、仙台市内の日本語講座、日本語教室、日本語サロンなどが全て休止となり、再開の目処やオンラインでの実施の目処も全く立たない状態となった。地域の外国人も社会とのつながりがなくなり、さらにことばの壁で孤立を深めているのではないかと考えた。日本語講座、日本語教室、日本語サロンなどの代替は難しいが、地域の外国人が社会とつながれる場をオンライン上で作ることはできないかと考えた。そして筆者らの所属研究室（当時）の日本語教育を専門としている学生達にとっては、地域の外国人について知り、彼らとコミュニケーションを取れる機会になるのではないかと考えた。

参加者：

この実践には、筆者らの所属研究室で日本語教育を専門としている学部生、大学院生、外国人研究生（以下、学生）と、仙台市に住む外国人（仙台市内の留学生・外国人研究者のうち来日できていない者も含む）が参加した。外国人参加者は、仙台観光国際協会の協力を得て、同協会の SNS、メーリングリストを通じて広く募集し、学内の留学生・外国人研究者向けにも別途広報した。2021 年 1 月 7 日現在で、登録者は 89 名である。参加者の出身国・地域は、中国、ベトナム、インドネシア、台湾、アメリカ合衆国など 15 カ国・地域に及ぶ。

実施概要：

従来の日本語クラスの教師と学習者、つまり教える／教えられるという関係性ではなく、人と人が対等につながれる場を目指し、日本語の使い方を失敗しても間違ってもいい気軽に話せる場であり、自分について話し、相手のことも知れる出会いの場になるように考えた。参加者の全てが対等で、その全ての人のための場であるという意味を込めて「みんなのひろば」と名付けた。デザインにあたっては、磐田国際交流協会で実施されている対話活動を参考にした（磐田国際交流協会, 2013）。日本語での会話を基本としたが、他言語を使用したり、写真などを画面共有したりすることも奨励し、会話を楽しむことを第一の目的とした。上級生（大学院生または学部 4 年生）には、参加者として参加するだけではなく、会話を円滑に進めるファシリテーターの役割を担ってもらった。

オンライン会議システムの Zoom を利用し、前期（6 月～ 8 月）は週に 1 回 1 時間半、後期（9 月～ 2 月）は試行的に週に 2 回 1 時間実施した。後期は、参加者数は時期によって変化したが、多い時で学生 9 名、外国人参加者 15 名で、平均すると学生 4 ～ 5 名、外国人参加者 6 ～ 7 名であった。後期を通してのべ 164 名の外国人、のべ 129 名の学生が参加した。活動は 2 部構成とし、第 1 部は、3 ～ 5 人の小グループに分け、日本語教育学研究室の上級生がファシリテーターを務め、お互いのことが知れるような身近なトピックについて話した。お互いの文化の違いに触れられるだけではなく、参加者本人のことについても話せるようにトピックを工夫した。第 2 部はグループに分かれ、ゲームを行なった。このゲームは自然と発話機会が生まれ、笑いが生まれる状況を作るような、ルールが簡単で誰にでも分かりやすいものを行なうようにした。活動終了後に学生と筆者らで振り返りを行ない、感想や外国人参加者の背景情報などを共有したり、特にファシリテーションをした学生にその日に困ったことや工夫したことなどを共有してもらった。

活動の様子、成果：

「みんなのひろば」は、学生達にとって普段接することが少ない地域の日本語学習者の日本語に触れ、地域の外国人の生活の様子を垣間見る機会となったという声が学生達の振り返りで聞かれた。外国人参加者からも新しいつながりや日本語で話せる場を求めて参加していたとの声が事後アンケートで聞かれた。彼らにとって新しい人とつながることができ、日本語の練習をすることができる場になっていたようである。その一方で、参加した地域の外国人とサポートをする学生との割合も、当日にならないと分からず、グループで日本語母語話者の割合が高くなってしまい、外国人参加者が発話しづらくなってしまうこともあった。また、入室時に名前を呼んで話しかけるなどお互いに認識し合えるように工夫をしたが、オンラインで関係性を築くことの難しさも感じた。加えて、多言語の使用や写真などの画面共有を推奨しているとはいえ、使える言語知識に限りのある日本語初心者が参加すると、グループでの会話が難しくなってしまうこともあった。日本語初心者こそつながりを必要としていると考えられるので、今後はレベル差があるなかでの実践の工夫を考えていく必要があることが分かった。

また活動の中で日本語学習者と比較的接触経験のある上級生をファシリテーターにすることで、参加している外国人の日本語レベルに合わせて日本語をコントロールし、参加者から話を引き出して場を盛り上げ、円滑に進行されるよう工夫した。日本語教育学研究室の学生にとっても学びの場となるように、下級生を上級生と同じグループに入れ、上級生の話し方、場の作り方を見せ、数回経験をしてから、上級生のサポートを受けながら下級生がファシリテーターをやってみるようにした。日本語学習者と接触経験のある上級生というロールモデルを身近に見ながら、自らの日本語をコントロールし、接触場面でどのようにコミュニケーションを取るのかを実践を通して学ぶ場となった。どのようにすれば伝わるのか、どのようにすれば参加者から話を引き出せるのかを試行錯誤する場となったようである。日本語教育学専攻の学生にとって実践的な学びの場となっていた一方で、授業の一環ではなく、参加したい学生が参加する形を取っていたため、特に低学年の学生の参加が継続しなかった。

実践② インターナショナルスクールの生徒と日本語教育専攻の学部 3 年生との演劇プロジェクト（島崎・ヒューレット）

背景：

インターナショナルスクールでは、新型コロナウィルスの影響でそれ以前のように市内の施設訪問や、外部講師による対面での講演など日本語教師とクラスメート以外の人と日本語で話す機会を設けることができなくなり、コロナ禍でも楽しく、深く日本語を学べるような授業を行なう難しさを教師は痛感していた。生徒からも教師以外の人ともっと日本語で話したり、実際に社会で使いたいという意見があった。そこで、単に交流をするだけではなく、協働活動を通し、コミュニケーションをするなかで互いに学び合うことができるよう、インターナショナルスクールの生徒（以下、生徒）と日本語教育学を専門とする学部学生（以下、学生）のオンラインでの国際共修プロジェクトを実施することにした。日本語教育学を専門とする学生達にとっても、外国につながりをもつ子ども達がどのように日本語を使い、日本語を学んでいるのかといった実際の教育現場に触れられる機会となるのではないかと考えた。

参加者：

学生は、9 名中 7 名が学部 3 年生で、2 年次から日本語教育の専門科目を履修し始め、基礎的な知識を学んでいるところである。同時期に学内の外国人留学生・研究者を対象にオンラインで教育実習を行なっていた。その他に、外国人研究生が 1 名と、修士 1 年生で子どもの日本語教育に興味関心があり、ボランティアでサポートをしている院生が 1 名参加した。外国人研究生は、日本語が堪能で、上級レベルである。学生達は全て演習科目の授業の一部として参加した。生徒は高校3年生の男子4名、女子1名、高校2年生の女子1名の計6名である。これまでの経歴、言語、文化背景は非常に多様であり、日本語での会話能力も初心者から上級者まで多様であった。日本社会でのつながりに関しても、アルバイト、スポーツ、親戚関係を通じて日本の社会と深くつながっている生徒が2名いるが、他4名の社会的つながりは学内のコミュニティが主で、日本語に触れる機会は限られていた。

実施概要：

プロジェクトは、生徒が使用している『初級日本語げんきII（第2版)』第14、15、17課のダイアローグの続きを各グループで5～6分程度作成し（図3)、実際にオンラインで演じるというものであった。グループ分けでは、生徒の日本語の力量や性格を考慮しながら、生徒の意向を尊重してペアを決め、学生は来日間もない生徒がいるグループに外国につながりをもつ子どもとのコミュニケーションに比較的慣れている院生や英語ができる外国人研究生を配置し、生徒2名、学生3名の3グループを教師が作った。合同授業は週1回各45分で全5回であった。スケジュールは表1の通りである。合同授業以外の時間を使って、生徒達は、会話の内容のブレインストーミングを行なったり、読む練習をしたりした。学生と一緒に活動しているというのがモチベーションにつながったようだ。

図3　オンラインでのグループワークの様子

表1　プロジェクトのスケジュール

第1回（10/22）	自己紹介、互いに質問
第2回（10/29）	グループで会話作成
第3回（11/12）	グループで会話作成
第4回（11/19）	グループで会話作成・練習
第5回（11/26）	発表

事前準備として、学生は外国につながりをもつ子どもの日本語学習やアイ

デンティティの問題に関しての論文を読み、外国につながりをもつ子ども達が置かれている状況や気持ちについて想像するための材料を得、それをもとにどういった支援をすべきか、どのようなプロジェクトにしたいかをディスカッションした。「子ども達の意見を尊重する、主体性を発揮させる」、「相手の文化や考えを否定しない」、「日本の常識や固定観念に縛られずに接する」、「信頼関係を築くこと」といった発言があった。

活動の様子、成果：

発表では、作成した台本を読むだけではなく、演出上の工夫がどのグループにも見られ、ぬいぐるみなどの小道具を使ったり、場面ごとのスライドの作成、怪我に見せるためのペイントなど生徒達が自ら考え工夫し、生徒達のよりよいスキットにしたいという思いが感じられた。

生徒に実施した事後アンケートでは、今回のプロジェクトはとても多くの学びがあり、実り多い活動だったかという問いに 3 分の 2 の生徒が 5 段階中の 5 と答え、残りの生徒が 4 と答え、生徒達にとって有意義に感じられる活動だったことが示された。自由記述によると、グループで会話を作成するという創造的な活動であったということと、自分達より少し年上の「大学生」と一緒に活動できた、彼らの日本語に触れられたという点が生徒達の高い評価につながったことが分かった。その一方で、オンラインによるコミュニケーションがなかなかスムーズにいかなかったという声が聞かれた。質問し合ったり、身の回りのことについて話したりして互いを理解できる時間をもっと確保できるとよかった。慣れないオンラインでのコミュニケーションを少しでもスムーズにすることで、プロジェクトでのよりよいコミュニケーション、関係性づくりにつながり、生徒達がチャレンジできる場づくりにつながっていったのではないかと思う。

学生の学期末の振り返りレポートからは、学生達が日本語を学ぶ子ども達と接するなかで、彼らがどのように日本語を使い、学んでいるのかを実体験をもとに知ることができたことが分かった。その一方で、事前準備で論文を読み、ディスカッションをするなかで子ども達との関係性やプロジェクトのあり方に関して描いていた思いはあったものの、実際にオンラインで関係を築き、自分達が目指していたプロジェクトを実現するのは、とても難しかったようだ。生徒に適切な配慮やサポートをする難しさを感じていた様子が見受けられた。特に生徒が苦手なこと、できないことばかりに着目してしまい、学生達側が勝手に生徒達の限界を想定してしまうことで、生徒の可能性を最大限に生かせず、彼らにチャレンジする機会を十分に与えられなかったと述べていた学生が多かった。

実践③ 学校教員養成課程の学生による外国につながりをもつ子どもの支援（高橋）

背景：

日本の学校には、外国につながりをもつ子どもが多数在籍しており、その中の約5万人が日本語指導を必要としている（文部科学省, 2020）。しかし、こうした子どもの指導に必要な知識や経験をもつ教員は不足している。宮城県でも外国につながりをもつ子どもが増えており、教員だけでは対応できず、学校外に支援を求めているが、子どもの母語が話せる人がいない、交通手段が確保できない、などの理由で、子どもへの支援が行き届いていないのが現状である。筆者が所属する教員養成大学の学生の多くは卒業後に宮城県や東北地方で学校教員になる。そこで、困っている子どもには学びの場を、将来教員となる学生には外国につながりをもつ子どもを直接支援する体験の場を設けることにした。

参加者：

参加した学生は、初等・中等教育教員養成課程の42名（1年34名、2年7名、4年生1名）である。学生のほとんどが子どもに関わる支援の経験はない。また、教育実習は3年次に行なわれるため、4年生以外は、学校で教えた経験がなく、この実践以外に日本語教育について学ぶ機会もない。子どもは21名（国籍は日本、中国、韓国、ベトナム、ミャンマー、スリランカ、パキスタン、バングラディシュ、アメリカ合衆国）である。宮城県内全ての教育委員会にチラシを送付し、該当する子どもに参加するように呼びかけてもらった。参加したのは、幼稚園から中学2年生までで、日本語がほとんどできない子どももいれば、日常会話が少しできる子ども、会話はできるが読み書きが苦手な子どもなど、様々である。

実施概要：

2020 年度後期の「日本語教育概論」の講義の一部として、「外国につながりをもつ子どものためのオンライン教室」を計 8 回実施した。学生達は子どもに関わるボランティアの経験がほとんどないことから、学生 2 ～ 4 名のグループで子どもを支援する体制にした。オンライン教室は講義中の 16:30 ～ 17:30 の 1 時間とした。講義は ⑴ 子どもの支援を行なうための事前学習、⑵ オンラインによる支援、⑶ 支援の振り返り、の 3 部構成とした。オンライン教室にはオンライン会議システムの Zoom を利用した。学生は 16:20 にログインし、教室の進め方を確認した後で、グループに割り当てられたブレイクアウトルームで子どもの支援を行なった。17:30 の教室終了後、その日に実施した支援の記録をし、グループ間で共有した。この他、他のグループの支援の様子を見学する会やグループ代表者による報告会も実施した。

活動の様子、成果：

学生は教えること、外国につながりをもつ子どもと話すこと、オンラインで支援すること、全てが初めてで、不安を抱えながら支援を始めることとなった。初めは、通信環境が不安定、映像や音声の乱れ、タイムラグなどのオンラインに特有の問題の他、子どもと目が合わない、子どもの表情や反応が分からない、子どもが書いているものが見えない、などの問題が数多く挙げられた。しかし、オンライン上の教材や自作教材を画面共有する、Jamboard やホワイトボードを利用する、などの工夫によって、こうした問題は徐々に解決できた。

学生が行なった支援は子どもの年齢や好きなこと、日本語能力などによって異なるが、幼稚園児には文字や数字、小学生には国語（漢字や語彙）や算数（九九や計算）、中学生には国語（漢字や古典）、数学、日本語（助詞、動詞の活用、友達や先生が話している言葉の意味）などである。

小学生に対しては、学生は子どもに笑顔で話しかけ、学校での様子を質問するなど、子どもと親しくなろうと接していた。そして、子どもが好きなことを支援に取り入れる、しりとりや間違い探しなどの言葉遊びのゲームを取り入れるなど、子どもが安心して楽しく学べるように工夫しながら支援をしていた。しかし、遊びやゲームのバリエーションがないために指導が単調になる、子どもの学習意欲が引き出せない、教科指導の方法が分からないなどの課題は残った。特に、低学年の子どもを担当した学生は、子どもの集中力が切れたときの対応に苦慮していた。

中学生に対しても様々な工夫が見られた。あるグループは学生が子どもに教えるだけではなく、子どもから母語や母国の文化などを教えてもらうという相互学習を取り入れていた。また、あるグループは日本の高校入試を控えて不安を感じている子どもに対して、高校の入試制度や大学進学についての説明をし、子どもの不安を解消する支援を行なった。この他、日本での生活が嫌で涙ぐんでいた子どもを担当したグループは、日本での生活を肯定的に捉え、将来への希望をもってもらえるように、母国と日本の生活を比較したり、将来の夢を話したりする活動を行ない、子どもの悩みや不安を受け止めていた。この子どもは教室が終わるころには、自分の進路や将来について前向きに考えることができるようになった。

支援を通じて学生にとって難しかったのは、子どもが分からないことを子どもが理解できる日本語に言い換えて説明するということであった。学生からは、自分ではやさしい日本語を使って子どもに説明しているつもりだが、子どもにはそれがうまく伝わらず、大変苦労したという声が多く聞かれた。それでも、言葉だけで伝わらない時には、イラストや実物、ジェスチャーなど別の手段で伝えようとする姿勢が見られた。

授業後のレポートには、「外国につながりをもつ子ども」といっても、出身地や母語、家庭環境、日本語力、宗教などが多様であることへの気づきが見られた。また、子どもをよく理解しようとすることが最も大事だ、子どもの実態を理解したうえで子どもにあった指導や支援を考えることが必要だ、という記述も多く見られた。さらに、外国につながりをもつ子どもへの支援は教科が苦手な日本人の子どもへの支援にもつながることに気づいたという記述もあった。これらの振り返りから、「教える」という初めての体験の中で、学生は子ども一人ひとりと真摯に向き合い、グループで話し合いながら子どもへの支援を行なっていたことが分かった。学生は外国につながりをもつ子どもに限らず、自分の目の前にいる子どもを理解し、その子どもにとって必要な支援は何かを考えることが大切だと考えていた。本実践は、教育経験のない学生が外国につながりをもつ子どもに対する理解を深め、教師の役割を考えるという貴重な機会になったのではないだろうか。

5.　学習環境デザインの枠組みから見た三つの実践

本節では、どのように〈モノ〉、〈バ〉、〈ヒト〉、〈コト〉のデザインがなされ、その学習環境の中で学生達はどのような気づきや学びをもったのかを考察する。すでに述べたように、実践①の地域の外国人との会話セッションは教師がほとんどの学習環境デザインを担っていたのに対し、実践②の演劇プロジェクトでは、学生達が主体的にデザインした部分が含まれ、実践③の子どもの支援では学生達が活動の中でより多くの部分をデザインしていった。本節の最後の項で、三つの実践を比較しながら誰がどのようにデザインをしたかによって生まれた違いについても考察する。

5.1　実践①の学習環境デザイン

表 2　実践①の学習環境デザイン

	ヒト	バ	コト	モノ
教師	学生と外国人参加者との対等な関係	間違えても大丈夫な場、互いを知る場	トピック会話、ゲーム	オンライン
教師	学生間での先輩－後輩		先輩が後輩に見本を見せる、コメントをする	
学生				身近なトピック、コントロールした日本語、他の言語、写真

まず、実践①の「みんなのひろば」は、表 2 のように教師らによって学生、外国人参加者にかかわらず、対等な関係でつながるという〈ヒト〉のデザインがなされた。その関係を実現するために、日本語の使用を失敗しても間違ってもいい気軽に話せる〈バ〉であり、自分について話し、相手のことも知れる出会いの〈バ〉として「みんなのひろば」が設定され、そこでの〈コト〉としてお互いのことを知れるような身近なトピックで話す活動や、

自然と発話機会が生まれ、笑いが生まれるように工夫されたゲームが実施された。それらの活動の中では、お互いのことを知れるような身近なトピックや難易度をコントロールした日本語、他の言語、写真が〈モノ〉として使用された。これらの〈モノ〉を使用することで、〈コト〉を通した間違いを気にせず気軽に話し、互いのことを知れる〈バ〉づくりにつながったと考えられる。またどこからでも気軽に参加できるようにオンラインという〈モノ〉を使って実施した。このような学習環境がデザインされたことで、日本語教育を学ぶ学生にとって、なかなか接点がなかった地域に住む外国人について知る機会となり、彼らがどんな日本語を話し、どんな人達で、どんな暮らしをしているのか彼らの人となりに触れる機会となった。地域の外国人にとっても、「みんなのひろば」は、コロナ禍でも新しいつながりをもたらし、そのつながりを通した日本語を練習する機会や楽しい時間を提供していた。COIL のコンセプトでもある、異なる文化背景をもつ者同士が接することで生まれた学びと言える。その一方で、学生と外国人参加者のバランスによって外国人参加者が話しづらくなってしまうこと、オンラインで関係性を築くのが難しいこと、レベル差がある場合の会話が難しいことなど、〈ヒト〉や〈コト〉のデザインにおいて改善が必要な部分もあった。

またこの実践①は、日本語教育を学ぶ学生の中でも先輩・後輩の関係性を利用した〈ヒト〉のデザインも含まれていた。比較的日本語学習者との接触経験がある先輩がファシリテーターという役割を担うことで、外国人参加者に対してどのような話し方をし、どのようにその場の雰囲気を作るのかを後輩に見せた。ファシリテーターという役割を設けたことは〈ヒト〉のデザインとも言えるだろう。最初に先輩がやってみせ、慣れたところで後輩がファシリテーターをやってみるというのも、後輩にとっては段階的に学べる機会となっており、毎回の振り返りも自分のファシリテーションに対してコメントをもらえる機会となっていて、これらは〈コト〉のデザインと言える。このような学習環境デザインによって、先輩達というロールモデルを参考にしながら、自らの日本語をコントロールし、会話を実践する場となった。その一方で、低学年の学生達の継続的な参加がなく、彼らがファシリテーションをやってみるというところまで行っても、彼らがどれだけそのスキルを身に付けることができたのかは判断が難しかった。

5.2 実践②の学習環境デザイン

表 3　実践②の学習環境デザイン

	ヒト	バ	コト	モノ
教師	グループ分け		ダイアローグの続きを考える	オンライン
				論文
学生	どんな関係になりたいか	どんな場であるべきか	生徒達への働きかけ	ダイアローグを選ぶ、小道具、役

実践②の演劇プロジェクトでは、表3のようにインターナショナルスクールの生徒と日本語の教科書のダイアローグの続きを考えるというプロジェクトの内容、すなわち〈コト〉のデザインは教師が行なった。オンラインという〈モノ〉を使用してのプロジェクトの実施も教師が決めた。そして教師が学生の事前学習として外国につながりをもつ子どもについて書かれた論文、つまり〈モノ〉を準備し、外国につながりをもつ子どもについての知識が得られるようにした。プロジェクトのグループ分けに関しても、両教師がグループ内でのコミュニケーションが円滑になるような配慮をし、〈ヒト〉のデザインを行なったと言える。その中で学生は、教師から与えられた〈モノ〉の論文を読み、生徒達とどのような関係を築きたいのか、どのような場にしたいのかを考え、〈ヒト〉、〈バ〉のデザインを学生自身が行なった。そしてプロジェクトのより具体的なレベルで、学生と生徒が協働で〈モノ〉の決定を行なっている。例えば、どのダイアローグという〈モノ〉をグループで取り扱うか、どんな小道具という〈モノ〉を使うか、どんな役という〈モノ〉を作るかなどである。生徒から、学生とのコミュニケーションに積極的に関わることができず残念だったという声は聞かれたものの、学生と生徒にある程度、学習環境の決定権があるなかで行なわれたプロジェクトは、生徒にとっては、創造的に会話を制作するという〈コト〉や、少し年上の「大学生」という〈ヒト〉によって、教師以外の日本語に触れ、その日本語を使って活動をする機会となり、そこでの学びに対して高い評価をしている。これは、COIL のいうところの異なる文化背景をもつ者同士の協働作業の意義と言えよう。その一方で学生達は、論文をもとにしたディスカッションを通し

て自分達が思い描いた〈ヒト〉や〈バ〉になるように様々な工夫を〈コト〉の中で行なったようであるが、思い描いた関係性や場の雰囲気を築くことの難しさを痛感したようである。特に、信頼関係を築き、その中で生徒達にチャレンジさせること、可能性を最大限に引き出すことの大切さを感じながらも、困難を感じたようだ。また学生も生徒も、オンラインという〈モノ〉を使ったコミュニケーションになかなか慣れず、苦労したり、戸惑ったりしたようだ。それを克服するためにも、オンラインという〈モノ〉に慣れ、互いにある程度のラポールをプロジェクト開始前に築けるような〈コト〉のデザインも教師側で必要だったかもしれない。

5.3 実践③の学習環境デザイン

表4　実践③の学習環境デザイン

	ヒト	バ	コト	モノ
教師	学生は子どもの支援者	子どもを支援する場		オンライン
学生	教師は子どもに対してどうあるべきか	どんな場であるべきか	教科学習、言葉遊びどんな支援をするか	ゲーム、教材

実践③は、表4のように学生が子ども達を支援するという〈ヒト〉や〈バ〉のデザインの大枠は教師が決めているものの、具体的な〈コト〉である支援内容、例えば教科学習をするのか、言葉遊びをするのかなどといったことは、学生達が決めている。〈コト〉を実施するのに必要な〈モノ〉に関しても、ゲームの内容を考えたり、オンライン上の教材を使ったり、教材を自作したりして自分達でデザインしている。その決定のプロセスも、子ども達一人ひとりに寄り添いながら行なっており、例えば日本での生活が嫌で涙ぐんでいた女子中学生には日本での生活が前向きに捉えられるような〈コト〉や〈モノ〉をデザインしている。学生達は外国につながりをもつ子どもという異なる文脈にいる相手としっかり対話することで適切な支援の方法を考えることができたと考えられる。これは、COIL のコンセプトでもある、異なる文化背景をもつ者同士が接することで起きた気づきや学びとも言えよう。実践の中で生じたオンライン特有の物理的な〈モノ〉に関する問題は、

教師とともに学生が〈モノ〉を再デザインすることで解決している。〈コト〉のデザインに関しても、子ども達の特性やできること／できないことが分かってくると、それに合わせて活動を自分達で工夫をして再デザインしていたが、その限界もあり、課題として残ったこともあった。

また、この活動を通して学生達は子ども達と日本語でコミュニケーションを取ることの難しさも感じたようだ。このような学習環境デザインの中で、初めて誰かに何かを教える経験をした学生達は、外国につながりをもつ子どもの教育に限らず、自分の目の前にいる子どもを理解し、その子どもにとって必要な支援は何かを考えることの大切さなど、子どもにとっての教師の役割、つまり〈ヒト〉や〈バ〉、〈コト〉のあり方の再考をする機会となった。

5.4 誰がどのように学習環境をデザインするか

これらの三つの実践の学習環境デザインは、学生にとっては〈モノ〉、〈バ〉、〈ヒト〉、〈コト〉を介し、地域の外国人や外国につながりをもつ子どもと接するなかで彼らのことをより深く知る機会となったようだ。また地域の外国人や子ども達にとっても、コロナ禍でも人とつながる機会、学ぶ機会となったようである。この学習環境デザインにおいて最も注目したいのは、この三つの実践が一般的な COIL とは異なり、教師と養成課程で学ぶ学生によってデザインされたことである。

5.4.1 学生主体のデザイン

実践①は教師が主に学習環境をデザインしているが、実践②、実践③は教師と学生によってデザインされた。実践②、実践③は、学生自身が部分的に主体性をもって学習環境をデザインすることで、自分がもっている知識で考えたことと現場で起きたことの葛藤やずれを感じることができ、また学生達が伸ばさなければならないスキルに関しても実体験をもって学ぶことができた。コルトハーヘン（2010）が指摘するような教育実習や実際の教育現場で体験するショックや、現場への移行で起こる困難とは違い、実際の現場に近い状態でありながら、教師によってある程度デザインされた学習環境であることで、自分がもっている知識で考えたことと現場で起きたことの葛藤やずれ、自分の伸ばさなければならないスキルに焦点を当ててしっかり内省することができたのではないだろうか。従来のような座学から突然実践現場に移行し、環境全てで葛藤やずれが生じ、ショックを受けるというのではなく、教師が大枠をデザインし、その中で自身がデザインした一部分に焦点を当てて深く考えたり、振り返ったりすることができた。それは、養成課程の授業と実際の教育現場をつなぎ、教室と現場の中間の場所の役割を果たし、学生達が戸惑う教室から現場の移行におけるスモールステップとなったのではないだろうか。また、授業という枠組みで行なっていたことで、特に実践③では他の学生達がどんな工夫をしているのか、学生同士で情報交換ができたことも、コルトハーヘン（2010）が指摘するような教育実習や実際の教育現場で体験するショックを緩和する材料となったのかもしれない。

5.4.2 学生が〈ヒト〉を中心にデザインすること

今回の学習環境デザインは、〈ヒト〉のデザインが中心となっていた。山内（2020）でも〈ヒト〉のデザインを中心とするとよいことは指摘されている。実践②の演劇プロジェクトでは、学生達が生徒達とどうありたいか、まず〈ヒト〉のデザインを行ない、そこから〈バ〉を思い描き、生徒と一緒に〈モノ〉をデザインしていった。実践③の外国につながりをもつ子どもの支援では、子ども達がどんな子ども達なのか、何を求めているのか、どんな支援が必要なのかを考えながら〈コト〉や〈モノ〉を繰り返し再デザインしながら実践するなかで、最終的に子ども達と自分達学生との関係性、つまり〈ヒト〉のデザインを見つめ直している。最初に〈ヒト〉のデザインを行なうか、活動の最後で〈ヒト〉のデザインを見直すかの違いはあるが、実践②も実践③も学習環境デザインの中心に〈ヒト〉のデザインがある。

その一方、実践①では、教師は〈ヒト〉を中心にデザインをしているが、学生はその〈ヒト〉のデザインに関わっておらず、教師から一方的に与えられるデザインとなっている。「みんなのひろば」で低学年の学生達の継続的な参加がなかったのは、この点に関係があるかもしれない。上級生の学生達は、教師から与えられた〈ヒト〉のデザインではあったが、自らデザインする、考えるということはなくとも、日本語教育実習やこれまでの自身の外国人との関わり、多文化共生に関する知識などから、彼らなりに教師がデザインした〈ヒト〉のイメージを共有し、活動に参加できていたのではないだろうか。その点、低学年の学生達にとって、教師から与えられた〈ヒト〉のデザインからは十分なイメージができず、〈モノ〉、〈バ〉、〈コト〉のデザインとも十分につながらず、自分なりのイメージがもてないために、主体性も生まれず、継続的な参加にはつながらなかったのかもしれない。低学年の学生達の主体的でかつ継続性のある参加を促すためには、実践②、実践③のように、〈ヒト〉のデザインに関わったり、〈ヒト〉のデザインを再考するような機会を作ることが必要かもしれない。

6.　おわりに

新型コロナウィルスは私達の生活に大きな制限を与えたが、その一方で教育の分野でのオンライン化が大きく拡大するきっかけともなった。それはこれまで難しかった学びの形の実現にもつながった。教師教育学では、これまで養成課程における授業と実践現場の間には乖離があり、教育実習生や新任教師はそのギャップに戸惑い、実践の現場で何か学びを得るということが難しいということが指摘されてきた。養成課程において知識を与えるだけの学びから、より主体的な学びに形を変える必要があるのではないかと考え、このコロナ禍をきっかけにこれまで対面ではなかなか実現が難しかった授業と教育現場をつなげ、そこでの学生の主体的な学びの実現を試みた。本章では、その養成課程の学生と地域の外国人や外国につながりをもつ子ども達が参加した三つの教育実践での学生の学びについて学習環境デザインの視点から考察した。その考察から、活動の中で〈モノ〉、〈バ〉、〈ヒト〉、〈コト〉を介して学生や参加者達が自分達自身で気づき、学びを構築していたことが明らかになった。さらに、教師、学生のデザインへの関わりが異なる三つの実践を比べることで、学生達の〈ヒト〉を中心とした学習環境のデザインへの関わりが、より主体的な学びにつながるのではないかということが見えてきた。また、教師がある程度整えた枠の中で学生が学習環境をデザインしたり、見つめ直したりすることで、教師の支援を受けながら実践を行なうことができ、理論と実践をつなぐステップとなるような活動になった。

今回の実践はコロナ禍で急遽実施したものであり、まだまだ課題も多い。実践でうまくいかなかった部分や、学生が力不足を感じた部分ももちろん重要であるが、教師が大枠の学習環境デザインを行ないながらも、学生にどれだけ主体性をもたせて学習環境をデザインさせ、学生自らが気づき、考える機会をもてるかのバランスを考えることも今後の課題である。本章に関しても、実践の中でのやりとりのデータや実践後の彼らの振り返りに関するデータなど十分でない部分があり、実践の中で何が起こったのか十分な検討ができたとは言えない。今後は、実践の改良とともに、その検討も十分に行なっていく必要がある。

参考文献

磐田国際交流協会（2013）『対話活動のための教材「にほんごでおしゃべりしよう！」』https://www.bunka.go.jp/seisaku/kokugo_nihongo/kyoiku/seikatsusha/h24_nihongo_program_a/pdf/a_35.pdf,〈2021 年 5 月 28 日アクセス〉.

加藤浩・鈴木栄幸（2001）「協同学習環境のための社会的デザイン―「アルゴリアーナ」の設計思想と評価―」加藤浩・有元典文（編著）『認知的道具のデザイン』金子書房, 176–209.

久保田賢一（2000）『構成主義パラダイムと学習環境デザイン』関西大学出版部.

コルトハーヘン, F.（2010）「実践からの学び」F. コルトハーヘン（編著）, 武田信子（監訳）『教師教育学―理論と実践をつなぐリアリスティック・アプローチ―』学文社, 35–61.

坂野永理・池田庸子・大野裕・品川恭子・渡嘉敷恭子（2011）『初級日本語げんき II（第 2 版）』The Japan Times.

美馬のゆり・山内祐平（2005）『「未来の学び」をデザインする―空間・活動・共同体』東京大学出版会.

守屋久美子（2020）「高等教育機関における遠隔交流学習の学習環境デザイン―ヒト・コト・モノの観点から―」『言語・地域文化研究』26, 355–367.

文部科学省（2020）『「日本語指導が必要な児童生徒の受入状況等に関する調査（平成 30 年度）」の結果の訂正について（令和 2 年 1 月 10 日）』https://www.mext.go.jp/b_menu/houdou/31/09/1421569_00001.htm,〈2021 年 5 月 28 日アクセス〉.

山内祐平（2020）『学習環境のイノベーション』東京大学出版会.

SUNY COIL Center（n.d.）“WHAT IS COIL?” https://online.suny.edu/introtocoil/suny-coil-what-is/,〈2021 年 5 月 28 日アクセス〉.

コラム

日本語教育を学ぶあなたへ

オンライン国際交流の場を生かして

澤邉裕子

「手紙を書いているような気持ちで、相手のためになるように願いながら授業案や教材を作成することができた」

これは、2020 年度に日本語教育ゼミで行なった韓国の H 大学上級日本語会話クラスとの交流学習プロジェクトを振り返ってのある学生のコメントです。「手紙を書いているような気持ちで」作った授業というのは、交流学習プロジェクトで知り合い、ともに学び合った学習パートナーのための授業のことです。

日本語教員養成課程の授業では、日本語教育の基礎としてコースデザインとカリキュラムデザインについて学びますが、学習者のニーズ調査、レディネス調査と分析を生かしてこれらのデザインを行ない、実際に授業をして振り返るというプロセスを経験する機会は、なかなか得られるものではありません。特に、対面で会うことが難しい海外の日本語学習者に対する授業デザインを一から考えるという経験は得がたいものです。そこで、「海外の日本語学習者とじっくり向き合い、授業をデザインし、実践する基礎的な力を養う」ためにも有益な方法としてオンライン国際交流学習をおすすめします。

マンツーマンのオンライン国際交流学習
～ゆみさんとユジンさんのケース～

例えば、大学 3 年生のゆみさん（仮名）は、日韓の大学のクラス間交流学習プロジェクトで学習パートナーのユジンさん（仮名）と知り合いました。SNS で自己紹介をし合った後、1 回目のオンライン対話の時間に、ユジンさんと 2 時間ほどお互いの趣味や勉強の悩みについて話をしたそうです。そこで、ユジンさんが大学でデザインを専攻し、絵を描くことが得意で日本のアニメや漫画に興味があり、日本のアニメ制作会社に就職したいと考えていることを知りました。さらにユジンさんがインスタグラムのアカウントをもっていて、いつか自分が描いた絵を投稿したいと話していたこと、ゆみさん自身も絵を見せてもらって多くの人にユジンさんの描いた絵を見てほしいと思ったことから「インスタグラムにオリジナルの漫画を投稿しよう！」という単元案を作成したそうです。2回目のオンライン対話でゆみさんは「SNSのカジュアルな場での適切で印象的な自己紹介」ができるようになることを目標とした授業を行ない、実際に投稿されているインスタグラムの自己紹介文も参考にしながら興味をもってもらえる自己紹介文をユジンさんと一緒に考えました。その結果、インスタグラムらしい自己紹介文ができ上がり、これを使って実際に投稿してみたいとユジンさんに喜んでもらえたとのことでした。また、授業についてユジンさんからもらったフィードバックはとても有意義なものだったそうです。2人はオンライン対話の前後にもコンスタントにSNSで連絡を取り合い、コミュニケーションを取っていて「いい友達ができた」とお互いに思える関係性も構築できたようです。

このケースのように、海外の日本語学習者とつながり、学習パートナーとなり、SNSでメッセージ交換をしたり、リアルタイムでオンライン通話をしたりすることでお互いにたくさんのことを学ぶことができます。日本語教育を学んでいる人ならば、学習パートナーの日本語学習のニーズやレディネスを聞き、それをもとに日本語授業をデザインし、実際にやってみて相手からフィードバックをもらえれば、お互いにとってそれぞれの目的に応じた力を高める契機となり、WIN-WINの学びにつながることでしょう。

オンライン国際交流学習五つのコツ

日本語教育を学ぶ多くの方に、オンライン国際交流学習を経験してみていただきたいですが、初めての方は不安もあるかもしれません。ここで、お互いにとって有意義な交流学習にするためのコツを五つ紹介したいと思います。オンライン国際交流学習に関心をもった方の参考になれば幸いです。

1）自己開示の時間を取り入れる

初めはSNSで自己紹介をし合い、ゆっくり話ができる時間を作ってみましょう。お互いに自分のことを話しながら、好きなもの・ことについての共通点や違う点について探してそれについて語り合うのもいいですね。

2）対話の際は笑顔で、リアクションを大きめに、聞きやすい声量で話す

オンラインだと対面よりもこちらの反応が伝わりにくいこともあるので、笑顔や明るさを意識して話すと安心してもらえます。

3）相手が理解できる日本語を使う、相手の母語を学んで使ってみる

日本語を勉強中の学習者の方とコミュニケーションする際には、「やさしい日本語」についてもぜひ勉強して、使ってみてください。また、相手の母語についてもぜひ挨拶や簡単な表現から学んでみて、使ってみたり教えてもらったりするといいですね。

4）コンスタントにSNSで連絡を取り合う

対面と違って、偶然道ばたで会うことや授業の休み時間に私的な交流をすることが難しいのがオンライン交流です。例えばSNSのアカウントのフォローをお互いにしたり、質問や近況についてメッセージを送り合ったりするコミュニケーションをぜひ行なってみてください。

5）相手の喜びそうなものをプレゼントし合う

相手が喜んでくれそうなもの。それはものだけでなく、日本語の質問への答えだったり、フィードバックだったり、日本語の授業だったり、相手のことを思い、準備した全てのものがプレゼントになるのではないでしょうか。交流の醍醐味はお互いに喜びを交換できることにあると思います。

「つながる時間」を積極的に作り、たくさん自己開示してお互いを知ることがオンライン国際交流学習を円滑に進める最大のコツだと思います。オンラインツールの普及で海外の人とつながれるメリットを生かし、ささやかな日常を伝え合うような交流からぜひ始めてみてほしいと思います。

Part IV

ゆるやかなオンラインの学びの共同体

第 14 章

日系ディアスポラの青年を ゆるやかにつなぐオンラインの協働

「CLD-Online」がもたらすアイデンティティ変容と脱中心化

松田真希子

1. はじめに

1.1 日系ディアスポラとしての CLD 青少年

ディアスポラとは、自発的または強制的に祖国を離れて、離散して暮らす状態を表す（ホール, 2014）。世界に 1,800 万人いるといわれるインド系移民（印僑）が代表的なディアスポラとされるが[1]、植民地時代に祖国を離れた黒人、そしてハワイや北米・南米大陸に渡った日系人もディアスポラに含まれる。南米大陸の日系コミュニティは約 200 万人で構成される世界最大の日系ディアスポラである。

南米日系ディアスポラは、通常、生活言語・教科言語としては現地語を用いており、日本語が家庭内言語・継承語として使用されている家庭も減少している（中東, 2018）。デカセギ等で日本と現地を往還する場合もあり、境界は多様で連続的であるが、多くの日系ディアスポラの子弟は日本人／現地

[1] United Nations Department of Economic and Social Affairs（2021）*International Migration 2020: Highlights*. https://www.un.org/development/desa/pd/sites/www.un.org.development.desa.pd/files/undesa_pd_2020_international_migration_highlights.pdf,〈2021 年 10 月 3 日 アクセス〉.

人扱いされない体験、日本人／現地人より日本語／現地語ができないという感覚、自身の話す日本語（コロニア語）は「きたない言葉」「教養のない言葉」「下卑た言葉」と感じるといった、アイデンティティや日本語能力の面で劣等意識をもちがちである[2]。そこには日本—日系、母語話者—非母語話者のバイナリーによってもたらされる「亜流の日本人／亜流の現地人」という文化的アイデンティティが垣間見える。

また日系ディアスポラはインドのディアスポラ等と比べると日本社会への参画のあり方に階層性が生じがちで、日本社会参加に与えるパワーも弱い。デカセギとして日本の製造業に組み込まれることが多いのは、アメリカのシリコンバレーで活躍し、インド本国の経済にも影響力をもつインド系移民と対照的である。その背景にあるのは、日本にいる日本人や日本で話されている日本語が日本的なものの中心・上位にあるという固定的な観念である。

日系の継承語学校においても、祖国日本の文化の理想化、祖国の日本語の信奉といった、遠隔地ナショナリズムによる、ピジンの日系コロニア語へのネガティブな感情が見られる。

また、日本語教師間のネットワークはオンライン・オフライン問わず比較的形成されているが、青少年同士の交流の場が見られなかった。そのため、もし、空間的な境界性がバイナリーを超え、これまでつながっていなかった人達が教育によって豊かにつながり、新たな、そしてアクティブなコミュニティが生まれていけば、日本語世界の脱中心化が起こり、文化的ハイブリッド・アイデンティティや社会参加能力の育成などが促されるように思われる。

そこで、本章では、そのような日系ディアスポラである青少年をターゲットとしたオンラインでのゆるやかなつながりの場をデザインした実践について報告し、オンラインでのコミュニティがもつ可能性について述べる。

本章では上述した海外に住む日系ディアスポラとしての青少年のことを以

---

2 コロニア語への日系ブラジル人の意識の変遷は中東（2018）に詳しく述べられている。ブラジルでは1950年代以降に日伯混合語がコロニア語と名付けられ、日系2世による肯定的なことばとして位置付けられた時代があったが、20世紀末、南米日本語専門家野元菊雄氏がコロニア語に対する否定的な発言をしたことで、コロニア語への肯定感が下がった。2018年にブラジル日系文学会会長中田みちよ氏が日系文学としてコロニア語を肯定的に考える投稿をニッケイ新聞に行ない、コロニア語への再評価への流れが起きていると述べている（中東, 2018）。

後より多様性の包摂ができる CLD 青少年と呼ぶ。CLD 青少年とは、文化的・言語的な多様性（Culturally and Linguistically Diverse）をもつ青少年のことである（Cummins, 2009）。

1.2 オンライン・コミュニティの発達によるディアスポラの変化

21 世紀に急速に発展した情報通信技術の影響により、境界やアイデンティティに対する人々の認識が変化している。20 世紀以前、アイデンティティと地理的な境界線・血縁は強く結び付いていた。しかし、現在、それらの結び付きは弱まっている。国家はネットワークとして考えるほうが適切であり（Bernal, 2014）、オンラインコミュニケーション技術という新しいアフォーダンスは、物理的な距離をデジタルの近接性によって橋渡しし、空間と時間を圧縮することを可能にした。これらは日本と南米といった大陸が異なる人々でも簡単に手に入るようになっており、コミュニティが長距離間で離れて構築され、維持される形態へと大きく変容している。こうしたデジタル化による変容を本章では DX（Digital Transformation）化とする。

現代は、グローバル化と DX 化によって国家や地域を超えたネットワークが形成され、物理的な距離を縮め、精神的なつながりと帰属意識についての新しい形を生み出している。領土、国民性、国家間の結束が途絶したことを説明する古いディアスポラの概念は、今では「ディアスポラ・デジタル性」という新しい形で是正され、人々は故郷と連絡を取り合うだけでなく、クロスメディア・プラットフォームによって提供される複数の提携や相互接続を通じて、ディアスポラを越えた新たなつながりを確立することができるようになっている（Ponzanesi, 2020）。

1.3 南米 CLD 青少年の継承日本語教育の現状

日系ディアスポラ、特に南米日系移民は、20 世紀初頭から後半にかけて南米移住し、現在は 200 万人が南米で生活している。20 世紀末まで、彼らは衛星放送で NHK を見て、日本語のドラマやメディアのビデオテープを親戚から送ってもらって日本語リソースにアクセスしていた。多くの移住地では継承日本語学校が設立され、日本の国語教科書や JICA が開発した日本語教科書、南米で開発された教材を用いた日本語・日本文化教育が行なわれた

(中東, 2007)。

1990年代から始まった日本へのデカセギ還流現象で、南米の日系社会は縮小し、デカセギ帰国者の再還流で日本語能力と日系世代の均一な対応関係も崩れたが、今でも南米では多くの日系ディアスポラが日本人会、または日本文化体育協会（文協）といわれる自治組織をもち、日本語学校を経営している。それらの日本語学校は語学学校というよりコミュニティスクールに相当し、日本語教育だけでなく、情操教育、伝統文化継承教育や地域行事などが教師・生徒・保護者によって担われている。いわば日系コミュニティの活性化装置である。

しかし20世紀末から、南米日系社会は1世人口の減少や入管法改正による日本へのデカセギ現象によってコミュニティが衰退し、日本語学校の生徒数も減少していった。家庭内で日本語が話されるのは1世と同居する日系子弟に限られ、学習者も継承語としてではなく外国語として日本語を学ぶ3世～4世が大半となった。日本的な価値（集団的協調性、規律、誠実さ）を学ぶ学校として保護者は子弟を日系日本語学校に通わせており、職業言語としての英語の期待が大きく、多くの家庭では日本語は英語の次に重要な言語として考えられている。

そのような中で、COVID-19の流行が起こった。南米は特に感染流行の拡大が顕著で、運動会、盆踊り、敬老会など日会の行事もほとんど全て中止となった。日本語学校も開校できず、オンライン化に対応できなかった日本語学校は休校に追い込まれた。オンラインでは日本語の授業はできても集団行動の教育は難しく、子どもへの十分な教育効果が見込めないと判断した保護者の退校が相次いだ。この状況をブラジル、サンパウロ州の継承日本語学校教師Wは「日系団体の児童・少年日本語教育の戦後最大の危機」と述べている。

一方、南米日系ディアスポラが弱体化するのとは反対に、YouTubeやSkypeで即時性をもって日本語社会にアクセスできるようになり、2020年にはZoom等のオンライン会議システムによるバーチャルコミュニティが世界規模で拡大し、若者達がこれまでとは異なる形でつながる可能性が広がった。

前述したように、オンラインコミュニケーションの発展は、世界中のディアスポラに対して、文化的アイデンティティのDX化をもたらしている。しかしまだ、CLD 青少年のオンライン空間での可能性は十分に拓かれていないように思われる。そこで、本実践による挑戦が行なわれた。

2. 実践について

2.1 オンライン・コミュニティ "CLD-Online"

上記のようなディアスポラの弱体化に加えて、COVID-19 の流行で、日本語継承語話者間のつながりを広げる必要性を感じ、2020 年 5 月オンライン・コミュニティ CLD-Online を WEB 上に構築した。契機は 2020 年 3 月からロックダウンが本格化したことである。特に南米の日本語学校での活動が停止しているなかオンラインでできることをすべきだと感じた。そして、やるからには、短期的なことでなく、ある程度サステイナブルな運営がされるべきだと感じた。さらに、オンラインの利点を生かして、南米だけでなく、世界中の継承語として日本語を学んでいる CLD 青少年がつながる場を構想すべきだと感じた。そこで週に 1 回 2 時間、世界中の継承語として日本語を学び、使用している若者、それを教えている親や教師の Translanguaging（Garcia & Wei, 2014）な交流の場としてのコミュニティを構築した。以下 CLD-Online の趣旨文を引用する。

> 今回の件は、オンラインコミュニケーションツール技術の発達と、世界中の人々のオンラインコミュニケーションリテラシーの伸びをもたらしました。オンラインにすることで、世界中の人々は自由につながることができるようになりました。そして、当たり前だった学校での学びを疑い、当たり前だった世界のあり方を疑い、自分たちはこれからどう生きていくのか、自分たちはこれからどう世界をつくっていくのかについて、考える自由を手に入れることができました。CLD 青少年はもともとことばと文化の広がりが大きい特性があり、オンライン化によりいろいろな人とつながる可能性があります。そのため、むしろ、こうした状況を肯定的にとらえて、世界中の CLD 青少年が、世界を知り、世界を作るための対話をし、批判的思考力や発信力をつけたらどうだろうと思うようになりました。現在私は日本語をことばのレパートリーとしてもつ国内外の

CLD青少年のことばの習得と教育の研究をしています。日本には多くの海外ルーツの青少年が日本で学び、家庭では両親の母国語を使って生活をしています。また、世界には家庭内言語が日本語の子弟がいます。南米や北米に日系移民の子弟が日本語を継承語として維持しています。こうした子どもたちが、今、共通の問題や関心によってつながることができる状態とも言えます。日本語を共通語の一つとして世界中が対話と学びでつながる場ができればと思います。（www.cld-online.com、下線は筆者加筆）

2.2 CLD-Online の活動内容

主な三つの活動を表1に示す。活動は大きく「会話のテーブル」、「対話のテーブル」、「先輩のテーブル」に分けられる。

表1　CLD-Online 概要

カテゴリー	内容	規模・時間・地域・世代
TALKING TABLE 「会話のテーブル」	Remo Conference を使った出会いと交流のテーブル オンラインチャットスペースで遠い世界にいる人と知り合うための場所。	参加規模：3名〜100名 参加時間：毎週日曜日1時間〜2時間半 参加地域：南米、日本、ヨーロッパ
DIALOGUE TABLE 「対話のテーブル」	Zoom と Facebook Group を使った対話と自分のテーマの発見のためのテーブル	参加規模：7名〜12名 参加時間：1回1時間半、全8回、2か月 参加地域：南米
MENTOR TABLE 「先輩のテーブル」	経験や知識があるCLDの先輩が、彼らのキャリア、進学、勉強、生活などについて、経験を話してくれる、ヒューマンライブラリー。	参加規模：毎回20名〜30名 開催時間：毎週日曜日1時間 参加世代：10代〜60代 参加地域：南米、日本、ヨーロッパ、北米、豪州
コミュニティ運営 Web サイト & Facebook	サイト：cld-online.com Facebook Group: cld-online（closed group） サイトは対外向けの情報発信 Facebook Group はより実質的な情報提供、告知用	サイト会員：約100名 Facebook Group 登録者：約100名 Facebook Group は毎週更新

「会話のテーブル」

交流やおしゃべりを目的とした場で、Remo Conference を用いて行なわれた。Remo は複数のテーブルが配置されたフロアマップ上を自由に移動することができるバーチャル会議システムである。開始時の 2020 年 5 月は最大 30 名程度参加していたが、2021 年 3 月時点での平均参加者数は 5 名程度である。2021 年 10 月現在では別のコミュニケーションツール「clubhouse」に移行した。

Translanguaging（Garcia & Wei, 2014）を奨励し、日本語は共通語の一つであり、自分の話しやすい言葉で話してもいい。時々イベントとしてオンライン学園祭（図 1 ～図 4 ）や多言語漫才ワークショップなども行なっている。

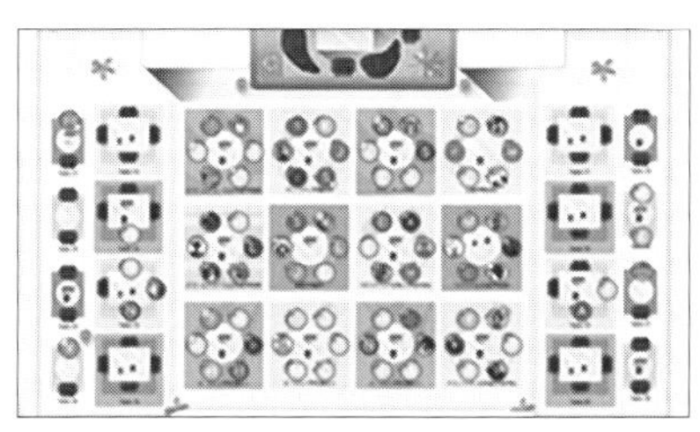

図 1　仮想空間の様子
（会場全体）

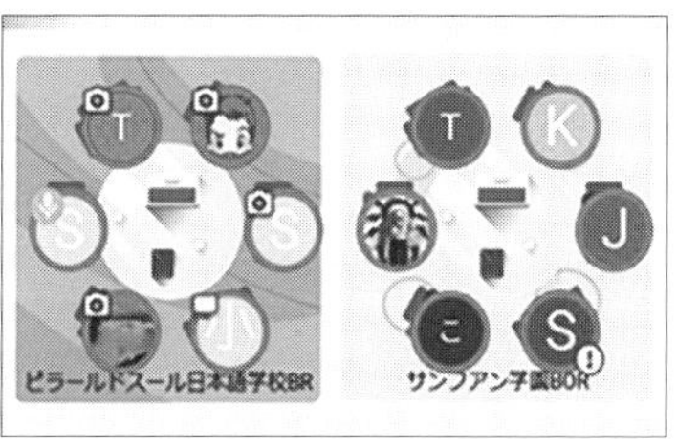

図 2　生徒のアイコン
（テーブル下に参加校名）

図 3　テーブル内部
（ディスカッション中）

図 4　テーブル内部
（画面共有で発表中）

「対話のテーブル」

「Well-being をめざす対話と自己再発見の活動」を目的とし、細川英雄氏がコーディネーターとして行なっている。1 ラウンドは約 2 か月、8 回で構成される。現在2ラウンド実施。第1ラウンドは南米で働く日本語教師を中心に、第2ラウンドは南米の日系日本語学校で学ぶ日系青少年を対象に行なわれた。Zoomを用いて行ない、グループ内での対話的活動の後、自分の興味関心を書いた「動機文」を作成し、その後自身で選んだ対話の相手にインタビューをしてもらい、インタビュー結果をもとにさらに考えを深め、最終的に文集を発行する（松田・横溝・渡辺・細川, 2021）。

「先輩のテーブル」

幼少期に多様な言語文化環境で育った人を先輩として招き、彼らのライフストーリーを話してもらい、参加者とディスカッションを行なう場。Zoomで行なわれる。ライフストーリーは録画され、後日動画を編集して字幕を付与し、YouTubeに公開される。日本語を含む複数言語・複数文化環境で育つ子ども達のこれからの人生の参考にしてもらうことを目的としている。先輩の中心層は日本と南米の国の往還歴のある20代の日系3世～4世の若者である。

「先輩のテーブル」の後に「会話のテーブル」が開かれるため、この二つのテーブルには人の移動が起こりやすい。「対話のテーブル」は別の時間帯（日本時間朝9時）に行なわれていたため、あまり移動は起こらなかった。関係性を図5に示す。

図5　三つのオンラインテーブルの関係

次節以降で言及するCLD-Onlineの活動に特に積極的に参加していた7名について詳しく属性を述べる（表2）。参加者の年齢は10代～50代である。5 名は南米に居住しており、日本語学習者か日本語教師のいずれかの経験がある人達である。日本に住む日本人 2 名も南米居住歴または南米日系人との接触経験を有している。

表 2　参加者の属性

【南米日系人参加者】

	日本とのつながり	参加したテーブル	居住地	年齢	家庭内言語	属性
C さん	日系 3 世 日本への居住経験なし	全て参加	ブラジル	10 代	ポルトガル語	P 校の W 先生に勧められて参加するようになった。
D さん	日系 3 世	全て参加	ブラジル	30 代	日本語、ポルトガル語	日系日本語学校で日本語教師をしている。両親のデカセギで来日し小学校と中学校を日本で過ごす。帰国後日本語教師となる。「対話のテーブル」に参加した後「先輩のテーブル」にスピーカーとして参加。
A さん	日系 3 世 日本への居住経験なし	「先輩のテーブル」	ブラジル	10 代	日本語、ポルトガル語	父親が日本語教師で親に勧められて「先輩のテーブル」に参加するようになった。その後毎週参加している。
B さん	日系 3 世 日本への居住経験なし	「先輩のテーブル」 「会話のテーブル」	ボリビア	10 代	日本語、スペイン語	学校の先生に勧められて参加するようになった。9 月頃から毎週参加している。オンライン学園祭にも参加。
F さん	日本人 （1 世） （ブラジル在住 25 年）	全て参加	ブラジル	40 代	日本語	JICA 日系社会青年ボランティアでブラジルへ来た後、ブラジルに戻って日系日本語学校で日本語教師をしている。

【日本人参加者】

E さん	日本人	「先輩のテーブル」	日本	50 代	日本語	ブラジルで日本語教育の専門家として携わった経験をもつ。
G さん	日本人	「先輩のテーブル」	日本	20 代	日本語	大学生。ゼミの先生に誘われて日本語教育の勉強のために参加している。日本の日系人集住地区出身。

3. 分析と考察

CLD-Online はどのように参加者をつなぎ、彼らの変容を生み出したのだろうか。以下、CLD 青少年の変容、日本語の母語話者の変容を分析し、オンラインの協働学習がもたらす拡張的学習の可能性を分析する。

3.1 「会話のテーブル」での CLD 青少年の変容

CLD-Online の活動への参加により、固定的な考え方や固定化された境界がゆさぶられ、意識を変容させたケースが見られた。それは三つの全てのテーブルで起こっていた。例えば「会話テーブル」では特別イベントとして、青少年日本語学校オンライン学園祭[3]を 2 回行ない、実践の後、アンケートに感想を記入してもらった。2 回目の回答者が 10 名以下と少なかったため、1 回目のアンケート結果（回答者 45 名）を分析した結果について述べる。「参加してよかった」「非常によかった」が 8 割を超え、非常に好評であった。自由記述に寄せられた回答はそれぞれのコメントが短いので傾向を表 3 にまとめる。肯定的に評価された項目として日系人のつながりの広がり、学校のつながりや学校間の差異、地域的な広がり、日本語を話す経験等が見られた。

[3] 継承日本語学校単位で 6 名 1 組のチームを形成し、自分達の学校紹介や地域紹介を行なうワールドカフェを行なった。6 名中 1 ～ 2 名の生徒が残り、残りの生徒は他校のテーブルに移動し、他校の生徒による紹介を聞いた。1 回 20 分程度、3 ～ 4 回テーブルを周った。その後 30 分間フリートークの機会を設け自由に交流をしてもらったものである。年齢は 11 歳～ 29 歳だった（学校によっては継承日本語学校の中に一般の受講生も混ざっていたため、20 歳を超える参加者も数名いた）。これまでの参加校はブラジル、アルゼンチン、パラグアイ、ペルー、ボリビア、ドイツ、イタリア、ハンガリーなどから約 10 校、15 チーム（1 校で 2 チーム出した学校もあり）であった。2 回共 100 名程度の参加規模であった。

表３　オンライン学園祭の参加者アンケート・自由記述の傾向

日系人のつながり	1	沢山の国の日系の方々と交流できて普段はできない貴重な体験ができました。おかげで少しはコミュ障を改善できたと思います。笑　本当にありがとうございました！　次の機会があればぜひまた入りたいです!!　（ペルー 16 歳）
	2	他の国の日系人と会えたすごく楽しかった。（ペルー 16 歳）
学校のつながりや学校間の差異	3	他の国の日本語を習ってる人に会っ他のが面白かったです。（ドイツ 17 歳）
	4	色々な学校のことがしれてよかった（ボリビア 13 歳）
	5	なぜなら、他の町や国の学校のことが聞いたら、学校によってすごくちがって面白いです。（良い意味で）（ブラジル 13 歳）
	6	理由は他の国の日本語学校のことをもっと知ることができましたからです。（ボリビア 13 歳）
地域的な広がり	7	色々な国の人たちと話せるのは楽しかったです。（ブラジル 29 歳）
	8	今までは南米の人たちとしか交流してなかったですが、今回はヨーロッパの人たちともお話ができたので、いい思い出になった（ペルー 17 歳）
	9	違う国の生と達と接触ができましたからです（ブラジル 17 歳）
日本語を話す経験	10	私は他の国の人と話すのはとてもおもしろいでしたと思います。日本語ではなすのもたのしいでした。（アルゼンチン 15 歳）
	11	日本語を話す良い機会になったから（ドイツ 16 歳）
	12	世界中の人と日本語話せてとても楽しかったです。（ドイツ 16 歳）
	13	it was good because i talked in japanese, but.. my internet was bad at the end of the presentation!（ブラジル 16 歳）
正しい日本語の圧力からの解放	14	楽しかったです。みんなが完璧な日本語じゃなくて、気にせずに気軽に話せたからです。（ドイツ 16 歳）
その他	15	インターネットが悪かったしあんまり意味わからなかったです。（ボリビア 13 歳）
	16	恥ずかしくてよく話せなかった（ボリビア 11 歳）

数としては多くなかったが興味深いコメントとして 14 の「みんなが完璧な日本語じゃなくて、気にせずに気軽に話せたから」があった。このコメントは、CLD 青少年だけで構成された空間は、完璧な日本語でなくても、気にせず気楽に話せるコミュニティであったことを示している。これを書いたのはドイツの国際結婚家庭で生まれた CLD 青年である。生活言語はドイツ語で普段は日本語補習校で日本語を学んでいる。日本語の発音もネイティブ同様に流暢であった。しかし、彼の記述からは、日常生活で日本語の正しさ

が気になり気楽に話せない状況を連想させる。日本語学習者と異なり、継承語話者は家庭内や生活圏内に言語使用のモデルがいるため、正しさを意識せざるを得ないのだろう。そのため、日本生まれ、日本育ちの日本語モノリンガルがいない、自身と境遇を共有する世界の若者との日本語交流の場が「楽しく交流できる場」として受け止められたものと考えられる。この現象は、日本語世界の Decentralization（脱中心化）ともいうことができるだろう。日本語モノリンガルの存在を気にしないで自分達の日本語世界をもち、その世界を拡張していくことができるという意識変容が起これば、アイデンティティはバイナリーを超え、劣等感からも開放されるようになるのではないだろうか。

こうしたコメントは全員に見られたわけではないが、グローバル言語としての英語ではなく、日本語でも世界中とつながることができたことを評価するコメントは 10 〜 13 も含めいくつか見られた。それらのコメントも日本語使用者としての世界の拡張を感じた経験のように見える。他にも日系人のつながりの意識化になったとするコメント（1、2）や同じ日本語学校学習者としての共感への言及が見られた。文化的アイデンティティとして言語に引っ張られる人もいれば学校に引っ張られる人、国に引っ張られる人もいるだろう。そうした個々人が柔軟なアイデンティティの形成を行なえる自由度の高い場であったと思われる。

3.2 「先輩のテーブル」での日本語母語話者の変容

また、「先輩のテーブル」では日本語母語話者の意識の変容を見ることができた。例えば以下のような発言である。E さんは長く日本の外で生活し、現在は日本の大学で日本語教師養成に関わっている。国内外で様々な CLD 青少年に出会ってきた E さんだが「先輩のテーブル」に参加し続けたことで、自分の中でのアイデンティティについての見方の変容があったことを話してくれた。

> センパイのテーブルの話を聞いて、あんまり、斜めからものごとは見ないほうがいいのではないかと思うようになりました。「日本人かブラジル人かって、悩む必要ないじゃん」と思ってましたけど、実際悩むし、

それが原因でいじめられる。そして、それを乗り越えて、しっかりと生きている若い人がいて、やはり、ここを起点に見ないとだめなんだろうと思いました。いろいろ乗り越えて「日本人／ブラジル人」はない。ですよね。かれらのことばに説得力があるのは、それらが単なることばでないことですね。存在にことばが付き添ってる感じがします。（E さん）

E さんはこれまで「日本人かブラジル人かって、悩む必要ないじゃん」と思っていた。しかし、スピーカーの話を聞くなかで、現実には多くのスピーカーが色々な境界の間で悩み、苦しむ経験をしていることを知った。そして、それを乗り越えてそれぞれが「日本人／ブラジル人」といった境界性から自由になっている現実に気づいた。境界の間に生きる人々はそこで体験する葛藤から乗り越えることによって自由になっている。そのため「斜めからものごとは見ないほうがいい」「ここを起点に見ないとだめなんだろう」という変容が起こったと思われる。「斜め」というのはおそらく学術的で知的な視点、「ここ」は若者が悩み、乗り越えるプロセスであると思われる。E さんの発言からは、内側の知から、現実の知へと変容している様子が見て取れる。

また、日本人大学生にも自身の意識変容が起こったケースが見られた。G さんのケースである。G さんは外国人の集住地区で育った大学生である。専攻が日本語教育で、指導教員がこのテーブルを紹介したことで、ゼミ生として参加するようになった。G さんは積極的な学生で、よく質問やコメントをしてくれるが、参加当初は先輩の話を異国の話として聞いていたようであったが、次第に、単なる外国の話ではなく、自分自身も多文化社会の当事者であったことに気づいていく。ある時、先輩のテーブルで、日本の小中学校にいる時にいじめや差別を受けた話が出た。そうした話はそれまでもよく出ていたのだが、その時、G さんはスピーチの後のディスカッションで発言を始め、自分の体験を話しながら涙を流した。自分の小中学校のクラスには必ず外国人の生徒が数名おり、生徒の 1 人がいじめにあっていることも知っていた。しかし、自分はそのことについて、傍観者の立場を取り続けた。どうしてその時にもっと助けることができなかったのだろうと言った。G さんは CLD-Online の「先輩のテーブル」に専門を学ぶ活動の一環として参加していたが、実は自分も当事者であることに気づいたように見えた。

3.3 拡張的学習としての可能性

3.3.1 拡張的学習とは

1年間、三つの種類のテーブルを運営した結果、様々な学び、拡がりや展開が生まれた。

その中には、拡張的学習（expansive learning）（エンゲストローム, 2018）として説明できるものも見られた。拡張的学習は組織学習においてよく用いられる理論で、「拡張的」とされるのは、学習が、ある特定の状況・文脈を越えて、新しい状況・文脈へと拡張するダイナミックな活動であることによる。平田（2017: 22）の説明では、拡張的学習では、所与の文脈を捉えなおし、別の文脈を構築していく。例えば、なぜ生徒としてふるまわなければならないのか、どうして教師に喜ばれる必要があるのか、試験に合格することに意味があるのか、と隠れたカリキュラムに疑問を抱き、その意味を反省し、隠れたカリキュラムから逸れた行動様式やモデルを模索し、行動に移すことで活動システムに変容をもたらす。そのため拡張的学習では既存の共同体の成員や人工物のネットワークに、何らかの変容が伴う。一般的な所与の文脈から行なわれる学習にとどまるものではなく、状況・文脈を越境する学習の重要性を解明しており、状況的学習論が十分になし得なかった再組織化の過程を、状況・文脈の拡張として記述しており、その意義は大きい（平田, 2017: 24）。

3.3.2 拡張的学習の枠組みで見た日系日本語学校の変容

CLD-Onlineに積極的に参加した継承語学校の一つにブラジルのP校がある。P校の教員（W先生）にインタビューを行なった結果、以下の回答が得られた。インタビューをSCAT（大谷, 2019）[4]により分析し、ストー

[4] SCATは質的データのコーディング分析の困難さという問題を克服するために開発された手法で、マトリクスの中にセグメント化したデータを記述し、そのそれぞれに、〈1〉データの中の着目すべき語句、〈2〉それを言い換えるためのデータ外の語句、〈3〉それを説明するための語句、〈4〉そこから浮かび上がるテーマ・構成概念の順にコードを考えて付していく4ステップのコーディングと、そのテーマ・構成概念を紡いでス

リー・ラインを得た。W 先生のストーリーから拡張的学習を分析する。

表 4　W 先生の SCAT コーディング

テクスト（テクストの中の注目すべき語句を下線で示した）	左を説明するテクスト外の概念	テーマ・構成概念
cld-online に参加するしないに関係なく、コロナ禍において Zoom や Google meeting といったオンライン授業アプリのおかげで日本語教育活動が全くの停止になることなく限られた条件下であっても継続できたのはよかった。でもその他の様々なオンラインアプリの活用やオンライン授業を極めていこうとは思いませんでした。あくまで期間限定使用という考えで。	・オンラインはコロナ禍での教育活動を継続させる臨時的な手段	一時的な措置としてのオンライン授業
「日系日本語学校において日本語教育を通して子ども達へ行なう教育」の軸は、今の時代とか風潮とか流行とかに流されることなく、このような状況下でも揺らぐことも変わることもありませんでした。	・自分の教育目的は揺らがない	強固な教育信念
ですので、自分は cld-online に参加してきていますが、特に大きな教育の新たな気づきや変革のアイディアとかはありませんでした。強いて言うならば、「日本語教育・日本語学校はこうあるべきだ」というようなものではないと思うので、オンラインをより利用しようとしてもいいし、学習者を成人にシフトしていってもいいし、どのような形でもいいので、それぞれの日本語学校、それぞれの日本語教師が、今後のどのような学校・教育を目指していくのかしっかりと方向性を確立させていこうとしないと、今後ぐちゃぐちゃになっていってしまうのではなかろうか、という危惧と日系団体の児童・少年日本語教育の戦後最大の危機、を感じています。	・コロナによって誘発された日系団体の教育の危機は、学校・教育の方向性のゆらぎが原因	日系の日本語学校の教育の軸のゆらぎへの懸念

トーリー・ラインを記述し、そこから理論を記述する手続きとからなる分析手法である（大谷, 2019）。

「他の継承語学校とのつながりが深まった」ということも特にありませんが、自分の中では、ボリビアのS校とブラジルのD校は勝手にP校と同種の理念をもった学校・同じ匂いのする学校と言うか、いいライバルだと思っているので、この期間ここまでS校のH先生と定期的につながりが持てたのは仲間の存在を感じることができ、とても良かったです。 同じ地区に同じ cld-online の活動に参加している教師がいるというのは、やはり“仲間”を感じることができました。 あと、アルゼンチンのK先生もかな。そう考えると、ある意味「つながりが深まった」と言えるかもしれません。 少なくとも上記の3人は、この期間中は聖南西地区の先生方よりも身近な存在でしたし、学校が再開し、自分の学校に意識を集中させている今・これからも、自分の中では“仲間（同志？）”と呼べる存在になっています。	・ある意味つながりが深まった ・同じ地区の教員とも、別の地区の教員ともつながりが深まった ・学校が再開しても「仲間」意識がある	オンライン空間での交流によるネットワークの拡大
子ども達に最初の2か月間 cld-online に参加させたおかげで、子ども達には新たな試み（活動）に参加している意識や、日系人としての意識付けが測れたのではないかと思っています （自由トークへの参加が交流に繋がらなかったのは誤算でしたが…(^^;)) 自分としては、これらの活動による到達目標があったわけでなく、生徒個人により何がどのようにどの程度影響があるかも想定していたわけでもありません。 去年一切できなくなっていた「『日本語習得目的の勉強以外』の行事」の替わりのように捉え、人それぞれ何かは影響を受け、変化・成長につながるだろうと。	・他校の日系人との（偶然の）出会いや交流による日系人意識の涵養	オンラインの日系ディアスポラ空間の形成
その中でも、特にうちの4人先輩M・A・S・Kの話はやっぱりより興味をもって聞いていましたし、Kの先輩テーブルの後に行った「M＆K」との先輩後輩交流会は、お互いにとって、とても意義のあるいい時間になりました。 彼らには今の生徒に伝えたいことが色々あるみたいで、今の生徒達のことを知ることができる、何か伝えられる、在校生や日本語学校に役に立てる、という喜びがあり、在校生にとっては、先輩からの話は教師や親からの話よりもより心に響くものがあります。 これは cld-online に参加させてもらったからこそ実現できたことです。（地元に住む先輩の話を聞く機会は設けられますが、もっと広い世界・社会で活躍している先輩からの話はなかなか…）	・卒業生が先輩のテーブルに出演したことによる、新たな連帯感の醸成 ・身近な人の話より、先輩の話のほうが心に響く ・地元以外の先輩の話を聞くことによる子ども達の世界の広がり	オンラインによる先輩（卒業生）との交流による新たな学びのデザインへの目覚め

学園祭の時には女子数人は他校生徒との交流ができましたが、それは当日だけで、それ以降は対話テーブルを含め、他校生徒と連絡をとった子は誰もいません。それでも、一期一会であっても、一つの思い出になっているはずなので、意義のある経験だったと自分は思っています。 あと、これは cld-online とは関係ないかもしれませんが、今年の 4 年生以上（10 人しかいませんが…(T_T))、かなりやる気満々です。みな本気で日本語を上達させたい、そのためにしっかり勉強を頑張るという意識がはっきりと見え授業での態度・勉強に取り組む姿勢がコロナ前に比べ明らかにちがいます。単純に年齢が上がったのが原因かもしれませんし、コロナ禍での自宅学習から対面授業に変わり、その楽しさや恵まれていると感じているのが影響しているのかもしれませんし、 いつまで継続できるのかもわかりませんが、何人かは「覚醒モード」に入るのか！？と期待を抱かせてくれます。	・オンライン・コミュニティの不活性化 ・コロナ禍を契機とした学習意欲の向上 ・対面の得難さ	対面授業の再評価、日本語学習への動機付け

P 校の W 先生は、授業を継続させる手段としてオンラインツールへの肯定的評価が見られたが、オンラインを一時的なものとして捉えている。生徒達も対面での学びを望んでいると感じている。重要なことは（人間教育としての）日系学校で、自身の本質は揺らいでいない。しかし、他の日系の日本語学校では教育の軸が揺らいでおり、現在は日系団体の児童・少年日本語教育の戦後最大の危機だと感じている。教師・学習者間のオンライン空間での交流によるネットワークの拡大は評価している。特に他国の日系日本語学校の生徒間の交流や「先輩のテーブル」にオンラインの日系ディアスポラ空間としての良さを見出している。オンラインによる新たな学びのデザインへの目覚めがあり、今後の新たな教育のモデル化も期待できる。

このW先生のストーリー・ラインと、「会話のテーブル」に参加した CLD 青少年の感想を合わせて作成した拡張的学習の図を図 6 に示す。左側が CLD-Online のコミュニティ、右側が日系団体日本語学校のコミュニティである。特に右側は P 校の教師と生徒を指している。W 先生は CLD-Online のコミュニティにも参画しているが、主たるコミュニティは右側である。CLD-Online には同じ日系団体の日本語学校で働く教師、世界中の CLD 青少年、先述した A さん～ E さん、日本の大学の学生なども含んでいる。

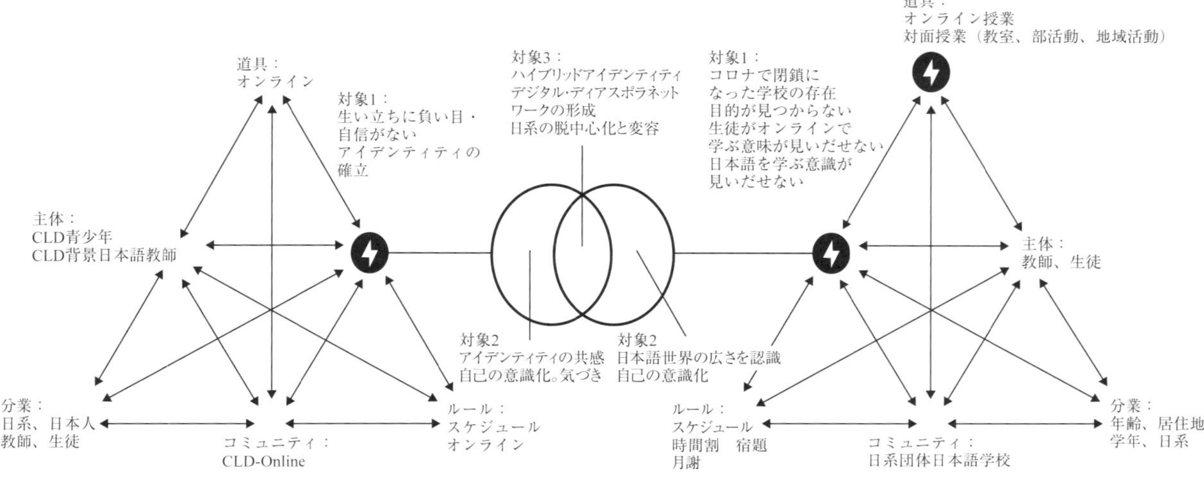

図６　拡張的学習の枠組みで見たCLD-Onlineと日系団体日本語学校の関係

左側の CLD-Online のコミュニティに参加している人々は、自身の CLD としての生い立ちやアイデンティティについて迷いや悩みをもっている人もいれば、何の迷いや悩みのない人もいる。参加者の中にはこのオンライン空間で日系日本語学校の教師や生徒、また日本語学校とは何の関係もない様々な人々と関わったことで、アイデンティティについての意識変容が生じたケース（E さん、G さんなど）、ドイツの若者の感想にあるような日本語世界の脱中心化が起こったケースがあった。

右側の学校側の教師や生徒は、コロナの流行で学校が閉鎖され、オンライン授業を行なうことになった。W 先生の語りから、オンラインは代替手段であり、対面に最大の魅力を感じている様子がうかがえた。しかし、CLD-Online のオンライン学園祭や「先輩のテーブル」への参加を通して、日系社会の広がりを感じたり、通常では交流できない先輩（卒業生）との交流が実現したりしたことで、デジタル・ディアスポラのネットワークの良さを感じていた。さらに、先輩の活躍から、日本語を学んでいくことがキャリアを世界に開く可能性につながると具体的にイメージし努力するようになった生徒もいたという。そのため、今後は消極的にではなく、積極的なオンライン・コミュニティづくりを行なう可能性もある。

しかし、今起こっている変容は、まだモデル化といえるほどの変革に至っていない。拡張的学習とは一般的な所与の文脈から行なわれる学習にとどまるものではなく、状況・文脈を越境する学習である。W 先生の語りからは、オンラインでのコミュニティ活動におけるネットワークの拡がりに対する肯定的評価はあるが、得られるメリットは「一般的な所与の文脈から行なわれる学習」の範疇にとどまっているように思われる。状況・文脈を越境する学習のためには、歴史や社会的文脈への位置付けや、「いまだここにないものへの学び」（Learning what is not yet there、エンゲストローム, 2018）を教師と学習者がともに形成していく場としてオンライン空間が活用されていくことが望ましいだろう。より新しい関係性の空間で、対話的な交流が行なわれることで教師や学校、コミュニティ全体の変革が起こり、現在抱えている諸課題への解決とモデル化が期待できるのではないだろうか。

4. おわりに

本章では、日本国内外で日本語・日本文化を含む複数言語文化の中で生きる青少年を主対象としたCLD-Onlineというオンライン空間（場）をデザインし、対話的活動、ヒューマンライブラリー、オンラインワールドカフェ、多言語漫才ワークショップ等の活動を行なった。実践に関わった人々のインタビューやアンケートデータの分析の結果、CLD-Onlineでの交流は、CLD青少年や教師にとってのことばと文化の境界を拓き、意識を変容させる空間となっているケースが見られることを述べた。また、拡張的学習が起こり、空間・世代・言語を超え、新しい考えの生成や既存の場の変革へとつながっていく萌芽が見られた。

本実践の場で起こっていることは、おそらくオンライン化による多くの実践で起こっていることであろう。しかし、基本的には10代のCLD青少年がメインのコミュニティであること、拡張的学習を意識して教育をデザインすること、Translanguagingな空間とすること、教師がうまく足場掛けをすること、教師が日本語の権威化に加担しないことなど、ユニークさもあると思われる。また、COVID-19は契機であったが数年間継続する予定で運営されている。

COVID-19の流行による空間的な移動の制約は境界やアイデンティティに対する私達の認識の変容を加速化させた。日本語においては日本という宗主国があり、日本の外側にいる人々は従属的な立場であり、日本のディアスポラであった。しかし今CLD-Onlineのオンライン空間で起こっていることは、日本とその外側という境界性の消失であるように思われる。そのようなコミュニティでは、正統な日本語か非正統な日本語かではなく、つながり合える日本語（ことば）かそうでないかが重要となる。言語教育で、そのような変容を学習者に起こすことができれば、それはある種の成功といえるのではないだろうか。

筆者はCLD-Onlineのコミュニティ活動が、これまで日本語学習関係者を縛っていた「日本」からの脱中心化を進め、日本―日本以外というバイナリーを超え、固定的な文化的アイデンティティが揺さぶられ、それぞれが、主体的に動態的なハイブリッド・アイデンティティをもてることを望む。

ホール（2014）が述べるように、アイデンティフィケーションは常に過程であり、本質的に固定されることなく、歴史的、文化的に変容し続けている。そうしたことを意識化できる場として、長期的に運営させることを目指している。世界中の若者が自由に対話し、学ぶことができるオンライン世界であれば、さらに創発的な学びの場となるだろう。

しかし、単純に肯定的なことばかりではない。グローバリゼーションが進むなか国民国家に変わるポストナショナルな想像力をどのように形成するかといったことを考える必要性もある。Appadurai（1996）が提起したトランスネーションも含め、オンライン言語教育の中で起こっていることをグローバリズムやナショナリズムの中で深く問い直し、可能性と危うさについて議論をするべきであろう。本章ではそこまでの議論は展開できなかった。筆者自身の拡張的な学びへの課題としたい。

参考文献

エンゲストローム, ユーリア（2018）『拡張的学習の挑戦と可能性―いまだにここにないものを学ぶ―』山住勝広（監訳）新曜社.

大谷尚（2019）『質的研究の考え方―研究方法論から SCAT による分析まで―』名古屋大学出版会.

中東靖恵（2007）「ブラジルにおける日本語教育の新たな潮流―ブラジル社会に開かれた日本語教育へ―」『岡山大学文学部紀要』47, 85–98.

中東靖恵（2018）「ブラジル日系移民社会における『コロニア語』の位置」『岡山大学文学部紀要』70, 53–70.

平田仁胤（2017）「エンゲストロームの拡張的学習における言語的基盤」『岡山大学大学院教育学研究科研究集録』164, 19–29.

ホール, ステュアート（2014）「文化的アイデンティティとディアスポラ（総特集 スチュアート・ホール：増補新版）」（小笠原博毅（訳））『現代思想』42（5）, 90–103.

松田真希子・横溝みえ・渡辺久洋・細川英雄（2021）「オンラインでの対話的活動の可能性―南米における実践報告―」『言語文化教育研究学会第七回年次大会予稿集』150–161.

Appadurai, A.（1996）*Modernity at Large: Cultural Dimensions of Globalization*, Minneapolis: University of Minnesota Press.

Bernal, V.（2014）*Nation as Network: Diaspora, Cyberspace, and Citizenship,* Chicago: University of Chicago Press.

Cummins, J.（2009）“Transformative Multiliteracies Pedagogy: School-Based Strategies for Closing the Achievement Gap." *Multiple Voices for Ethnically Diverse Exceptional Learners*, Vol.11, No.2, 38–56. （カミンズ, ジム（2021）「変革的マルチリテラシーズ教育学―多言語・多文化背景の子ども（CLD）の学力をどう高めるか―」カミンズ, ジム『言語マイノリティを支える教育【新装版】』（中島和子（著訳））（Japanese Edition）明石書店, 131–173.）

Garcia, O. & Wei, L.（2014）*Translanguaging: Language, Bilingualism, and Education*, New York: Palgrave MacMillan.

Ponzanesi, S.（2020）"Digital Diasporas: Postcoloniality, Media and Affect." *Interventions: International Journal of Postcolonial Studies,* Vol.22, No.8, 977–993.

第 15 章

「世界と私」

日本語話者をつなぐプロジェクト

アルン・シャム

1. はじめに

2020 年 3 月からの新型コロナウィルス感染拡大によって、対面式の授業ができなくなった教育機関はインターネットを媒介とした遠隔教育を導入せざるを得なくなり、世界中で教育のオンライン化が急速に進んだ。世界の日本語教育の現場でも、それまでに対面式で教育を受けてきた学習者は、教室という物理的なスペースだけではなく、学びが生かせるような交流の場を失ってしまった。遠隔教育が急に普及したとはいえ、対面式の授業を補う形のものだと、以前の物理的な教室をただ代替することにすぎない場合が多いのではないだろうか。

教育のオンライン化は、バリアが色々あるものの、日本語が以前教室内でしか活用できなかった学習者が、言語を用いて国や地域を容易く超えた新しいコミュニティ・新しい地域づくりができる時代になってきている。こういった新しい可能性を目的に、2020 年 4 月から、筆者は Web 会議システムの Zoom を利用し、世界[1]の「日本語話者」[2]が集まって、毎回違うテーマについて、その日の疲れや大変なことを忘れ、お互いのことを知り合うおしゃべ

[1] 第 38 回は 29 カ国からの参加者が申し込んだ。

[2] 「日本語話者」の定義は第 2 節を参照のこと。

りスペース「世界と私」を主催している（画像1）。

画像1 「世界と私」のホームページ

本章では、まず第2節で「世界と私」を始めたきっかけについて触れ、第3節で、同じ時期に始まったオンライン・コミュニティと比較しながら本プロジェクトの位置付けについて考察し、第4節で、初回から2021年2月末現在に至るまでの本プロジェクトの基本構成の変遷について述べる。つづく第5節と第6節で、それぞれテーマ選定から実施後の開催レポートの公開までの過程と、参加申込書のデータをもとに参加者の背景および参加目的等を分析する。最後に、今後の展望および課題について考察する。

2. 「世界と私」を始めた動機

2020年4月に新型コロナウィルス感染拡大の影響で筆者が勤めている南インドの大学を含め、インド全土が完全ロックダウンに入り、その結果、筆者が当時受けもっていた日本語学科学部2年の会話コースの学生が応用の場を失ってしまった。その一時的な解決策として知り合いの日本人や日本語教師に声をかけ、授業の時間を利用し、その前週の会話授業で習ったことを応用する場として開いたのが本プロジェクトのきっかけである。

初回から Web 会議システムの Zoom を利用し、2021 年 2 月末現在は各回の定員が 95 名で、開催日時は会によって違う。また、国籍・性別・年齢・日本語能力を問わず参加できるように、学習者、教師だけでなく、「日本語で世界をみつめてみたい」人であれば、基本的に参加可能である。

「世界と私」の背景にある理念として、次の四点が挙げられる。

① 日本語は、日本列島だけでなく、世界各地で話されている言語であるため、日本語を「日本を理解する」ツールに限定せず、「世界をみつめる」言語として考えている。
② 参加者は、非対称的な関係を示す母語話者（教師）—非母語話者（教師・学習者）ではなく、参加者全員を「日本語話者」として考える。
③ 世界の様々な地域から参加するので、日本語には地域差・個人差が当然あるため、日本語話者はお互いに理解する努力をする。
④ 上記三点を踏まえ、世界の日本語話者の多様性を意識しつつ、対等な立場で話ができる場の構築を目指す。

3. プロジェクトの位置付け

本節では、同じ時期に始まった「Online Chat Space」、「にほんご・わせだの森」、「日本語カフェ」と「Zoom でハナキン」（画像 2 ）の四つのオンライン・コミュニティ[3]と比較しながら「世界と私」の位置付けを考察する。

[3] 上記四つのコミュニティの詳細は参考文献を参照のこと。また、コミュニティの対象者、頻度、目的はポスターや Web ページから収集。

画像２　同じ時期に始まったオンライン・コミュニティのお知らせ・HP

「Online Chat Space」は 2020 年 4 月から国際交流基金ニューデリー日本文化センターの専門家が 4 月～ 5 月に実施していたもので、対象者は JLPT N4 以上をもっている南アジアの日本語学習者・教師と日本語学習者と話したい日本語話者で、現在は中止となっているが、目的は「オンラインで楽しく日本語で話す」ことである。

次の「にほんご・わせだの森」は早稲田大学大学院日本語教育研究科の大学院生のプロジェクトで、「日本で暮らしている同じ立場で、参加者全員と共にことばを通した活動をつくりあげていきたい」を目的に春学期、夏休みと秋学期に実施されている。もともと早稲田大学のキャンパス内で、かつて対面式で行なわれたものが、コロナの影響で 2020 年 4 月からオンラインに移行したもので、対象者は国籍・年齢・日本語能力は問わず参加可能という点で本プロジェクトと似ている。

三つ目の「日本語カフェ」は、明治大学商学部黒﨑ゼミナールが月に 2

回程度運営しているもので、明治大学の留学生で、日本語をもっと使いたい留学生が対象となっていて、「にほんご・わせだの森」と同じく、かつて対面式のものがコロナによってオンラインに移行されたプロジェクトである。

四つ目の「Zoom でハナキン」は国際交流基金ニューデリー日本文化センター、インドの上級専門家の村上吉文氏が 2020 年 4 月 10 日から毎週金曜日に開いているもので、対象は現役日本語教師、日本語教師志望者、育児や介護で休職中の日本語教育関係者となっていて、目的は「人々が集まって意見交換すること」である。

以上の四つのオンライン・コミュニティと比較して、本プロジェクトの特色は三点で、①組織外の活動であること、②対象者の居住空間が制限されていないこと、③日本語教育について話し合うのではなく、世界を多面的に見ることを目標としている点である。

第一に、「Online Chat Space」、「にほんご・わせだの森」と「日本語カフェ」は日本語学習者を対象にしているが、いずれも組織の活動の一部として実施されているのに比べて、「世界と私」は企画側の所属先と関係がなく、組織「外」で実施されているため、自由が利き、むしろ企画側の所属先の方針の急な変更による企画の一時停止、参加対象の地域制限などを回避するために、個人の活動として行なっている。

第二に、対象者の点で、「にほんご・わせだの森」と「日本語カフェ」は、日本で生活する人（日本人・留学生）を対象に行なっていたものがオンラインに転移したもので、また、「Online Chat Space」は、主に南アジアの学習者と教師を募っていたが、本プロジェクトは、初回から国・地域などの空間的制限を設けていない。

第三に、主に日本語教育関係者が集まる「Zoom でハナキン」と違って、「世界と私」は第 2 節にも述べたように、日本という地域、または、日本語教育の分野について話し合う場ではなく、「日本語」という言語を利用して世界をみつめることができる場になることを目的にしている。従って、本プロジェクトの参加者を日本語能力別にみているのではなく、様々な地域で日本語が話せる人と交流することによって、世界の様々な日本語を通して、世界の多種多様な文化的・社会的な次元をみつめることができると考えている。

4. プロジェクトの基本構成の変遷

本節では、2020年4月7 日の初回から2021年2月25日に開いた第38回[4]までのプロジェクトの変遷について述べる。具体的に、表1に示すように、初回から現在まで大きく変わった要素とその理由について述べる。

表1　プロジェクトの変遷とその理由

月	回	運営		理由
4月	初回	対象	：日本語学科学部2年生 a 知り合いの日本人・日本語教師	a 会話授業の応用 b 時間管理・会話運用 c 在住国・日本語能力を配慮
		頻度・所要時間	：週1回 2時間（学期末まで）	
		応募	：招待制	
		ツール	：ワークシート（Google Docs 等）b	
		テーマ選定	：企画側	
		会話スペース	：運営側が決めた小グループをブレイクアウトルームに割り当て c	
	3回	企画	：日本美術技術博物館（ポーランド）のアンナと共同企画	d 規模拡大
		対象	：招待制（知り合いの日本語話者）d	
		頻度・所要時間	：ほぼ毎週、1時間	
6月	10回	対象	：日本語話者	e 真の地域を超えた交流
		応募	：一般公募（定員95名）e	
8月	16回	ツール	：ワークシートの使用を控える f	f 会話に集中
	17回	企画	：各回にゲストを1人招待 g	g 日本語学習の動機付け、視野を広げる
9月	20回	ツール	：「今日のメニュー」h	h 会話運用
2月	35回	テーマ選定	：企画側が話題を提案	i 自律性
		ツール	：「今日のメニュー」→話題別のブレイクアウトルーム	
		会話スペース	：参加者は自由にブレイクアウトルーム選択・移動可能 i	

[4] 各回の日時とテーマは、章末付録の別表を参照のこと。

4.1　対象、応募および定員

表 1 からも分かる通り、「世界と私」の対象者は、もともと筆者の勤め先の大学の日本語学科学部 2 年生で、会話授業の応用が目的だったので (a)、初回と第 2 回の参加者は勤め先の大学で日本語を専攻している学生と知り合いの日本語教師だった。

当初は学期末（4 月 28 日）まで 4 回開く予定だったが、学生からも好評を得て、学期終了後も継続することになり、第 3 回から、知り合いの日本語教師と勤め先の大学の学生に加え、他大学の日本語学習者を招いた (d)。また、筆者の知り合いで初回と第 2 回に参加したポーランドの日本美術技術博物館の日本語教師のアンナが企画側に加わった。

2020 年 4 月から 2 か月程招待制で行なったが、真の地域を超えた交流にするため、6 月の第 10 回から参加は一般公募にし (e)、Facebook、インスタグラム等の SNS で広報することにした。それから、各回の定員を先着 95 名にしたのは、筆者がもっている Zoom の有料プランの「Pro」は 1 ミーティング最大 100 名しか参加できないからである。

4.2　所要時間および頻度

前述のように、もともとは筆者が受けもっていた会話授業の学生が対象だったので、週 6 時間の授業時間のうち 2 時間を利用していたが、第 3 回から他大学の学習者も参加することになり、参加者の Zoom 疲れを配慮して、所要時間を 1 時間に短縮し、また、頻度も 4 ～ 5 回ごとに1 ～ 2 週間空けることにした。

4.3　ツール

ウェブブラウザ内で使えるオフィスソフトで無料の Google Docs をワークシートとして使っていた。ワークシートは事前に企画側が作成しておき、当日は編集可能な URL を Zoom のチャットで参加者に共有した。ワークシートの内容は、主にテーマに関する企画側が用意した質問で、当日は参加者には、まずメモ係を決めてもらい、話をしながらメモすることになっていた。

ブレイクアウトルーム内の時間管理と当日企画側が提案したテーマに関する会話に絞るためにワークシート（画像 3 ）を用意していたが (b)、メモすることに手一杯で、会話に集中できないと参加者から意見があったため、また、ブレイクアウトルーム内の参加者の「選択の自由」を尊重し、会話が自由に展開できるように、第16回（2020年8月）からできるだけワークシートを使わないことにしている(f)。

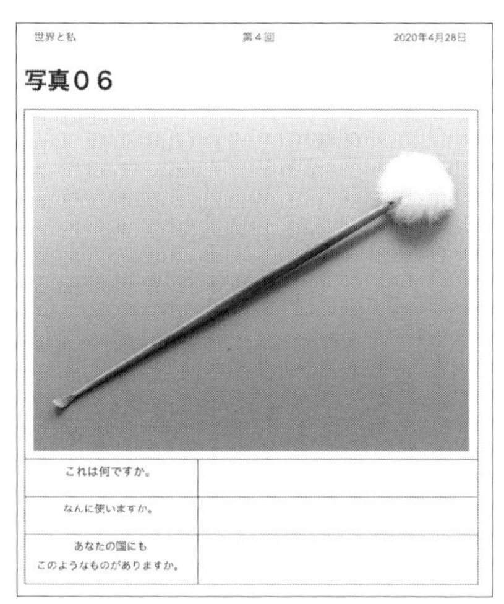

世界と私　第４回　2020年4月28日

写真０６

これは何ですか。	
なんに使いますか。	
あなたの国にも このようなものがありますか。	

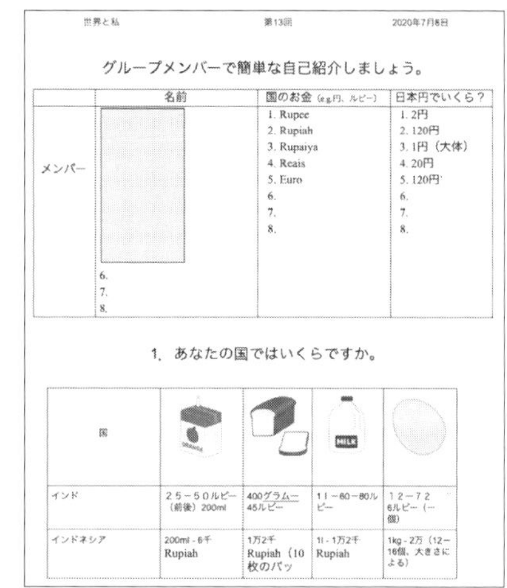

世界と私　第13回　2020年7月8日

グループメンバーで簡単な自己紹介しましょう。

	名前	国のお金（e.g.円、ルピー）	日本円でいくら？
メンバー	6. 7. 8.	1. Rupee 2. Rupiah 3. Rupaiya 4. Reais 5. Euro 6. 7. 8.	1. 2円 2. 120円 3. 1円（大体） 4. 20円 5. 120円 6. 7. 8.

1. あなたの国ではいくらですか。

国				
インド	２５－５０ルピー（前後）200ml	400グラム－45ルピー	1１－60－80ルピー	１２－７２6ルピー（一個）
インドネシア	200ml - 6千 Rupiah	1万2千 Rupiah（10枚のパッ	1l - 1万2千 Rupiah	1kg - 2万（12－16個、大きさによる）

画像３　ワークシートの例

第16回から第19回は、ワークシートがなくなった。N5の日本語話者からは話の構成が見えず、ターンテーキングが難しく会話が弾まないという声があったので、第20回から会話の構成が分かるように、また、Zoom以外のアプリケーションの同時利用をしなくても話ができるように、テーマに関する話題を1枚のスライドにまとめ「今日のメニュー」（画像4）という形で提示することにした(h)。

画像 4 「今日のメニュー」の例[5]

4.4 ゲスト

第 17 回(2020 年 8 月)からは各回にゲストを 1 名招待することにし(g)、2021 年 2 月 28 日現在までに 22 名(うち非母語話者 15 名、母語話者 7 名)が参加している。ゲストの選定条件は日本語能力ではなく、日本語を利用して面白い取り組みをしている人や世界で活躍している人に参加していただいている。

しかし、ゲストは会の中心ではないので、参加者がゲストの話をずっと聞くのではなく、会の冒頭で、参加者から募った質問をもとに自己紹介をし、その後、参加者に混じって会話をすることになっている。ゲストはつまり、日本語学習の動機付けや参加者にインスピレーションを与えることに加えて、各回のテーマについて話す出発点になったり、そのテーマについてさらに視野を広げたりすることが主な役割である。例えば「好きなことを仕事に」(第 26 回)の会には、日本語教師で空手連盟審判員を務めているウクライナ人、「食生活」(第 38 回)の会には日本の農業大学で教員を務めているインド人をゲストとして招いた。

[5] 第 20 回～第 35 回までの「今日のメニュー」は「世界と私」HP を参照のこと。

4.5 テーマ選定および会話スペース

各回のテーマは企画側が決め、テーマ選定には特に基準はない。また、第34回までは、企画側が参加者の日本語能力と在住国を配慮して、できるだけ、同じ地域、同じ日本語能力の人が一箇所に集まらないように、事前に参加者を小グループ（6～8名）に分け、各グループにブレイクアウトルームを割り当て、参加者は当日、割り当てられたブレイクアウトルームでテーマについて話し合っていた。

しかし、2021年2月4日に開いた第35回から、自律性を促すことを目的に、4.3で述べた「今日のメニュー」の代わりに、参加者から募ったゲストへの質問を参考に企画側が話題別のブレイクアウトルームを作成し、参加者がブレイクアウトルーム間を自由に移動できるように設定した(i)。また、その日のテーマについて興味がなくても参加したいという声があって、当日のテーマが苦手な参加者でも気軽に参加できるように、各回に「雑談の部屋」、「ラウンジ」などのようなブレイクアウトルームも設けている。

5. セッションの流れ

本節では、まずは、テーマ選定から実施後に行なう広報と実施当日の流れ、その次に、交流の主な二つのパターンについて述べる。

5.1 テーマ選定から実施後の広報

まず、本プロジェクトは4～5回ごとに、約1～2週間空けるので、その期間に、次の5回分のテーマ、ゲストおよび日時を決める。テーマ選定から実施後に行なう報告までは約2週間かかる。

次に、各回の実施日より約2週間前に参加申込書（Google Forms）とポスター[6]を作成し、約1週間前に参加申込書をSNS[7]やメーリングリスト[8]で配

[6] 無料でポスター作成ができるサイト「Canva」(www.canva.com)を使用。

[7] ホームページ上にあるSNSのアイコンからアクセス可能。

[8] 25カ国以上から755名登録されている(2021年2月28日現在)。

布し、2日前に締め切る。それから、前日に参加申込書のデータ[9]を集計し、参加者からゲストへの質問を参考にブレイクアウトルームの話題を決め、プログラムのスライドを作成する。参加者には、前日日本時間の20時までに、Zoomミーティング URL とプログラム[10]を送る。当日も、開始3時間前にリマインドメールを送付するようにしている。

各セッション終了後、ホームページの「過去の会」のページを更新し、SNSに公式ハッシュタグをつけて記念写真を投稿し、参加者に投稿のURLを送付する。最後に、初めて参加した方でメーリングリストへの追加を希望する参加者を加入し、次回の準備が始まる。

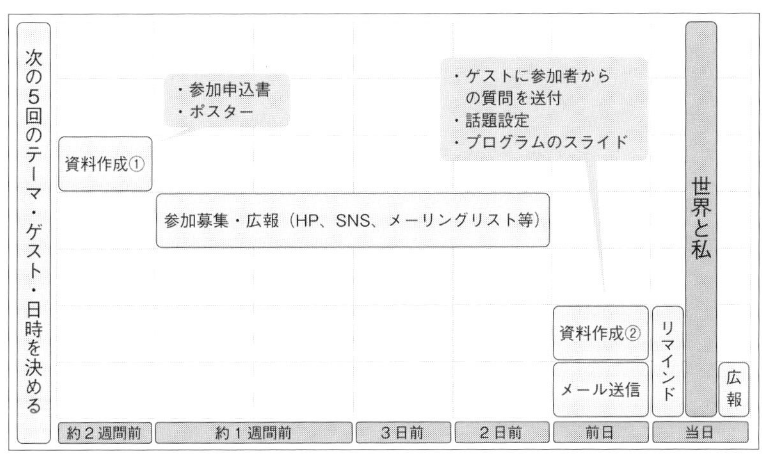

図1　テーマ選定から実施後の広報までの流れ

5.2 実施当日の流れ

実施当日の流れは、図2に示すように、開始から解散までおよそ90分かかる。まずは、30分前にZoomミーティングルームを開場し、早めに入室

[9] Zoomミーティング URL を送付するメールアドレスとゲストへの質問の他に名前、在住国、日本語能力（非母語話者のみ）、参加目的（第17回から）等のデータを収集。

[10] 参加者の端末のIPアドレスに合わせて、自動的に参加者の在住国の標準時間帯で表示されるサイト「timeanddate」(https://www.timeanddate.com/)でイベントを作成し、URLをメールに埋め込む。

する参加者用にフリートーク用のブレイクアウトルーム（6～7部屋）を開ける。これらのブレイクアウトルームは、特にテーマが決まってなく、会が始まるまでに、Zoomアプリの更新に使ったり、他の参加者と仲良くなったりする、いわゆる「打ち解けの時間」のために設けてある。

次に、ルーム開場30分後、フリートーク用のブレイクアウトルームを閉じる。参加者は全員メインルームに戻り、企画側が当日の流れ、注意事項と当日の話題別ブレイクアウトルームを説明する。そして、ゲストによる5分～7分程の自己紹介の後、話題別のブレイクアウトルームを開き、参加者は45分間、好きな話題について話し合う[11]時間である。しかし、ブレイクアウトルームに入る前に、第2節でも述べたように、世界の様々な地域から参加者が訪れるスペースなので、企画側は参加者に画像5のようなスライドを用いて、お互いの日本語の地域差・個人差を認めつつ、理解し合うことをお願いすることにしている。45分後、全員がメインルームに戻り、ゲストの感想と次回のお知らせ、および記念写真を撮って解散する。

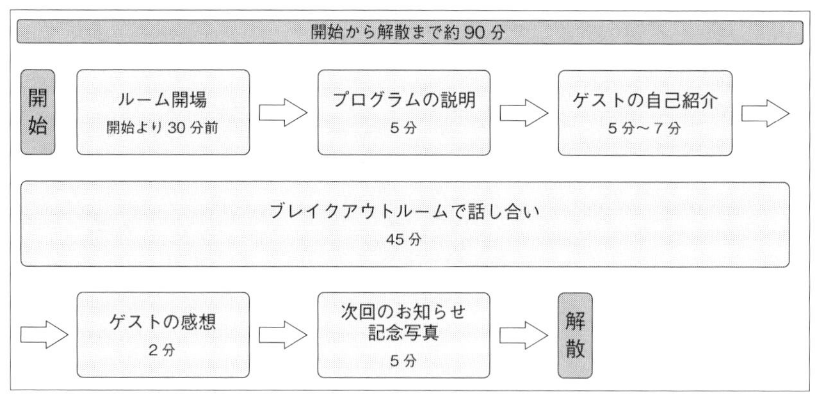

図2　ルーム開場から解散までの流れ

[11] ブレイクアウトルームの名前を、話題に変更し、メインルームでの自己紹介の後の45分間、参加者は何度も自由にブレイクアウトルームを移動し、同じルームに入室している他の参加者とそのルームの話題について話し合う。

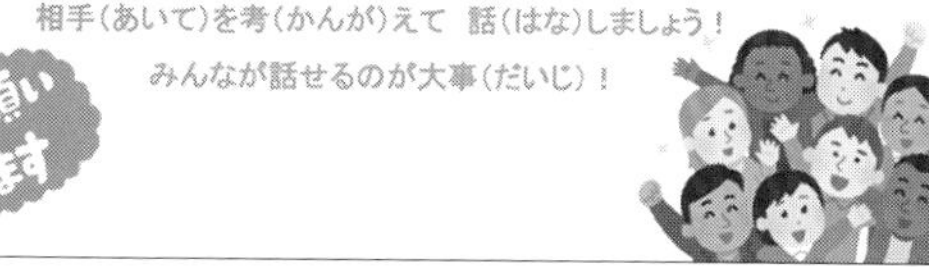

画像 5 企画側から参加者へのお願い

5.3 二つの交流パターン

各回は主に二つのパターンに分けられる。ブレイクアウトルームのメンバーで当日のテーマに関する課題を達成し、最後に成果物が出るものと、当日のテーマに関する話題について話し合うというものである。前者の例として、第 16 回の「ミックステープ」が挙げられる。この会の成果物として、参加者が紹介したそれぞれの好きな曲を集めた YouTube のプレイリストを作った[12]。

6. データ分析

本節では、一般公募になった第 10 回からの参加申込書のデータをもとに参加目的を分析する。

6.1 参加者の背景

図 3 と図 4 に示すように[13]、参加者は非母語話者が 8 割近くで、日本語学習者が 6 割近くを占めている。また、「その他」は、日本語を使って日本語教師以外の仕事をしている非母語話者や母語話者等の人を指す。

---

[12]「世界と私のミックステープ」https://youtube.com/playlist?list=PLVa438NkBSCfLBH2 FeIXi 7 SXPdde 1 _sD-,〈2021 年 3 月 12 日アクセス〉

[13] 第 10 回～第 38 回の参加申込書のデータの平均値。

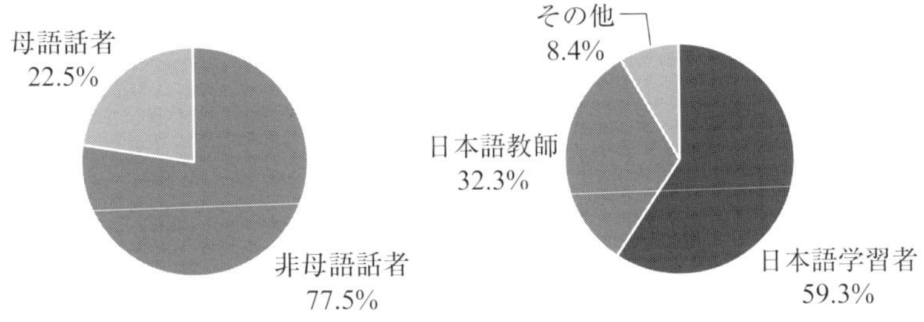

図３　非母語話者と母語話者の割合　　図４　職業別の割合

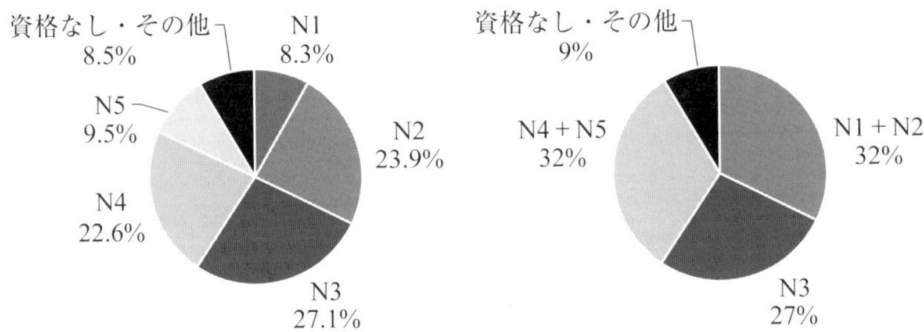

図５　日本語能力別にみた非母語話者の割合

また、非母語話者のうち、N2とN4の資格の所有者が合わせて約5割近くを占めている（図5左）。N3はN1・N2とN4・N5の「橋渡し」のレベルとして考えられているので、図5右のように並べ替えると、N1・N2、N3、およびN4・N5の資格をもつ非母語話者が3割ずつ参加していて、様々な日本語能力を有する非母語話者が参加していると言える。そのうえ、本プロジェクトは、日本語能力を問わず参加できることを一つの目的としているので、日本語を勉強し始めた方や日本語能力試験等の資格をもっていない非母語話者も1割近く参加してくれていることは、筆者として嬉しいことである。

また、各回には、平均17カ国から81名の参加申し込みを受け付けていて、各回の登録に対する出席率が平均 55.2%[14] で、4 割近くが欠席することが多い。

6.2 参加目的

表 2 に示されているように、日本語学習者の主な参加目的は「会話の練習をしたい」だが、日本語教師の場合「色々な国の人と文化を知りたい」である。また、日本語学習者の場合、a)- c) の上位 3 位で 9 割を占めているが、それに比べて、日本語教師の参加目的には多様性が見られる。

表 2 日本語学習者と日本語教師の参加目的 [15]

参加目的	日本語学習者	日本語教師
a) 会話の練習をしたい	**1 位（52.8%）**	5 位（ 8.2%）
b) 色々な国の人と文化を知りたい	2 位（20.2%）	**1 位（34.9%）**
c) 日本人と話したい	3 位（18.2%）	6 位（ 5.9%）
d) 他の国で日本語を勉強している人について知りたい	4 位（ 4.6%）	2 位（22.6%）
e) リラックスしたい	5 位（ 2.4%）	4 位（10.9%）
f) その他	6 位（ 1.2%）	7 位（ 1.3%）
g) 授業実践の参考にしたい	7 位（ 0.6%）	3 位（16.2%）

7. おわりに

本章では、「世界と私」を始めたきっかけについて述べ、同じ時期に始まった四つのオンライン・コミュニティと比較しながら、本プロジェクトの位置付けを考察した。次に、現在までの本プロジェクトの基本構成の変遷について触れ、テーマ選定から実施後の広報までの各セッションの過程、そし

[14] 第 10 回～第 38 回の参加申込書のデータの平均値。途中参加・途中退席する参加者も含む。

[15] 第 17 回～第 38 回の参加申込書のデータの平均値。参加目的のデータは第 17 回までは収集していなかった。

て参加者の背景と参加目的について分析した。

本プロジェクトの特色は、第3節で述べたように、参加者を日本語能力別にみているのではなく、様々な地域で様々な日本語で話す人が集まって話し合うことによって、各回のテーマを世界の様々な次元からみつめることを目的にしている点で、日本語教育でよくありがちな［母語話者（教師）—非母語話者（教師・学習者）］という非対称的な関係ではなく、対等な立場での交流を大事にしている。「世界と私」の参加者のことを、国籍、日本語能力を問わず全員を「日本語話者」と呼ぶ理由もこの対等な立場を意識させるためである。日本語をツールとして世界をみつめ、その言語を使う人が対等な立場で話ができるように、母語話者・非母語話者関係なく、自分のことを日本語話者として認識し、お互いの多様性を認めつつ異文化理解につながる場になることを目的にしている。しかし上記の目標はどれも数値化が難しく、目的の達成度を測りがたいため、参加申込書の数字のデータに見えない、参加者のインタビュー[16]を継続的に行なう必要があり、今後の課題として考えている。

また、本プロジェクトを始めてから1年が経つが、日本語能力がバリアで参加登録ができない人を対象にミニ動画をSNSで配信することなどを試みている。ICTを利用する際に生じると言われている「物理的」、「心理的」、「情報」の三つのバリアによって参加したくても参加できない、いわゆる「見えない参加者」の存在は無視できない。こうした点も、今後の課題として取り組んでいきたいと考えている。

---

[16] 参加者からいただいた感想は、「世界と私」HPの「参加者の声」を参照のこと。

付録

別表 初回から第 38 回までのテーマ、開催日等の一覧

年	日	回	テーマ	参加登録者数	在住国
2020	4 月 7 日	1	今の生活	20	3
	4 月 14 日	2	家での役割分担	30	7
	4 月 21 日	3	好きな一枚	29	7
	4 月 28 日	4	これって何？	47	9
	5 月 7 日	5	世界のお祭り	44	9
	5 月 16 日	6	私の国の映画	65	13
	5 月 23 日	7	好きな料理	65	11
	6 月 4 日	8	家の中の大切な物	46	12
	6 月 12 日	9	一番やりたいこと	68	13
	6 月 19 日	10	なぞなぞトーナメント	78	10
	6 月 24 日	11	好きなアプリ	76	13
	7 月 3 日	12	好きなことば	91	15
	7 月 8 日	13	パンはいくら？	65	17
	7 月 16 日	14	私の国の夏	82	20
	7 月 24 日	15	豆知識クイズ	65	14
	8 月 14 日	16	ミックステープ	82	15
	8 月 19 日	17	外国語の勉強	75	13
	8 月 25 日	18	好きな漢字	59	17
	8 月 31 日	19	読まない本	48	16
	9 月 12 日	20	パジャマで雑談	58	14
	9 月 23 日	21	ファッション	67	12
	9 月 30 日	22	お笑い	61	12
	10 月 9 日	23	うんどう	64	17
	10 月 15 日	24	忘れられない体験	72	17
	10 月 22 日	25	コメディー	78	19
	11 月 13 日	26	好きなことを仕事に	94	23
	11 月 20 日	27	将来の夢	100	17
	11 月 25 日	28	冒険	94	18
	12 月 2 日	29	きもの	85	15
	12 月 10 日	30	ことば遊び	100	20
	12 月 15 日	31	料理と私	116	20
2021	1 月 13 日	32	私にとっての 2021 年	88	18
	1 月 21 日	33	好きなアート	94	15
	1 月 26 日	34	自然	96	16
	2 月 4 日	35	キャリアと旅	101	19
	2 月 10 日	36	俳句	103	21
	2 月 18 日	37	あなたも読んでみてね	71	18
	2 月 25 日	38	食生活	93	29

参考文献

「にほんごカフェ—Meiji University Kurosaki Seminar」https://www.facebook.com/people/にほんごカフェー Meiji-University-Kurosaki-Seminar/100057438129531/（商学部黒崎ゼミナール）

「にほんご・わせだの森」http://gsjal.jp/ikegami/mori.html（池上摩希子研究室）

「世界と私」https://sites.google.com/view/sekaitowatashi/（アルン・シャム）

「Japan Foundation-South India-」（「Online Chat Space」）https://www.facebook.com/JFSouthIndia/posts/2928806163833797

「N1 ～ N5：認定の目安」https://www.jlpt.jp/about/levelsummary.html（『日本語能力試験 JLPT』国際交流基金・日本国際教育支援教会）

「Zoom でハナキン」https://sites.google.com/view/zoomdehanakin（村上吉文）

〈URL は 2021 年 3 月 12 日アクセス〉

おわりに―未来を創る VE へ―

本書は、オンラインの国際協働学習（VE）を「地理的に離れた人々がオンラインでつながり、協働し、学び合うことを目的とした教育的な活動」と定義し、「（コロナ禍で）対面の接触が制限された時期に、国境を越えて教育関係者が連携し、学生の協働プログラムのデザインをどのように行なったのか、そして、学生達はそこから何を学んだのか、課題はどのようなことであったのかといった点を明らかにすること」（第 1 章）を目的にしており、VE の様々な事例が集められている。これからの言語文化教育だけでなく、異文化コミュニケーション教育、多文化教育、地域教育などの可能性に心を踊らせ、全章を読ませていただくことができた。以下、筆者が感じた今後の課題、感想などをまとめたい。

1.　何のための協働か

「地理的に離れた人々がオンラインでつながり、協働し、学び合うことを目的とした教育的な活動」という VE の定義では、ただオンラインでつながっているというだけではなく、協働していることが一つの重要なポイントになっているが、協働という概念は定義することが難しい概念である。辞書によれば「協働」は、「協力しながら働くこと」を指しており、「共同（2 人以上の人が一緒に物事を行なうこと）」や「協同（力を合わせて物事を行なうこと）」とは異なっていると説明されている。つまり、VE では、ただ一緒に物事を行なうだけでなく、「協力しながら働く」ことがポイントになっている。VE の活動を設計する際、難しいことの一つは、協力しながら何に関して働くのかということである。つまり、VE では目的の異なる複数の集団が関わってくるため、参加者は何のために協働するのか、その目的が複層的である。

第 1 章の「本書の各章で挙げられている VE の目的の例（抜粋）」でもま

とめられているように、その目的は、外国語学習や異文化理解のためなのか、協力しながら働くことを学ぶためなのか、関心のある問題の解決方法を模索するためなのか、新たな自分を発見することなのか、支援の場に参加することなのか、など色々考えられ、その集団、あるいは、参加者がそれぞれのモーメントで何を一番重視しているのか、その考えは異なるであろう。もちろん設計時点でも、活動設計者が複数の場合はそのすり合わせを行なわなければならず、また、参加している学校やグループのニーズも異なる。設計者の意図と参加者の、あるいは参加者同士の期待やニーズが大幅にずれる場合、お互いに協働するモチベーションが低くなり、活動がうまく機能しなくなる。今回の実践報告では、持続可能な開発目標（Sustainable Development Goals: SDGs）を取り上げそれについて調査し問題解決をはかっていく試みがそのよい例かもしれないが、参加者の期待やニーズ（言語能力向上）と活動（SDGs の問題解決）が大きくかけ離れてしまいそうな（トピックが難しくなってやる気が萎えてしまう）場合は、何のために協働するのか、その目的を常に確認していくだけでなく、それらの活動を参加者の期待やニーズに合わせ修正する（例えば、SDGs に限らず学習者の言語レベルにあった学習者の興味のある問題に変更する）柔軟性も必要なのかもしれない。

2. 教育関係者の支援―振り返りの際の問いかけ―

教育活動の一環として VE を行なう場合は、教育関係者の支援が鍵となる。もしその支援がないならば教育活動で VE をする必要はないからである。第 1 章では、具体的に①オンラインの協働のストラテジーの意識化（活動前）、②活動中の教員のファシリテーション（教員が協働活動に参加して、学生のディスカッションを主導する）、③活動後の学生の振り返り（交流録画を見て振り返る等）を促すことが挙げられていた。こうした様々な段階で教員が学生の活動を支援し、学生の振り返りを深めるうえで、活動の描写（いつ、どこで、誰が、どのようなことを行なったのか）、解釈（なぜそうしたのか）、次の目標設定（次にどうしたいのか）のための問いかけをしたり、学生が掘り下げて考えるためのフィードバックをすることの重要性が述べられていた。では、なぜ掘り下げて考えたり、振り返ったりする作業が必要なのであろうか。

第1章では、内容重視の批判的言語教育について触れ、そこでは既存の知識や枠組みを鵜呑みにするだけでなく批判的に検討し、その現状と自分がどう関わっていくべきかを考え、行動を起こし（行動を起こさないという行動も含めて）「善く生きる」ためによりよい自己、ひいては、その自己を認めてくれるような未来の社会を築いていくことを重要視している。異なるバックグラウンドをもつものが様々な目的をもとに協働を行なう場合、お互いのもつ価値観、ビリーフや意識のずれにより齟齬が生じやすい。しかし、機会があれば振り返りを行ない、そこで違和感を感じたことを共有することによってお互いのもつ価値観、ビリーフなどの違いを知ることも可能になる。また、多様性に関しては、情報集めの際に、どんな違いに焦点が当てられどんな違いは無視されているかに注目することで多様性のポリティクスにも注意を向けることができる。さらに、VEで何か成果物を作成する場合は、お互いの考えを尊重しつつもお互いに交渉し最終的には何か一つの意思決定が必要（つまり、みんな違ってみんないいだけの状態ではない）になってくる。今後の研究では、多様な価値観をもつ様々な人々の意思決定のプロセスの事例を蓄積しそれを共有することも参加者が交渉方法を考えるうえで参考になるであろう。

3. 協働の際のそれぞれの参加者の立ち位置と言語選択

第1章でも示したように、VEの背景にある学習観にはLave & Wenger（1991）の影響がある。そこでは、学びが抽象的なルールの学習だけを指すものではなく、社会集団に参加していくプロセス、社会実践そのものであり、他者との関係性の中で、期待される仕事の進め方やふるまい方を学び、また、参加を通じて他者に働きかけ、相互作用をすることにより、アイデンティティを変容させていく、継続的なプロセスであると指摘されている。であるとすれば、協働の際にどういう立ち位置（アイデンティティ）で相手（母語話者、言語教師の卵、友人など）に接するかを考え相手と関わっていくことも重要である。

後半のいくつかの実践ではお互いが対等な立場で関わり合う場を作ったと

いうような記述がいくつか見られたが、対等に関わろうという姿勢で接することはできても、参加者には様々な異なるアイデンティティがあり、厳密な意味で参加者全員、完全に対等であるということはあり得ない。また、見られたい自分と相手が見ている自分の間にずれがあったときはその交渉が必要になってくる場合も多い。例えば、日本語学習者と「日本語母語話者」の交流の中で、「日本語母語話者」が日本語学習者の日本語能力が低いと見なし、その理解を助けるために英語や他の言語を用いた場合、それでも日本語で話したい「日本語能力が低い日本語学習者」はどう対応すればよいのであろうか。また、ゲームの攻略法を知りたい「多言語話者」が多言語リソースをもつ相手に言語を混ぜて意思を伝えようとしたとき、それを見ていた教員の卵である学生が「多言語話者」を「中途半端な言語を使う人」と捉え、言語使用を直してきた場合はどう接すればよいのか。どの立ち位置を取るかということは、自分がどういう人間になりたいのか、どういう社会を創っていきたいのかという将来のビジョンと切り離して考えることはできず、そのアイデンティティが本人にとって重要なものである場合は交渉し勝ち取っていかなければならないのである。このようにアイデンティティ交渉の成功例と失敗例を共有することも学生が今後の戦略を練るうえでは役に立つと考えられる。

4. 活動の評価とアセスメント

最後にVEの評価とアセスメントについて触れたい。その評価においては、何（成果物だけなのか過程も評価するのか、異文化能力はどうなのかなど）をどの時点でどう（ルーブリックを用いるのか、点数化するのか、コメントだけなのかなど）評価するのかという問題に加え、誰を評価に巻き込むのかということを考えることも大切である。教育の目的の一つが、先述した、よりよい社会、自分を創造することであるとすれば、やはり評価活動にVE活動の参加者全員をもっと巻き込むべきではないかと考える。また、VEは協働する取り組みであるので、その協働の取り組み（例えばチームワークなど）を評価することも不可欠であると考える。そして、ただ評価するだけでなく、具体的に何をどう評価するのかという評価基準も活動の最初に参加者全員で作ることが望ましい。なぜならその活動の「社会」を構成しているのは参加者全員であるからだ。

VE の教育デザインを教員がした場合、効果というのは教員の思う「よい結果、望ましい結果」が達成されているかどうかである。しかし、参加者に VE の教育デザインや学習プロセスの分析に積極的に関わってもらうこと、つまり、VE に参加者をどんどん巻き込んでいくことで参加者の望むミニ社会がそこに実現することが大切であり、その過程で学習したことをさらに応用し教員を含む参加者全てが他の場所でもよりよい社会・コミュニティを積極的に創っていければ教育に携わるものとしてこれ以上の喜びはないと考えている。

佐藤慎司

執筆者一覧　*は単著、または共著の章の主筆

[編著者]

村田晶子（むらた・あきこ）
法政大学教授　まえがき*、第1章*、第2章*、第3章、第4章*、
第5章*、第12章*

[著　者]

佐藤慎司（さとう・しんじ）
プリンストン大学日本語プログラムディレクター　第1章、おわりに*

プレフューメ裕子（PREFUME ゆうこ）
ベイラー大学上席講師　第2章、第3章*

マルチェッラ・マリオッティ（Marcella MARIOTTI）
ヴェネツィア・カフォスカリ大学准教授　第2章、第4章

ダオ・ティ・ガー・ミー（Đào Thị Nga My）
ハノイ国家大学外国語大学講師　第2章、第5章

中川正臣（なかがわ・まさおみ）
城西国際大学准教授　第6章*

亀井みどり（かめい・みどり）
城西国際大学助教　第6章

神吉宇一（かみよし・ういち）
武蔵野大学准教授　第7章*

熊谷由理（くまがい・ゆり）
スミス大学上席講師　第7章

嶋津百代（しまづ・ももよ）
関西大学教授　第 7 章

福地麻里（ふくち・あさり）
関西大学大学院生　第 7 章

グエン・ホン・ゴック（Nguyễn Hồng Ngọc）
東京都立大学大学院生　第 7 章

末松和子（すえまつ・かずこ）
東北大学教授　第 8 章*

秋庭裕子（あきば・ひろこ）
一橋大学講師　第 9 章*

石原紀子（いしはら・のりこ）
法政大学教授　第 10 章*

関本　幸（せきもと・さち）
ミネソタ州立大学マンケート校教授　第 10 章

近松暢子（ちかまつ・のぶこ）
ディポール大学准教授　第 11 章*

島崎　薫（しまさき・かおり）
東北大学准教授　第 13 章*

高橋亜紀子（たかはし・あきこ）
宮城教育大学教授　第 13 章

早矢仕智子（はやし・ともこ）
宮城学院女子大学特任教授　第 13 章

ヒューレット柳澤えり子（HOULETTE やなぎさわ・えりこ）
東北インターナショナルスクール日本語教員　第 13 章

澤邉裕子（さわべ・ゆうこ）
宮城学院女子大学教授　コラム*

松田真希子（まつだ・まきこ）
金沢大学教授　第 14 章*

アルン・シャム（Arun SHYAM）
英語外国語大学助教　第 15 章*

所属は 2022 年 2 月現在。

【謝辞】本書の出版にあたって法政大学出版助成金を受けている。

オンライン国際交流と協働学習
多文化共生のために

2022 年 2 月 25 日　　初版第 1 刷発行

編著者　村田晶子
発行人　岡野秀夫
発行所　株式会社　くろしお出版
〒102-0084　東京都千代田区二番町 4-3
TEL：03-6261-2867　FAX：03-6261-2879
URL：www.9640.jp　e-mail：kurosio@9640.jp
印刷所　藤原印刷株式会社
装丁デザイン　仁井谷伴子

ISBN 978-4-87424-892-8　C3080